THINKING ON
ECONOMIC
TRENDS
UNDER THE DISTURBANCE OF THE
2008 FINANCIAL CRISIS

金融危机扰动下的
趋势思维

黄志凌　著

THINKING ON
ECONOMIC
TRENDS
UNDER THE DISTURBANCE OF THE
2008 FINANCIAL CRISIS

人民出版社

目　录

**第一章　金融危机的逻辑思辨：理论推演、实践观察与
前瞻性分析**　　　　　　　　　　

　　　　传统理论认为，生产过剩导致价值循环受阻，再生产难以
为继，引发经济衰退亦即经济危机，继而信用违约集中爆发致
使银行大面积倒闭，最终产生金融危机；然而2007年的次贷危
机则展现出另一种情形，宽松政策催生出的经济泡沫在紧缩政
策下迅速破灭，由此引发行业性信用违约并酿成金融危机，继
而金融机构破产与债务工具急剧减少波及其他实体经济，导致
经济循环受阻并最终引起经济衰退亦即经济危机。2015年以来，
随着中国经济增速趋缓、世界经济复苏乏力、金融风险不断暴
露，再次发生金融危机的担忧充斥论坛和专业媒体，引发了我
们对金融危机逻辑与现实判断的深入思考。

第二章 金融危机波及中国时的风险感受：把握趋势才能主动应对 067

风险经理的天然使命是判断"不确定性"，最有价值的工作是从"不确定性"中寻找趋势。笔者于2011年2月至2013年7月上旬履行中国建设银行首席风险官职责，其时也是中国大型商业银行应对金融危机关键时期。作为职业风险经理，亲历危机既是痛苦的，也是十分"幸运"的。事后回顾当时的所思、所想与所为，虽然有很多遗憾，但也为自己和同事的职业敏感和前瞻安排感到由衷欣慰。这里摘取了几个分析和应对当时银行风险压力的场景，是当时思想认识水平的真实记录。

第三章 深化金融改革势在必行：特殊时期的特别关注 149

2012年以来，随着经济增速趋缓的压力不断增大，深化金融改革不断出现在政府文件、高层官员讲话、专业论文中，主要涉及改革背景与改革意义、发展困境与近期具体改革任务等方面。作为银行经济学家，笔者以为深化金融改革之所以受到广泛重视，既与经济发展阶段有关，也与一些长期存在、多年来一直困惑我们的金融运行的深层次问题有关。

第四章　信用经济呼唤征信体系：经济走向成熟不可或缺的基础建设

随着互联网技术和移动终端技术、大数据技术、云技术的蓬勃兴起，直接融资快速发展，直接融资与间接融资的界限越来越模糊，跨界和延伸金融服务越来越普遍，对传统金融市场、金融产品、金融业务、金融结构与组织等方面产生了深刻影响，以商业银行金融交易数据为主的征信系统无法满足市场信用交易的多元化征信服务需求。如何完善中国征信体系，创新征信服务，强化征信监管法规制度，以更好地满足经济发展需要，是事关中国信用体系建设的重要课题。

第五章　数据革命助推金融渗透：普惠金融的机遇　　225

很长时期以来，金融服务"争二弃八"的高端化集中趋势、金融机构与金融资源向中心城市集中的趋势，使得金融渗透力不断弱化，阻碍了金融深化。客观地分析，金融渗透力受阻，源于金融技术落后，以至于心有余而力不足。进入 21 世纪以后，在数据革命的推动下，许多非金融机构运用大数据方法，进入传统银行无法介入的群体庞大的低端客户市场（农民工群体、学生、城市低收入群体和无固定职业人群、小微企业等）和非金融中心市场（尤其是欠发达地区市场），取得了出人意料的成功，引起一些银行和非银行金融机构的迅速跟进，金融对社会经济的渗透率急剧提高，金融市场出现了广度与深度的快速发展。

第六章　正确理解和运用债转股：不可不用，不能滥用　　247

2016 年初，作为应对经济困境尤其是降低企业债务杠杆率的重要举措，债转股再次成为热门话题。作为 20 世纪末债转股实践的直接参与者，笔者曾经对借助债转股方式处置银行不良贷款的背景、技术与政策，进行过系统观察与总结，并在 2001 年《财贸经济》第 10 期、第 11 期连载。虽然时光流逝十五年，但文中许多观点依然具有现实意义。结合近年来国内外实践，笔者想就债转股问题再补充一些经验之谈。

依据传统经验与观察标准，中国经济（2011—2016）的时点数据与轨迹都不好看。笔者自己在研究中感觉到，当下的中国经济很难用"好"与"坏"来概括，对于未来趋势的预测十分困难。其实，"好"与"坏"之争，往往出于总量分析，如果我们能够透过结构性变化来观察，所谓的"好"与"坏"都是存在的，而且"好"不一定是真正的好，"坏"也不一定是真正的坏，关键看我们期待的是否发生、趋势是否形成。

近年来，中国经济遭遇了"成长的烦恼"，过去的经验和规律逐渐变得不再适用。如何评价和判断当前中国经济的真实状态对于未来经济发展显得尤为重要。在连续不断的观察分析中，我们逐渐感觉到，中国经济运行已经步入新的平台，正在新的平台上寻找方向，战略安排与政策设计都必须立足于这个现实，符合这种发展趋势。

第九章　更大尺度与更宽视野的经济观察：全球经济走势分析与中国策略　　337

2008 年爆发的国际金融危机首先对美国经济产生巨大冲击，而后通过贸易、金融等渠道扩大至欧盟、新兴经济体国家和地区。时至今日，国际金融危机对全球经济的负面影响逐渐消弭，但全球经济前景并不明朗，认识分歧很大，尤其是欧美国家出现了"逆全球化"思潮，对于中国战略决策也构成了一定影响。为此，我们拟从波罗的海指数入手，从另一个侧面观察一下世界经济现状与趋势，提出相应的中国策略。

用趋势思维探寻"危与机"（代序）

（一）

翻开经济发展史，尤其进入市场经济以来，大大小小的经济危机贯穿始终。虽然每一次危机发生之时，都会给社会生产力带来沉重的打击，引起生产要素重新组合、分配，但是值得庆幸的是，每一次经济脱轨导致的危机都会得到自我复苏，甚至多数情况下经济都上升到了更高的水平。周期循环结果告诉我们，波浪式前行、螺旋式上升是危机周期的一般规律。每一次危机并不是简单的周期性的重复，而是孕育着新的希望。如果我们能够针对危机根源，采取有效的改进措施，不仅可以应对危机的负面影响，还可以从危机中寻求发展机遇，实现涅槃重生。

2008 年的金融危机，美国再一次以实际行动证明了，积极应对危机的过程，也是经济寻求嬗变、不断改进提升的过程。作为危

机的发源地，为了应对危机，美国采取了一系列的改革措施，2010
年以来开始呈现全面复苏的态势，量化宽松政策（Quantitative Eas-
ing, QE）① 适时退出，房地产市场逐渐回暖，失业率处于下降通道，
市场对美国未来经济持续增长的共识和信心大幅增加。美国是如何
从危机中实现嬗变的呢？总体来看，美国经济修复策略主要有三个
关键措施：一是美联储深刻理解了"金融危机—信用成本上升—真
实经济持续下滑"的理论逻辑，并以其理论为基础，创新货币政策
工具，稳定金融市场信心；二是美国政府针对实体经济出现的"空
心化"和工业制造业不断萎缩的趋势，出台了《2009 年美国复苏
和投资法案》《振兴美国制造业框架》《制造业促进法案》等，通过
降低制造成本、加大投资、完善相关税收和法律等一系列再工业
化措施，推动美国工业生产总值从 2009 年 3.2 万亿美元的低点（相
当于 1998 年的水平）迅速回升至 2013 年的 3.6 万亿美元；三是美
国经济修复过程在金融层面是"去杠杆"过程，在实体经济层面
是"重建经济基础、升级全球经济制高点"过程。同时，美国政府
在救市时充分尊重市场规律，干预行为依托市场机制而间接发挥作
用，从而形成市场与政府的良性互动。

　　国际社会也对巴塞尔委员会第二版资本协议（Basel II）没有经
受住危机的考验进行了深刻的反思和检讨。全球的政府首脑们深刻
认识到，做实资本监管的基础、加强系统性风险管理，才是维持金

---

　　① 量化宽松是一个比较年轻的经济学词汇，最早在 2001 年由日本央行提出，主要是
指中央银行通过购买国债等中长期债券，增加基础货币供给，向市场注入大量流动性资金
的干预方式。量化指的是扩大一定数量的货币发行，宽松即减少银行的资金压力。2008 年
11 月 25 日，美联储首次公布将购买机构债和 MBS，标志着首轮量化宽松政策的开始。

融体系稳健运行的长久之计。2009 年，G20 匹兹堡峰会上明确提出全球监管改革的相关议题。此后，国际金融稳定理事会（Financial Stability Board，FSB）① 与巴塞尔委员会密切合作，全面而深入地分析了金融危机所暴露出来的金融制度性缺陷，提出了宏观审慎和微观审慎相结合的全球统一资本监管制度，即通常所说的巴塞尔第三版资本协议（Basel III）。2010 年 12 月，G20 首尔峰会正式审定通过 Basel III，要求成员国制定实施时间表，全面落实有关监管框架要求。

比较而言，中国在 2012 年以前对于这次国际金融危机的反思相对不够深入，有些监管部门和大型金融机构或多或少存在幸灾乐祸心理甚至盲目自信情绪，在参与国际规则制定、执行国际规则方面过分强调中国特色与特殊国情，很少从中汲取经验教训。然而，2013 年以后，情况发生了急剧变化。中国经济步入深度调整期。落后低端产能过剩问题日趋严重，现代服务业和技术密集型产业比重偏低，新兴战略性行业规模尚不足以支撑经济结构调整重任。在多重因素的作用下，中国经济增速开始出现明显回调，由国际金融危机前高达 14% 的增长速度，回落到 7% 以下。同时，金融体系发展也面临着新问题、新挑战。国有企业杠杆率高企、房地产金融过度繁荣、影子银行与非正规金融快速发展以至于监管严重滞后，多重矛盾逐渐显现。

---

① 金融稳定理事会 (Financial Stability Board，FSB) 是协调跨国金融监管、制定并执行全球金融标准的国际组织，其前身是金融稳定论坛（FSF），是七个发达国家（G7）为促进金融体系稳定而成立的合作组织。2009 年 4 月 2 日在伦敦举行的二十国集团（G20）金融峰会决定，将 FSB 成员扩展至包括中国在内的所有 G20 成员国。

随着经济下行压力加大，银行业发展也面临着增速放缓、利差收窄、不良上升、金融脱媒等多重挑战。社会各界对于商业银行的抱怨声此起彼伏，即使是一些职业银行家也对银行业的经营和发展现状不满，主要表现在：企业家认为经济增速持续下行，而银行贷款利率与各种服务收费虽有调整但仍然过高，企业财务成本负担过重；老百姓认为到银行办理业务经常排队，服务态度不好，可选择的产品有限，理财与存款的收益率低，中低收入人群向银行借款特别困难；银行家认为社会信用约束软化导致风险暴露迅速增加，宏观政策调整与市场化改革已经引致同业竞争激烈、息差收窄、经营压力不断增大，银行不再是垄断性行业；地方政府认为国有银行对地方经济的推动力在衰减，即使自己办地方金融机构也达不到预期目标；监管机构对金融秩序忧心忡忡，对地方政府干预金融也颇有微词。上述各方对银行业现状的不满，说明当前银行业到了必须变革的时候。

作为经济学家，不仅要直面中国经济现实矛盾，还必须善于在各种危机扰动中寻求嬗变之策，探索变"危"为"机"的路径和方法。鉴于此，几年来我尽可能利用各种机会，深入经济前沿调研、走访、座谈、讨论，形成了一些关于中国经济金融问题的所思所想。这些思想轨迹大部分是第一次公开披露，目的不在于"是与非"的争论，也不是用"事后诸葛亮"的套路证明谁比谁更聪明，而是试图通过对国内外经济金融问题的梳理，推动各界充分重视从危机中反思并汲取教训，积极寻求、抓住危机中的机遇，顺应趋势，主动改革，实现经济与金融发展的嬗变。

（二）

经济观察不能满足于揭示"不确定性"，而应该透过"不确定性"来判断趋势。从宏观经济运行的角度来看，在一个明显"经济过热"或者"经济萎缩"的环境下判断经济运行趋势，相对容易，而在金融危机扰动、经济正在找方向的环境下把握经济趋势是比较困难的。2008年国际金融危机爆发，中国经济也受到了同步冲击。随着2008年第四季度启动所谓的"四万亿经济刺激计划"，中国经济增长出现了短暂的"V型"反转。然而，这种经济刺激效应没有维持太长的时间，2011年经济增长速度开始下滑，但许多人依然认为这是短期波动与调整，对于经济增速持续下行的趋势、风险以及必要的应对等，都缺乏心理准备。这种状况持续到2015年，市场开始出现焦虑、失望与悲观，对于经济结构变化趋势和难得的改革发展机遇视而不见。

中国经济发展面临前所未有的问题，寻找出路是各界的共同责任。经济运行不断遭遇新问题，这是不可避免的。对于中国经济而言，以往遭遇波动和调整时，宏观经济调控政策总能找到有效的办法，但2012年以后情况似乎变了，随着经济体量的增加和结构变化，经济运行规律、调控方式等方面都呈现出与以往不同的特点，一些传统上行之有效的办法突然变得无效，以往的经验不再灵验，一些习以为常的数据规律也在产生变化，人们在面对不同于以往的经济数字、经济形势时往往产生认识上的分歧。更让人担忧的是，市场及舆论对中国经济的指责、批评通常以欧美经济规律为范本，关注总量与习惯性指标，缺少深入结构的观察与分析，或者对于结构与趋势变化轻描淡写。经济走势的"V型""W型""L型""U型"等各种字母象形分析很多，但将复杂的中国经济形势套用简单的字母形象分析很勉强，很难准确描述中国经济的阶段特征，因而很难达成共识。前所未有的复杂形势困恼着中国经济的转型与发展，亟待经济学家帮助寻找出路。

认识分歧明显加大，使得政策设计十分纠结。诚然，近年来经济运行总体平稳，结构调整取得积极进展，高新技术产业发展迅速，服务业继续较快增长，绿色发展成效显现，城镇新增就业好于预期，城乡居民收入和经济增长保持协调，社会大局保持稳定。但经济走势持续分化，地区、产业、企业之间增长差异较大，经济运行中的矛盾和问题仍然较多，尤其是金融风险和资产泡沫积聚的潜在威胁越来越大。也就是说，尽管经济运行趋稳，但金融风险与经济下行压力仍然很大。这意味着当经济增速明显下行，仍可能加码稳增长政策支持力度；与此同时，宏观上又希望防范高杠杆和资产泡沫带来的金融风险。因此，兼顾经济稳定增长与防风险的双重政策目标，具体政策设计与操作的难度很大。由于不同角度评估的政策效应截然不同，客观冷静深入分析、建设性的对策研究就显得极其重要。我们必须正视中国经济面临一系列前所未有的困惑：传统的外向型经济面临"天花板约束"；低端投资、短平快思路受到市场约束；资本、货币效率不断下降；社会与环境压力前所未有；国家安全面临一系列挑战。我们也必须看到2012年以后中国经济运行发生了一系列前所未有的变化：经济增长空间仍然很大，经济发展开始追求更具有可持续性和国际竞争力的结构、更低消耗与更高产出的增长方式，同时国民分享更多经济增长成果，经济发展开始呈现新的趋势与规律。

（三）

经济观察史表明，追赶型经济体经济上台阶相对容易，但上台阶之后经济升级更加困难。前者是单一的 GDP 数量积累，后者是经济结构、增长方式、社会发展、国际地位等质的变化。有分析表明，1960 年以来，在全球 100 多个追赶型经济体中，只有 12 个国家和地区完成了追赶任务，实现了经济结构和增长方式的转型切换，我们对此要有充分的心理准备。

保持中国经济升级势头，既是策略，又是战略。经济升级趋势明显，应该是不争的事实；中国经济能否转型成功，取决于中国经济升级的势头能否持续。

一是消费成为拉动经济增长的绝对主力，消费升级正在推动经济转型升级。当前中国经济的增长方式正在发生转变，驱动经济增长的力量正在悄然改变，投资对经济的拉动越来越弱，消费开始扮演起重要的角色，2015 年第二、三、四季度消费对 GDP 的贡献分别达到 60%、58%、66%，资本形成总额的占比下降至 40% 以下；2016 年第二季度更是达到了 73%，而资本形成总额占比则降至 37%，净出口更是出现负值 -10.4%。消费升级将是未来中国经济发展最重要的推动力，居民消费仍有巨大潜力。随着城镇化进程的进一步推进，农村居民成为新城镇居民后，其家庭设备及服务、医疗保健、交通和通信、文教娱乐服务消费类需求将会进一步扩大。

另外，随着中国居民可支配收入的提高，居民对服务型消费支出的需求也将不断增加，医疗保健、金融服务及保险领域的消费金融需求必将不断涌现。

二是高技术、高端装备产业加速增长，低端制造业增速持续回落，技术进步正在推动工业升级。工业内部结构升级，低端制造业、高污染、高能耗工业占比降低，高技术、高端装备、清洁工业的占比提升。出口结构优化，高技术产品出口全球份额显著提升。从贸易形式上看，低附加值的加工贸易占比不断降低，一般贸易占比平稳上升，高科技产品出口占比提高，已成为亚洲高端科技产品出口的主导力量。

科研经费投入逐年提高，接近发达国家水平。研发经费继2010年超过德国之后，2013年又超过日本，已成为仅次于美国的世界第二大研发经费投入国家。

三是经济运行效率与社会发展水平显著改善，正在缩小与发达国家的差距，能否保持这种势头至关重要。单位GDP能耗逐年下降，物流水平位居世界中等水平。单位GDP能耗从1980年的2.665吨标准煤/万元降低至2015年的0.662吨标准煤/万元。中国物流指数达到3.531，高于俄罗斯、巴西、印度，居发展中国家前列，次于意大利、日本、美国、英国、德国等发达国家，位居世界中等水平。与此同时，国民对于分享经济增长成果的期盼十分强烈，国家顺势而为的政策安排使民生持续改善。公共财政对民生领域支持逐年提高，基本社会保险覆盖人数较本世纪初大幅增加。

冷静观察中国经济现实，无论是行业还是地区，甚至是一家具体企业，在现实经济生活中难受还是好受、主动还是被动，取决于是否把握住了经济升级趋势。未来全球经济还会继续找方向，但传统经济经过近十年的整合，该淘汰的大部分已经淘汰，能够留下至今的，应该是市场认可的。新的业态、经济结构中快速成长的行业，有一个不断确认过程，必然会有大量淘汰现象，波动是不可避免的。因此，经济趋稳是有基础的，短期波动也是不可避免的，关键在于我们必须把握已经确认的经济升级趋势，并坚定地予以推进。这是基于趋势思维作出的判断。

增强中国经济的市场引力至关重要。一个国家在国际上的政治经济地位往往取决于其国内市场引力大小。市场引力越大，话语权越大；市场引力下降，话语权就不断丧失。由于大型经济体内部拥有庞大的市场空间，凭借经济总量、技术垄断、货币优势，其市场行为与政策取向具有一定的国际市场影响力。国家市场战略的核心是增强市场引力。衡量市场引力时，经济总量只是一个方面，更重要的是市场活力（经济增长保持上升势头至少是在较高水平上的稳定运行、市场开放程度较高、外资流入与民间投资增速较快、PMI处于扩张水平、经济创新能力很强等），以及外部世界能否"搭上便车"。纵观20世纪以来的美国经济，其经济总量在全球范围内无人匹敌，因而没有人会无视、放弃美国市场。然而真正决定美国市场纵深的是其经济活力和市场开放状况，凡是美国经济活力衰退、市场封闭之时，美国对于全球的引力也同步下降；美国经济在金融危机之后率先复苏，数据显示的经济活力不断增强，其全球竞争的市场纵深也得到前所未有的加强。日本的经济总量也很大，但其市场引力有限。俄罗斯国土面积全球第一，军事实力仅次于美国，但国内市场容量不大，有限的资源优势并不构成全球不可替代性，相反的是在资源输出和金融市场方面对欧洲市场形成了严重依赖，市场纵深十分狭小，面对美欧的经济制裁就显得十分痛苦。

中国改革开放以来，不断增强的市场活力吸引了全球投资者的目光，经济总量在国际金融危机期间跃居全球第二位，国际政治经济地位明显提升。2011 年以后，随着经济增速放缓，市场悲观情绪蔓延，甚至出现一定程度的资本外流现象。与此同时，国际贸易摩擦迅速增加，以至于本来不是问题的"市场经济地位"被某些国家炒作成棘手问题。虽然问题的原因很多，也很复杂，但市场引力是不容回避的重要原因。

因此，解决问题的根本出路在于"努力做好自己的事情"，通过深化改革唤醒居民消费需求与民间投资需求，立足于激活国内市场、利用市场力量升级制造业技术水平，使经济增长尽可能保持在6.5%—7.5%的通道里运行更长时间，形成稳定的消费预期与投资预期，同时加大投资与贸易服务开放力度，增强中国市场对国际社会的吸引力，使之成为周边国家甚至主要发达国家经济恢复的重要依托。狭隘的"货币战争""贸易战争"无济于事。主动增强自身市场引力比被动诉求"市场经济地位"要重要得多，有意义得多。

当然，作为银行经济学家提出上述建议，可能不同于学院派经济学家和市场分析师的看法。但是，银行经济学家有其特殊的岗位视角，既靠近政府与市场，又在政府与市场之外，既有直接的宏观感受，又大量接触微观需求，对于特定行业、市场的现状与趋势有着深刻理解和把握，在经济观察中会有独特的感受和特殊的发现，这些观感可能不入流具体的学术门派，但真实反映了"临床医生"的诊断观察。就我自己而言，早年的宏观经济研究背景和多年的风险经理职场实践，养成了趋势思维习惯；切身感受到的国际金融危机冲击，独特的职业体会与前瞻性应对思考，将来仍有参考和借鉴意义；专业视角观察的中国金融波动分析，重在感悟危机扰动时刻酝酿的"金融改革之机"；更大尺度、更宽视野的趋势思维，旨在帮助深陷危机困扰的中国经济寻找突破方向，期盼中国经济在危机扰动中嬗变。这些是我整理、出版本书的初衷。

2017 年 2 月于北京金融街

第一章

金融危机的逻辑思辨：理论推演、
实践观察与前瞻性分析

就经济危机与金融危机的逻辑顺序而言，传统理论（主要是马克思经济学理论）认为，生产过剩导致价值循环受阻，再生产难以为继，引发经济衰退亦即经济危机，继而信用违约集中爆发致使银行大面积倒闭，最终产生金融危机；然而2007年的次贷危机则展现出另一种情形，宏观政策催生出的经济泡沫在货币紧缩政策下迅速破灭，由此引发行业性信用违约并酿成金融危机，继而金融机构破产与债务工具急剧减少波及其他实体经济，导致经济循环受阻并最终引起经济衰退亦即经济危机。2015年以来，随着中国经济增速趋缓、世界经济复苏乏力、金融风险不断暴露，再次发生金融危机的担忧充斥论坛和专业媒体，引发了我们对金融危机逻辑与现实判断的深入思考。

一、经济危机与金融危机的逻辑思辨

翻开经济发展史，尤其进入资本主义社会以来，大大小小的经济危机贯穿始终。经济学家们对经济危机进行了大量的思考和探索，提出了很多重要的思想和理论。而与此同时，人们预防和应对危机的方法和路径也逐渐地系统化和清晰起来。

18 世纪初，约翰·劳将纸币引入欧洲，这一举措刺激了信用市场的飞速发展，法国经济获得快速增长。但随后法国政府却错误地运用股票超额发行，使经济进入不正常的上升轨道，股市暴涨拉动工业呈现虚假繁荣，最终狂热投机导致的泡沫还是破灭了，银行信用迅速萎缩，资本大量外逃，脱轨的繁荣演变为一场经济危机。在整个 18 世纪，英国大大小小经历了 18 次经济危机，似乎每次繁荣便意味着接下来会出现经济运行脱轨。进一步观察，每一次经济脱轨导致的经济危机都会得到自我复苏，甚至多数情况下经济都上升到了更高的水平。但在每一次复苏后，新的危机又出现，并再次摧毁经济。这种经济危机具有怎样的内在逻辑？为什么经济具有自我脱轨而后再复轨的能力？亨利·桑顿从信用的角度给出了解释：信用体系是内在不稳定的，增加或减少信用都具有非常大的欺骗性，因此非计划的信用收缩可能导致经济萧条。也就是说，"信用"问题导致了经济运行脱轨，而经济自我复轨的根源也是基于信用修复。

1826 年，约翰·斯图尔特·穆勒在《纸币与商业困境》中提出了"竞争性过度投资"的理论。他认为商人们对需求的过高估计可能很快演变成供应过剩，同时引发大量的投机，从而使得原本繁荣的经济走向完全脱轨。随后发生的危机间接验证了穆勒的理论。1837 年美国经济萧条更多地表现为脱轨的繁荣，对于土地的投机使得经济进入了不正常的上升轨道，房价出现暴涨，这种严重依赖房地产的经济和严重依赖土地的政府财政在 1837 年初出现断裂，繁荣最终崩塌。

　　早期研究者发现了经济内在不稳定性的多个踪迹，包括货币因素、实际因素以及信心、恐慌等。威廉·斯坦利·杰文斯的"太阳黑子理论"本身值得商榷，但却验证了另外一种现象，即某些事物本身虽不能对经济直接产生影响，但却能改变一般人的预期从而产生间接影响。瑞典教授古斯塔夫·卡塞尔认为利率可能在危机中扮演重要的角色，"高利率是触发经济危机的关键因素"。庇古则从心理因素的角度给出了解释，他认为"破产很少毁灭资本，但会造成恐慌，而这才是重要的因素"。丹尼斯·罗伯逊认为"正是由于技术创新和设备更新再投资的浪潮造成自然利率出现变化，从而导致经济不稳定"。霍特里在《商业的盛衰》中把经济周期归咎于货币供给的波动，在他看来，之所以经济繁荣最终会走向脱轨，主要原因是外部冲击和内在的货币不稳定性相互作用。冯·米塞斯相信"由信用扩展带来的经济繁荣最终出现崩溃是无法避免的"。2007 年美国次贷危机则再一次证明，金融行业的无限制发展带来了畸形的经济结构，虚拟经济与实体经济严重脱离，虽然表面辉煌，实则积聚了极高的风险，最终演变为严重的经济危机[①]。

　　传统经济危机的具体表现包括：工业生产急剧下降，企业开工不足并大批倒闭，商品滞销，利润减少，失业激增，社会经济陷入瘫痪、混乱或倒退。而在现代经济中还越来越表现在货币和金融

----

　　①　2008 年的金融危机同金融体系的演变有着直接关系，金融体系中的非银行金融中介，也就是常说的影子银行，从规模和重要性方面都超越了传统银行，导致监管脱节，虚拟经济与实体经济脱离，最终从流动性危机演变为严重的金融危机。

领域：利率上升，投机大量出现，信用制度受到严重破坏，银行破产，股市受到重创。

周期性繁荣必然伴随周期性经济危机不仅被证实，也被重视。但许多国家畸形经济结构状态下出现虚假繁荣并由此产生的恶性经济危机，似乎并未引起足够关注。一些国家依靠某些部门或产业的极端表现，呈现了虚假的繁荣，但随着时间推移，内部风险加速积聚，畸形结构愈演愈烈，最终走向危机。观察其特定的表现形式，除利率上升、投机大量出现外，还包括：经济结构失衡，经济发展过于依赖单个部门（如投资、消费、出口等），泡沫经济膨胀，虚拟经济脱离实体经济等。历史上关于脱轨的经济繁荣例子有很多，比如 18 世纪 20 年代发生于法国的密西西比泡沫、20 世纪 80 年代初期拉美经济危机、21 世纪初的互联网泡沫等。虽然畸形结构也可以带来非常规的经济繁荣，但过度消耗经济潜力、过度损伤经济系统正常机能、过分掩盖经济系统内部矛盾的"不健康"辉煌，最终只能走向崩溃。而这种崩溃很可能损失更加巨大、伤害更加猛烈、恢复更加漫长、影响更加深远。

这其中，苏联的例子可谓"生动贴切"和印象深刻。依靠强大的国家意志，其不合理的产业结构（极端重视重工业和军工产业，轻视轻工业）、不合理的分配结构、不合理的技术结构等问题被长时间掩盖，经济发展甚至呈现了较长时间的繁荣。但是这种畸形模式下内部积聚的矛盾与日俱增，最终经济崩溃，政治体制颠覆，走向了不可逆转的结局。

虚拟经济脱离实体经济也是造成脱轨的经济繁荣的重要原因，这在现代经济中尤其突出。虚拟经济是和实体经济相对应的一种经济活动形式，实际上是依附于实体经济存在和发展的。当虚拟经济与实体经济匹配良好时，虚拟经济将为实体经济发展提供广泛的融资渠道，转移市场运作风险，提高资金配置效率，从而有效保障实体经济的发展；当虚拟经济过度膨胀时，其超常发展极易引发投机，呈现出一段时间的繁荣，但同时也导致大量资本从事非生产性投资，资产价格泡沫化，经济发展累积的系统性风险集中爆发，带来危机。2007 年次贷危机是一个典型例子。过度膨胀的金融虚拟经济带来无节制的金融工具创新，与实体经济越走越远，最终积聚巨大风险并导致信用崩溃。

除了虚拟经济脱离实体经济外，其他泡沫经济也是脱轨的经济繁荣的重要原因，这其中最主要的就是房地产泡沫和互联网泡沫。随着社会发展、技术进步，房地产建造成本应逐步下降，但是房地产价格却不断上涨，带动整个经济呈现繁荣。房价上涨的过程就是泡沫不断积累的过程，当房价大大超过社会的承受能力时，泡沫就会破裂。一旦房地产危机爆发，房地产吸收流动性的功能将逐步丧失，实体经济中其他资产的全面通胀也将随之爆发。1998 年东南亚金融危机，房地产泡沫就发挥了极为负面的作用。互联网泡沫更是脱轨的经济繁荣的生动体现。对于互联网产业的过度投资和过高估值给经济带来了"非理性繁荣"，但同时也掏空了对其他行业的投资。互联网泡沫和房地产泡沫的最终破灭也证明了畸形的发展模式所带来的短暂繁荣必将走向终结。

从历史上发生的多次大规模经济金融危机来看，经济危机与金融危机总是相伴相随。那么两者之间有没有先后顺序关系？是经济危机在前还是金融危机在前？从历史上看，历次危机呈现出一个颇为有趣的现象，以 1882 年银行股票投机引发的法国经济危机为界，以前的经济危机大多数始于实体经济领域，而后再传导至金融领域；而 1882 年以后的则几乎全部都是先发生金融危机再引发经济危机。

以 2007 年至今的全球性经济金融危机为例。一开始风险集中于房地产金融领域，房地产泡沫不断扩大致使美联储不得不实行货币紧缩政策，由此引发整个行业性的信用违约①，涉及银行、保险、证券等众多金融机构，迅速升级为金融危机。到 2008 年下半年，危机又向实体经济大面积蔓延，迅速引致全球范围内的经济萧条，最终演化为大规模的经济危机。这种先金融后经济的危机演化方式也见于 1907 年、1929—1933 年、20 世纪 70 年代、1997 年、2000—2001 年等历次全球性经济金融危机。但在 16—19 世纪，经济危机则大多始于实体经济某一领域的生产和投资过剩，价值循环受阻，发生经济衰退，而后引发信用违约，银行倒闭，由此扩散到金融领域。比如 1793 年英国经济危机是始于运河投资泡沫，1857 年全球经济危机始于铁路投机，其他历次危机所涉及领域还包括羊毛纺织、粮食贸易、采矿等。

马克思和恩格斯曾全面论述过经济危机与金融危机的关系，他们认为经济危机的根源是普遍性生产过剩，实体经济出现问题导致银行信用违约，引发货币危机并进而引发金融危机。这个理论能够非常好地解释 16—19 世纪的大多数经济危机，但是与 20 世纪以后

①　房价下跌引爆一大批金融产品与工具的风险触发，直接触及设计软肋，出现流动性危机，传统机构与影子银行，创新产品与工具之间存在的复杂关系撼动整个金融体系的稳定。

的情况却好像并不那么相符。

为什么会出现这样的反差？进入 20 世纪后，金融行业获得快速发展，越来越扮演起经济基础的角色，各项金融创新层出不穷，各种投融资工具和风险产品延伸至国民经济的每一个微观领域，货币及资本与生产、消费的每个环节都紧密结合。实体经济中出现的问题通常都能反映在金融领域，而金融创新带来的高杠杆和风险链条又会使得这些问题不断放大。由此，危机的爆发总是首先发生于金融领域，表现为金融市场动荡或金融恐慌。

二、警惕房地产泡沫形成过程中的政策因素

房地产泡沫破灭是灾难性的，这是共识。但房地产泡沫是怎样形成的，则众说纷纭。其实，利用经济学基本逻辑进行推演，还是很简单的。众所周知，房屋作为一种商品，当更多的货币追逐市场上有限的房地产时，房屋自然会涨价，也就是说投入到房地产领域的货币过多必然导致房价上涨。换句话说，就是房地产领域发生了通货膨胀。房地产领域通货膨胀有两种情况：一是全面通货膨胀，包括房地产在内的所有商品价格都在上涨；二是无论货币供应量是多还是少，房地产领域相对其他领域都会吸引更多的货币投入，从而使得房地产价格上涨速度明显快于其他商品，甚至出现反向价格"剪刀差"。在第一种情况下，全社会商品价格持续快速上涨，实际上是恶性通货膨胀，房地产危机是否发生，还存在不确定性，因为在恶性通胀环境下房屋具有客观上的保值功能。如果是第二种情况，本质上是货币更多地聚集到了房地产领域，形成过度需求或透

支未来需求，与银根松紧没有直接关系。理论上，刻意抬高房价，必然形成超额利润。在充分竞争和要素自由流动的市场环境下，如果一个行业不存在严重的信息不对称和特别难以逾越的技术门槛，这种状况难以长期持续、以至于酿成巨大泡沫。然而，放眼20世纪以来的发达国家房地产市场，所谓充分竞争、要素自由流动以至于信息不对称、技术门槛等均不存在问题，但还是反复出现非全局性通货膨胀条件下的房地产泡沫。唯一能解释的只能是非市场的政策因素在作祟。

回顾2007年美国次贷危机似乎更能证实这种判断。新世纪之初网络经济泡沫破灭后，美国为了寻找新的经济增长点，财政政策上采取了允许购房贷款利息在个税前扣除等鼓励性措施，意在提振居民消费。这项财政性刺激措施，客观上鼓励了房产投资需求，推动了房价的上涨。与此同时，为应对IT经济泡沫破灭导致的经济疲弱，2000年7月—2004年6月，美联储将利率从6.5%左右经过十多次下调降到1.0%。融资成本下降和流动性过剩刺激房屋需求增长。受到短期供给缺乏弹性因素制约，房屋市场供求关系失衡推动房价上涨。房价飙升影响人们预期，激发了人们投资房地产博取资产升值利益的投机需求，进一步推动需求上升和新一轮价格上涨，从而不断吹大了房地产泡沫。更值得关注的是，商业银行在宽松货币政策驱使下放松风险底线，对房地产泡沫的形成起到了"煽风点火"的作用。联储的低利率引起房价持续上涨，为了充分享有房价上涨所带来的高收益，银行有内在动力向信用评级较低和收入不高的借款人提供信贷支持，而极低的信贷成本和持续上涨的房价让不具备还款能力的借款人也产生了内在的投机需求，因而次贷市场蓬勃发展。

不仅如此，金融市场体系也对政策预期积极反馈，美国发达的风险评估、监管缺位的衍生品市场是房地产泡沫形成和破灭的"鼓风机"。银行通过 ABS、CDO 等资产证券化工具将"次贷"重新包装，在金融市场上出售，这样银行不仅能够快速回笼资金、获取收益、减少资本占用，而且不用承担"次贷"的违约风险。而本应该对衍生品风险状况做出客观评估的评级机构，出于利益考量，对次贷衍生品风险状况"睁一只眼、闭一只眼"，给予了高评级。于是我们惊奇地发现，经过这样一个发达的风险评估、管控缺位的衍生品市场的包装，"次贷"这个"矮穷丑"摇身一变成了"高富帅"。这无疑激发了购买者对次贷衍生品的青睐，房利美、房地美等机构大量买进次贷衍生品等有毒资产，甚至连银行、保险公司也购买了不少的次贷衍生品。因此，"次贷"的资产证券化并没有像人们设计时所希望的那样分散风险，反而恰恰是将风险重新集中到金融市场，并且通过衍生品的放大作用，将风险放大了若干倍。这种恶性循环使得金融体系的风险不断放大、不断衍生，从而才酿成了如此大面积的金融危机。

由此可见，不恰当的财政、金融政策导致房地产市场背离正常轨道，导致了房地产市场出现剧烈波动的根源。中国当前房地产泡沫成因比美国市场复杂很多，我们既要关注不成熟的市场机制自身酿造的泡沫，譬如个别房地产开发商、房地产中介机构利用信息不对称、政府部门监管缺陷等人为制造紧张市场空气；同时更要关注政策操作不当形成的房地产泡沫，譬如 2016 年初以来一些部门和地方政府轻率一些出台政策措施（包括年初的刺激购房政策与三季度开始的行政限购政策），在一定程度上助长了房地产市场泡沫风险。

近年来，我国银行业住房按揭贷款呈现井喷式增长，甚至在一些地区成为房地产泡沫的催化剂，本来安全稳定优质的银行资产，却引起市场的广泛担忧。其实，住房按揭贷款会不会成为房地产泡沫的催化剂，房地产泡沫破灭对金融体系尤其是对银行信贷资产质量会不会形成灾难性影响，取决于以这种名义发放的贷款能否坚持居住原则。住房是一种特殊商品，居住是其基本功能，投资是其衍生功能。如果购房的目的是居住，购房者主要关注刚性需求、现实支付能力、未来收入预期、房产区位与品质等因素，一般不受未来市场价格波动风险困扰；但如果购房是为了投资，则购房者必然面临房地产价格波动风险，投资与否、投资时机，取决于投资者对于未来该房产价格走势判断和不确定性的承受能力。从市场的角度来看，购房者无论是居住目的还是投资目的，都可以向银行申请贷款。然而，严格意义上的个人住房抵押贷款对象是自然人，贷款用途为自用、居住性质的房屋购买。因此，个人住房抵押贷款的贷款指向相对特定，特指发放给自然人即通常所说的个人，并非企业机构或其他组织类型；用途也指定为居住，并不包括生产与经营用房，以及专门博取房地产升值的投资与投机需求。由于真正意义上的个人居住需求是有上限的，银行对单一自然人或一个家庭提供的购房贷款也是有限的，而投资需求在理论上是无上限的，银行为投资需求提供融资的风险敞口就取决于银行意愿。因此，与房地产相关的贷款安全与否，会不会出现违约，并不取决于形式上是否"按揭"的技术安排，而在于贷款的用途。

从这个特征出发，只要符合"自住"的目的，逻辑上可以得出房价下跌并不直接影响个人住房贷款违约风险的结论。客观上，只要个人收入没有出现变化，虽然房价下跌，借款人还款能力并未受到影响；"居住"的特性并未改变，个人住房抵押贷款出现"断供弃房"的可能性就小。从一些大型商业银行的实际数据看，虽然很多地区房价都出现回调，一些地方的房价下降幅度甚至很大，但个人住房抵押贷款不良率上升很小，甚至违约笔数反而出现下降。使用 2008 年以来 32 个省市房地产价格指数与这些地区个人住房抵押贷款不良率进行相关分析，发现个人住房抵押贷款不良率与房地产价格指数几乎不存在显著相关关系。深入案例分析也不难发现，真正以个人居住为目的的住房按揭贷款发生违约的案例非常少见，已经违约的"个人住房按揭贷款"案例都有这样一些特点：一是商业用房、用于经营的高端别墅，基本不以居住为目的；二是多套房贷款，基本可以推断是"炒房客"群体。整体而言，以居住为目的的住房抵押贷款从风险特征和实际数据来看，其资产质量受房价波动的影响都比较小，基本上不会因房价波动出现大范围违约现象。商业银行和监管当局只要坚持"个人住房抵押贷款的居住原则"这个安全政策底线，基本上就可以避免房地产市场价格波动转化成个人违约的系统性风险。我们现在真正应该担心的是以"个人住房按揭贷款"名义发放的存量贷款里，到底有多少是投资性贷款，银行业（商业银行和监管部门）到底有没有认识到其中潜在的风险。

三、对中国金融市场波动的几点思考

中国经济在经历了改革开放 30 多年的高速增长后，各类金融风险也开始凸显，近年来外界对于中国爆发金融危机的言论不绝于耳，以至于我们"谈虎变色"，对金融风险避之唯恐不及。然而，我们所要力图避免的是金融危机而不是金融风险，要防止的是金融风险失控、演化成金融危机。当前我们需要格外关注政策调整的操作风险、金融市场的系统性风险，并且尽快从体制、机制、政策和技术手段等多方面做好预案，防止这些风险最终演变为金融危机。

（一）我们要力图避免的是危机而不是风险

有许多人谈论如何避免金融风险，这是不对的，因为金融机构本身就是经营风险的，避免了风险，金融机构也就失去了生存基础和存在的意义。也有人说金融危机是周期性的、不可避免的，其实这种观点本身也是充满争议的。观察 20 世纪以来的若干次国别层面的、区域性的、特定市场的以至于全球金融危机，金融危机都是有先兆的，如果相关政策当局及时、正确应对是可以化解的，至少可以降低危害程度。

历史上大部分金融风险引发金融危机均是由以下两种原因引起的：一种是未被发现的金融风险，当其积聚到一定程度，出现系统性违约、流动性丧失、机构大量破产等，最终引发金融危机；第二种是系统性金融风险虽已被识别，但在化解过程中，由于错过最佳政策时机、操作方式和政策力度不当等原因，反而引发恐慌，放大风险，最终导致危机爆发。因此，我们必须加强对金融风险的识别与监测，并通过合适、合意的政策操作来降低金融市场短期波动的幅度，谨防出现断崖式的剧烈波动。政策当局在进行个案监管惩罚，试图给某些市场主体以教训时，尤其需要警惕由于考虑不周全，反而导致金融市场剧烈波动，进而引发金融危机。

那么，如何把握好金融风险与金融危机这个"度"呢？如何辨识金融危机呢？笔者认为至少应注意把握三个特点：

1. 金融危机不同于金融风险，不能简单化

金融危机一定是金融风险积聚及处置不当引发的，但金融风险不一定最终都会演变为金融危机。只要有金融活动，就有金融风险，金融风险能否转化为金融危机，取决于风险的扩散度、风险的消除度、风险的承受度等因素，即金融风险是否会转化为金融危机，有一个量的积聚与恰当处置的问题。

2. 金融危机一定是金融市场大幅度萎缩，但市场大幅度萎缩不一定是金融危机

这里有一个时间因素，如果金融市场在较长时间内出现了被动性萎缩，即便是萎缩幅度很大，也不一定会爆发金融危机，因为在较长时间内，各个市场参与主体有空间和时间进行自我判断和主动消化。反之，如果是在一个很短的时间内，市场出现了断崖式萎缩，则一定会引发金融危机。

3. 区别恐慌与趋势性悲观判断

针对市场变化，市场主体做出趋势性悲观判断，并开始自我调整市场行为，进而导致市场交易量的萎缩，但只要与流动性无关，就不会引发金融危机。如果市场主体不是出于趋势性悲观判断，而是陷入人人自危的恐慌中，则一定会引发流动性危机，进而诱发金融危机。悲观性预期引发的市场长期萎缩和下行，并不能通过市场干预、政策刺激得到彻底解决，只能从改善基本面入手，辅之以预期引导。但市场恐慌则不同，必须及时干预，这是国际经验。对于

2008 年的金融危机，伯南克在《行动的勇气》一书中写道：在当前这场危机的直接诱发因素中，最显著的两个因素就是次贷泛滥和房价泡沫，但这场危机之所以导致我们付出如此惨重的经济和金融代价，主要原因可能在于恐慌本身，可以说，恐慌造成的代价不会小于次贷泛滥和房价泡沫造成的代价。

对此，我们也有过惨痛的教训，2015 年的中国股灾就是例证。第二季度股市泡沫迅速增加并没有引起重视，反而引发更高的投资预期；7 月初股指连续大幅度跳水，政策当局突然失声，市场开始恐慌，以至于流动性完全丧失，在此基础上被迫仓促推出的救市措施，被强大的市场预期所淹没。错失时机，缺乏预案，应对失当，风险最终演变成危机。关于这次股市危机影响的认识分歧很大，从经济社会发展全局的角度看，以下几个主要方面的影响不容忽视：投资者信心遭受严重挫折，使股票市场功能丧失，直接影响经济恢复进程；市值急剧减少产生财富萎缩效应，直接影响消费，进而影响经济增长；市场操纵行为严重损害中小投资者利益，市场情绪有可能演变成社会情绪；中国股市虽然开放度不高，但对国际金融市场仍会产生较大影响，间接影响人民币国际化进程。

（二）中国现阶段最值得关注的金融风险之一是在政策调整和市场监管过程中，"目标与行为背离""不知目标何在"导致市场无法预期，加剧市场波动，加大金融风险

当前，中国的宏观调控手段已逐渐由数量型向价格型转变，市场价格变动成为明显的经济运行信号，但是中国的宏观调控缺乏足够的灵活性、敏感性和前瞻性，严重滞后于市场变化。通常在市场

价格发生明显变化的时候，调控政策却迟迟不作调整，反倒是等到滞后的经济金融统计数据公布之后，才开始进行宏观调控，导致市场主体对宏观调控政策无法预期，以至于市场开始进行反向观察，去猜测宏观调控政策出台的背后原因，而不是去分析政策出台后可能带来的影响，最终导致政策效果欠佳，甚至是适得其反。

我们试图学习欧、美、日等国的宏观调控手法和艺术，但市场至今也没有找到政策关注的核心指标与目标，有些当局反复强调的指标，但后来的政策调整几乎与这些指标没有关系，最终的结果只是强化了政策权威的神秘感，降低了透明度，反倒是加剧了市场波动。如"8·11汇改"，虽然大家都知道汇改的方向，但市场主体却不知道央行的最终目标所在，导致政策出台之后，汇市剧烈波动；还有股灾发生前，证监会清理场外配资，市场主体也同样知道方向，但却不知道证监会清理配资的目标何在，清理到什么程度，清理哪些配资，都是含糊不清；另外银监会的很多政策操作也是如此。

长期以来，我们的宏观调控部门似乎形成了这样一个理念，就是不让市场主体摸清底牌，担心市场主体知道了，提前做出调整，从而削弱了政策效果。这种自我证明政策价值的思维是非常有害的，从历次的实践来看，往往在政策出台之后，市场主体在短时间内去消化调整，导致市场的剧烈波动，而我们的宏观调控部门似乎还很乐见这种政策的突然性所带来的"立竿见影"的效果，也乐见这种"看得见"的市场反应。监管部门的"方向正确、目标不清"，除了思维方式因素之外，还有一个数据基础的问题，目前中国的金融统计职能分散在各个部门，虽然法律明确赋予央行金融数据统计职能，但实际上央行也仅仅只是掌握部分的银行数据，致使央行无法根据金融统计数据对市场做出科学合理的判断，进而导致政策出台的滞后性和目标不清。

反观美、欧、日等国的宏观调控，除了设定明确的政策目标之外，也加强了对预期引导的管理，并发挥得淋漓尽致。通过设定明确的政策目标，再通过官员、专家等给出预期性言论，让市场主体对政策的出台有所预期，不仅可以提前自发调整适应，而且也减少了市场主体的政策风险，进而实现政策预期目的，可谓是"不战而屈人之兵"。美联储通过对政策工具的清晰界定、对政策调整时机所应具备条件的明确解释，以及定期通过每季度的议息会议，及时公布会议纪要等手段，使政策调控的意图被市场所预见，从而有效引导市场预期。金融危机后，美联储一直维持超低利率，对于调整时机，则明确提出三个数据门槛：通货膨胀率、就业指标和产能利用率水平。欧洲央行原本拒绝做任何"预先承诺"的政策宣示，但在经济下行的压力之下，尤其是市场预期被美联储有效"引导"的情况下，果断开始"预期管理"。日本政府在安倍上台后，"预期管理"成为实施"安倍经济学"的重要抓手，安倍曾多次要求日本央行设定2%的通胀目标，进而提升市场对股市上涨、日元贬值和通胀上升的预期。

因此，当引导和管理市场预期已成为发达国家调控经济、提升调控政策效果的重要手段时，中国政府也应因时应势，依据自身情况推出自己的预期引导措施。一是预期引导应建立在研究分析基础之上。只有建立在大量的研究分析基础之上，才能对当前及未来的形势进行合理的判断，这是进行预期引导的基础。二是明确预期引导的量化指标。预期引导需要有相应的指标来度量、来统一市场的预期，需要构建系统性的量化指标，并明确量化标准目标，而非含糊其词。三是增加金融调控政策透明度，加强与市场的沟通。金融宏观调控政策透明度本身就是强化沟通的一种重要方式，通过与市场的沟通，可以更好地让市场形成对未来政策路径的合理预期，并以此做出决策。四是要保持政策的延续性和一致性。在市场对金融宏观调控政策形成预期，并做出决策时，金融宏观调控政策就应当在合适的时机出台，如果出台不及时或出台政策和市场预期不一致，就会导致市场产生较大的波动性，同时也会对后续的政策预期产生负面影响。

（三）现阶段值得关注的另一个重要的金融风险是系统性金融风险。应该看到系统性金融风险越来越复杂，监管模式上"自己孩子自己抱"的时代已经过去，但国家层面对于系统性金融风险的研究不够，更不用说有效监测与应对预案

伴随金融市场的发展，现在跨市场风险传染不一定是多米诺骨牌，而是牵一发动全身的网状传播。2008 年金融危机后，美国、欧洲已经深刻吸取了教训，在重点防范系统性金融风险方面形成了一些新的监管理念与模式。金融危机后，美国强化了美联储的金融监管职责，将系统重要性金融机构、金融控股公司和金融基础设施划归美联储监管。英国主要强化了英格兰银行的核心作用，在英格兰银行下设立金融政策委员会（Financial Policy Committee，FPC）负责宏观审慎监管，设立金融审慎局（Prudential Regulation Authority，PRA）和金融行为局（Financial Conduct Authority，FCA）共同负责微观审慎监管。

目前，我们尚缺乏对系统性金融风险的专门研究，缺乏对市场风险的预警、监测，尚无应对市场风险的整体机制与体制安排。"自己孩子自己抱"的时代已经过去，越来越多的市场风险事件，我们不知道是谁的孩子，该由谁来抱，同时，即使自己的孩子都管好了，也不一定不发生金融危机。如果按照旧的监管框架和思维，很容易出现监管空缺，或者犹豫错过时机，以至于风险积累到一定程度，又随意指定责任，最终由于没有经验积累，只好简单化处理，这样势必放大风险，甚至引爆危机。因此，强化宏观审慎监管，防范系统性金融风险迫在眉睫。

首先，要进一步完善逆周期调控机制。一是继续加强财政政策和货币政策的协调配合；二是增加资本监管制度的逆周期要素，根据经济周期的变化动态调整资本充足率；三是建立逆周期的信贷调节机制，平抑信贷周期；四是注重新工具的开发和运用，如拨备要求、杠杆率和流动性要求等，实现总量调节和防范系统性金融风险的有机结合。通过完善逆周期调控机制，在金融体系中设置"内在稳定器"，释放系统性风险。

其次，要强化对系统重要性金融机构的监管。由于系统重要性金融机构规模巨大，且与其他机构和投资者的关联性强，具有较高的不可替代性，因此一旦陷入困境，会对整个金融市场造成巨大冲击，导致危机迅速升级和扩散。为此，应强化对具有系统重要性金融机构的监管，督促系统重要性金融机构加强公司治理和风险管理，降低风险集中度。

再次，要扩大金融监管范围。一是将互联网金融、影子银行等近年来比较活跃的"新金融"纳入监管范围。这些金融机构和金融创新产品在促进金融市场多元化、提高金融市场效率的同时，也刺激整个金融系统的过度信用扩张和过度风险承担行为，为金融体系带来了较多潜在风险；二是要加强对金融体系内机构与市场间关联性和溢出效应的评估。由于金融市场中的"合成谬误"，众多单个金融机构符合监管要求的一致性行为可能会诱发系统性风险的产生。

此外，鉴于高杠杆会直接增加系统性金融风险以及美国去杠杆对其宏观经济的负面影响，我们应协调宏观经济政策和宏观审慎监管政策，降低系统性金融风险发生的概率。要注意区分宏观杠杆与微观杠杆的差异，前者是全社会非金融部门负债与GDP之间的关系，后者是一个负债主体的资产负债率或负债的净资产倍数。宏观杠杆与金融结构有关，而且调整金融结构是一个漫长的过程，千万不可操之过急。在去杠杆的过程中，应尽可能发挥市场机制的作用，政府不要搞运动式去杠杆，但必须承担部分企业破产重组或破产清算以后的社会保障责任；对银行则要加强资本约束，出资人和经理人必须真正为放纵经营行为负起责任，防止系统性风险；对企业则要加强信用约束，使投资人和经理人承受切肤之痛，实施投资人和经理人承担法律责任的真正意义的破产重组或依法破产，打击"跑路"等失信行为。

四、再次发生全球性金融危机的前瞻性分析

2015年世界经济增长率虽然比2014年有所下降，但作为世界最大经济体的美国增长势头强劲，日本、欧洲经济趋于平稳，新兴市场与发展中经济体似乎也在接近谷底。然而进入2016年以后，全球各大股市连遭重挫，大宗商品市场"跌跌不休"，国际油价更

是频频刷出新低，中国银行业不良贷款攀升和债券市场违约频现，尤其是英国"脱欧"更是让全球经济蒙上浓重的阴影。基于以上种种，人们似乎又看到了世界性金融危机的影子，宿命论的"金融危机十年一个周期"（1987 年美国股市崩盘、1997 年亚洲金融危机、2007 年美国次贷危机）引起众多围观，金融危机即将来临不断见诸媒体。然而，历史经验表明全球金融危机一般与国别或者经济体因素有关，而足以引发全球金融危机的国家和市场都必须具备足够大的经济与金融体量，而近年来虽然金融市场波动较大，但由主要经济体自身经济问题引发全球性金融危机的概率很低。

（一）美、欧、日等经济体复苏困难，但总体趋稳的态势基本确认

虽然美国经济仍面临诸多不确定因素，但 2016 年其经济复苏态势有望进一步延续。一是就业市场持续改善。失业率已从 2009 年 10 月危机时的 10% 回落至目前 5% 以内。虽然短期非农就业新增人数有时不及预期，但主要表现为短期波动，就业向好趋势仍未改变。二是在低利率、加息预期以及就业市场持续好转等多重因素推动下，2016 年美国房地产市场增长态势有望延续。三是低油价对美国经济的促进作用将逐步显现。美国是能源消费大国，中长期看油价下跌对美国经济整体影响利大于弊。四是美国政府支出、基础设施投资等领域具备提升潜力。美联储预计，2016 年美国经济增长将高于 2015 年。

欧洲经济虽然因英国"脱欧"事件的影响而存在较大的不确定性，但不会出现引发全球经济危机的严重衰退。一是得益于低油

价、弱势欧元以及欧洲央行采取的积极货币政策等因素，欧元区经济将不断趋稳。二是内需增长成为推动欧盟经济增长的主要动力。欧盟统计局数据也显示，欧元区和欧盟的家庭消费支出、公共部门支出都在恢复。三是就业形势依然严峻，但有所改善。在经济复苏带动下，欧洲各国失业问题有所缓解。欧洲统计局发布的数据显示，欧元区 2015 年失业率比 2014 年明显下降，为 2011 年 10 月以来最低。欧盟 27 国 2015 年失业率也处于 2009 年 6 月以来最低点。

受益于日元贬值和宽松货币环境，日本经济总体平稳。整体上，日本制造业 PMI 指数运行平稳，且经济景气动向指数也维持在正常高位。失业率一直较低，就业市场接近全面就业状态。更值得重视的是消费者信心指数逐渐提升，工业产量有复苏迹象，且出口也小幅增长，企业盈利能力提高，破产率降至历史最低。

（二）全球银行业监管持续加码，风险管理得到强化，银行体系风险正在逐步得到抑制

2008 年金融危机后，全球银行业监管改革不断推进和强化，银行体系的风险管控要求全面收紧。一是监管标准和强度大幅提升，提高资本质量与资本覆盖面及其资本要求，其中对全球系统重要性银行的总损失吸收能力（TLAC）要求最高可达 24%[①]。这些监管措施正在倒逼国际银行业去杠杆，改善经营，充实资本实力。二

---

① 根据 FSB2015 年 11 月 9 日发布的监管文件，2022 年起全球系统重要性银行的总损失吸收能力（即资本＋自救债）应不低风险加权资产总量的 18%（2018 年应不低于 16%）。对于单个全球系统重要性银行来说，总损失吸收能力要求最高可达到 24%（18% TLAC 最低要求 +2.5% 留存资本缓冲 + 全球系统重要性银行附加要求 1%—3.5%）。

是强化银行的风险治理，提升银行审慎经营的理念和能力。要求完善战略管理、集团组织架构、控制环境、银行董事会和高管层的职责和薪酬要求，公司治理政策程序必须与银行的风险状况、系统重要性相匹配，内部定价、绩效考核要与风险挂钩，及时识别、计量、评估、监测、报告、控制或缓释所有实质性风险。三是建立宏观审慎监管体系，加强系统性重要银行监管，确立识别标准，增加附加资本要求，提出恢复与处置计划要求，建立跨境监管机制等，进一步降低"大而不能倒"机构带来的系统性风险。

监管加码不断迫使国际银行业想方设法改善经营，提升资本实力，这在客观上推动了银行体系风险出清。一是通过各种手段补充资本金，强化损失吸收能力。例如，汇丰银行在 2009 年增资 178 亿美元；巴克莱银行 2009—2014 年度通过股票增发、可转换债券转换普通股的方式补充资本约 169 亿英镑。二是调整业务结构，剥离非核心业务，提升资产质量和盈利水平。如，花旗银行 2014 年贷款发放量降低约 3%，同时也在削低贷款承诺并减少西班牙、希腊等国家的业务及风险敞口，降低风险加权资产 298 亿美元；汇丰银行从 2011 年至 2013 年处置了 63 个非战略性业务和非核心投资，包括关闭或出售拉丁美洲业务、约旦银行业务、美国人寿保险业务等，削减风险加权资产 950 亿美元，较 2010 年底减少 9%；巴克莱银行在 2014 年将 Barcalys Global Investors（BGI）出售给 Black-Rock，出售所得税前收益为 63 亿美元。

巴塞尔委员会的监测报告显示[1]，截至 2015 年 6 月，一级资本

---

[1]　Basel III Monitoring Report，BCBS，March 2016，www.bis.org.

超过 30 亿欧元的国际性活跃银行核心一级资本充足率、一级资本充足率和总资本充足率平均水平分别达到 11.5%、12.3% 和 13.9%，其中核心一级资本已不存在缺口，而在 2011 年 6 月时，其充足率水平分别为 7.1%、8.6% 和 10.6%，核心一级资本缺口达到 4856 亿欧元；标杆率的平均水平从 4.4% 提升到 5.6%；流动性覆盖率（LCR）平均水平则从 90% 提升到 124%，净稳定资金比率（NSFR）平均水平则达到 112%。从结果来看，国际银行业的资本实力得到明显提升，风险抵御能力已得到较大改善。

　　从危机后各国的监管实践来看，对银行的监管愈发严苛，客观上有助于提前化解银行体系的潜在风险。例如，美国提出的"沃尔克法则"和全面资本评估与评审（Comprehensive Capital Analysis and Review，CCAR）要求。沃尔克法则禁止银行从事自营性质的投资业务，以及禁止银行拥有、投资或发起对冲基金和私募基金，核心是让银行在传统借贷业务与高杠杆、对冲私募等高风险投资活动之间划出明确界限。这对于美国乃至国际银行业的经营模式及盈利结构将产生直接影响，将加快银行体系的去杠杆进程。CCAR 则要求银行在不同压力情景下对损失与收益进行动态估计，对资本进行前瞻性规划，以保证银行在各类压力之下仍有足够的资本保持正常运作。根据 2015 年美联储的评审结果，31 家银行有 28 家获得通过，其中，美国银行获得有条件通过，主要原因是在收入的建模和内部控制方面有一些缺陷。德意志银行信托公司和西班牙桑坦德银行美国分公司未获通过，主要原因是存在为数众多而重大的缺陷，包括治理架构、风险识别、计量和加总过程、收入和损失的预测、内部控制和管理信息系统（MIS）等。这对于银行全面强化风险管控、增强经营的稳健性起到了强制性的推动作用，从而进一步释放了银行体系的风险。

（三）中国风险总体上可控，引发全球金融危机的动能有限

有观点认为，由于中国非金融企业部门债务率超出国际一般水平，经济景气下行和产业结构调整势必带来更大范围企业违约，系统性风险不可避免。我们认为，这种观点有失偏颇。非金融企业部门债务水平高与中国经济结构有关，不能依此低估中国债务市场健康水平。

1. 正确理解债务违约风险

标准普尔违约定义包含：债务到期时，债务人在宽限期内未偿付债务。最常见的"宽限期"为 30 天或者更短。因此，标准普尔的违约定义大体上等价于"30 天限期支付"的违约定义。（标普的违约定义与国内银行业的违约定义有所不同。差异主要在于标普的违约定义更为严格，即宽限期为 30 天，而国内银行业的宽限期为 90 天。）

2. 中国社会总体债务水平并不高

根据《中国国家资产负债表（2015）》的数据，虽然中国非金融企业债务占 GDP 比重达 123.1%，但政府债务占比、居民债务占比仅分别为 57.8%、36.4%，显著低于多数主要经济体。总体债务水平（政府债务、居民债务以及非金融企业债务之和与 GDP 的比率）为 217%，位于中等偏低水平，远低于日本（400%）、西班牙（313%），亦低于法国（281%）、意大利（259%）、英国（252%）、美国（233%）、韩国（231%）、加拿大（221%）等世界主要经济体。

3. 中国关于政府债务风险可控

影响政府债务违约的主要因素包括政府治理、财政收入、财政管理、预算管理、流动性和债务负担水平等。评估政府债务的风险是否可控，一般采用政府在债务期限内可用于偿债的现金流/政府债务。该指标越高，风险越小。政府可用于偿债的现金流主要包括一般公共预算收入和土地出让收入。中国政府债务仅占 GDP 的 50% 左右，且与美欧日和其他新兴市场国家主权债务的本质区别在于政府支出中投资占比很高，大多数债务都对应相应的资产，而且中国中央政府调配资源的能力是其他国家政府无法比拟的。

4. 中国居民和非金融企业债务风险可控

影响中国非金融企业债务违约的主要因素是偿债能力和偿债意愿。其中企业的偿债能力受企业的经营管理水平、竞争实力、经营环境、盈利水平、营运效率、负债水平等因素的直接影响。影响居民债务违约的主要因素包括居民就业情况、收入支出情况、可支配收入、房价变化和居民存款情况等。非金融企业部门债务水平高与中国经济结构、历史因素、居民风险偏好等密切相关。中国金融市场欠发达，债务融资占比高而直接融资占比低是历史形成的，多层次、多元化金融市场建设需要一个过程，现阶段仍然体现为企业负债水平高。由于中国资本市场起步晚，IPO、PE、VC 等股权融资耗时长、费用高、信息不对称、结果不确定，导致融资综合成本较高。而以银行贷款为主的债务融资方式效率高、耗时短、程序便捷，综合成本相对低，是企业青睐的融资方式。中国企业高负债结构与居民风险偏好程度低相适应。长期以来，中国居民资产配置风险偏好较低，2015 年末总储蓄率仍然高达 47.6%，而商业银行具备较强的吸储能力，有利于迅速将储蓄转化为投资，这是企业债务规模快速扩大的重要原因之一。

另外，企业的违约概率与 GDP 增速有较高相关性。我们观察到，国际金融危机以来，GDP 增速从 2010 年的 10.5%，逐步降到 2015 年的 6.9%，企业债务违约风险确实在逐步攀升；但 2015 年下半年以来中国经济总体运行已趋于平稳，经济增速稳定在 6.5%—7.0% 区间，企业违约概率从 2015 年四季度也逐步开始企稳，至 2016 年 6 月底，违约率比年初出现小幅回落。预计将来亦不会有大的波动。

观察企业债务风险变化，应着重关注违约概率，而影响违约概率的主要因子是偿债能力与偿债意愿，而不是债务占 GDP 的比重。决定企业偿债能力与偿债意愿的主要因子是企业的资产负债情况。从数据上看，近年来中国工业主要行业的资产负债率非但没有恶化，大部分行业的负债率还呈好转趋势。根据国家统计局公布的 41 个主要工业行业资产负债率情况，2014 年、2015 年底分别有 28、27 个行业的资产负债率低于上年末，其中最大降幅分别为 4.3%、3.6%。

此外，就目前市场十分关注的信用债风险而言，也应前瞻性、技术性观察。一方面，2016 年以来，虽然信用债市场主体评级下调数量呈逐月升高态势，且国有企业及央企越来越多地出现在级别下调的名单上，煤炭、钢铁、有色等产能过剩行业较为突出，但另一方面，2016 年上半年上调发行人信用级别的数量也达 150 家，主要集中在政府融资平台，可能看出债券市场信用发行主体的风险并没有表现为系统性特征，而是出现了结构分化局面，投资者对城投债的偏好不降反增。随着经济改革和债券市场调整的深入，预计未来仍将存在一些违约个案的发生，但违约总体风险相对可控，不会出现大面积的债市违约潮，出现系统性债务偿还危机的概率很小。当然，对产能过剩行业的个别企业的经营情况和信用状况，还是要高度关注。

5. 中国房地产市场风险可控

房地产泡沫问题与美国次贷危机不可同日而语。中国住房按揭市场目前首付三成的总体杠杆是合理的，而美国曾出现过5%甚至零首付的情况；中国金融衍生产品规模相对较小、复杂程度较低，而2007年次贷危机时，美国在房贷上建筑了几百倍乃至上千倍的衍生品市场，造成了极不稳定的"倒金字塔"。当前中国的资产证券化保持着最基本的形式，中国商业银行尚未大面积创新个人房贷金融衍生产品，不足以对金融体系造成致命伤害。

6. 人民币汇率不会失控

经济增长、外汇储备和资本市场有序开放，保证了人民币汇率风险不会失控。人民币汇率的基础是中国经济状况。预计未来相当长的一段时间中国经济增速将运行在6.5%—7.5%的区间，构成了对人民币汇率的稳定支撑。随着利率市场化完成和人民币纳入SDR后，资本项开放有所提升，但多数资本项仍实行管制。而且，外汇储备仍然充裕。中国外汇储备从2014年的高点3.99万亿美元下降到2015年底的3.3万亿美元，预计到2016年底将下降至3万亿美元左右，但仍是全球外汇储备最多的国家。巨额外汇储备对于保障中国金融和人民币汇率的稳定起到至关重要的作用。

因此，只要经济总体运行处在平稳区间，货币政策保持稳健态势，金融监管更加积极，短期内不会爆发债务危机，更不会成为全球金融危机的策源地。

（四）虽然总体来看金融危机概率很小，但全球金融市场波动性将明显上升，市场参与者仍需谨慎

无论是从理论上还是实践上来看，由一个国家的货币或一个金融市场紊乱引发全球金融危机，该货币或金融市场必须有足够的动能。比较而言，人民币作为储备货币几乎可以忽略不计，作为交易货币的占比也非常低；资本市场的开放度有限，资本市场波动、汇率波动还不足以引发全球金融危机。但是，2015年下半年以来，全球金融市场频繁波动，投资者出现"草木皆兵""惊弓之鸟""快进快出"等几个趋同的行为变化。预计未来市场波动会更加剧烈，在短期内将对市场产生深刻影响。在这一形势下，各类金融市场投资者在投资交易时，越来越重视对波动的应对。对于市场参与者而言，伴随着金融市场波动加剧，必须重视交易风险，也必须在风险可控的前提下把握更多交易性机会。

从主要金融市场利率走势来看，长期利率下行趋势确立，投资交易业务面临新机遇。全球范围内通缩大势已定，长期利率下行趋势随之确定，短期内很难逆转。在此判断下，市场参与者可有四点应对策略：一要增加主动投资。目前金融机构客户端的风险暴露得比较充分，为其加大主动投资提供了可能。二要加大交易性金融业务发展。全球货币政策在应对通缩方面"无力化"特征明显，但各国央行实施逆向操作、加大通缩政策的概率极低，整体货币环境有利于商业银行加强交易性金融业务发展。三要加大国债、地方政府债投资。该类债券不仅违约概率较低，而且在资本占用、税收等方面具有优势，具有较高投资价值。四要加大对优质企业信用债投资。在信用债投资方面，除了考虑资本、流动性等因素外，更应该关注发行主体的经营表现，尤其是 2012 年以来收入利润增速持续高于 GDP 增速的企业，商业银行可加大对其信用债投资力度。

虽然全球经济处于复苏进程中，但近期金融市场波动反映出复苏进程的不确定性和复杂性。因此，对全球经济前景不宜过分乐观。中长期而言，需要格外关注美元、欧元、日元和人民币四种货币汇率走势，一旦其中之一发生颠覆性变化，可能诱发全球货币危机。但就目前这四个区域的经济基本面来看，还不存在四大货币颠覆性变化的基础。未来一段时间，一揽子货币对人民币汇率将进入区间均衡状态，即围绕 6.6 为中心上下 5% 的区间波动，趋势性突破 6.3 和 7 的概率不大。

需要特别强调的是，由于美国经济变化对于全球经济恢复有举足轻重的影响，美元又是全球最主要的交易货币和储备货币，美国财政部在制定经济政策时既要考虑美国经济恢复的客观需求，也要充分考虑其可能对新兴市场国家产生的影响。

附 1

金融危机反思与国际金融监管行动扫描①

2008 年国际金融危机爆发以后，国际社会针对金融监管体系进行了深入广泛的反思，修订出台了一系列加强金融监管的措施和方案。如何理解这些金融监管规则的变动及其影响，已成为国内监管机构和商业银行关注的焦点问题。

一、强化金融监管是危机反思的必然结果

20 世纪 70 年代以后，国际社会发生了一系列影响国际金融改革与发展的重大事件。1979 年，撒切尔夫人当选英国首相；1980 年，里根当选美国总统。以此为标志，主张政府干预"越少越好"的自由主义思潮取代了凯恩斯主义的地位，成为主导西方国家社会经济政策制定的思想基础，"放松管制、鼓励创新"成为这一时期银行监管的主流理念。

在英国，金融监管当局允许银行从事证券业务，取消储备资产

---

① 作为大型银行曾经的风险经理，笔者一直关注金融监管的趋势及其对银行经营的影响。次贷危机爆发后，国际金融界就加强和改善监管迅速达成共识，国际监管规则和主要经济体的监管体制都发生了深刻变化，成为影响商业银行经营行为和经营模式的最主要因素。这篇附录是 2011 年底提交业界同行的交流报告，试图从银行经营的角度来理解监管变革。

比率（12.5%）、取消最低贷款利率，推动了金融"大爆炸"。在美国，国会颁布一系列新金融法案[①]逐步突破了《1933年银行法》[②]所确立的银行监管框架，打破银行不能从事证券和保险业务的限制，实现业务多元化；打破法定存款利率上限，推动利率市场化；打破跨州设立分支机构限制，成立大批银行控股公司。历史地看待这些变化，自由主义的监管理念促进了市场竞争、推动了金融创新、提高了运营效率、增强了企业活力，对推动世界经济走出"滞胀"危机发挥了积极作用。

然而，自由放任的监管思路诱导商业银行经营行为不断扭曲，是导致本轮危机的重要原因。此次金融危机过后，国际社会进行了多角度深入反思。大家意识到：在银行这样重要而又特殊的产业中片面强调自由化，将诱发银行扭曲经营行为、积累系统性风险。主要表现在：

1. 片面追求高杠杆经营

据研究，一些经营风格较为激进的欧洲银行，其2008年的杠杆率达到71.47倍，远远超过了银行业经营应有的稳健水平（通常应当在30倍左右）。

2. 过度依赖市场融资

一些银行不愿意扎扎实实地花费时间和精力通过吸收储蓄存款等方式建立稳定的资金来源，而热衷于借助批发市场融资。尽管它

---

① 美国国会相继颁布了1980年的《存款机构放松管制和货币控制法》、1982年《加恩—圣杰曼存款机构法》、1989年《金融机构改革、复兴与促进法》、1991年《联邦存款保险公司改进法》、1991年《加强对外资银行监管法》、1994年《里格—尼尔银行跨州经营及设立分行效率法》和1999年《金融服务现代化法》等重要法规。

② 《格拉斯—斯蒂格尔法案》。

们能够在短时间内迅速地扩张资产规模，但是由于资金基础不稳固，一旦发生市场波动，银行的流动性风险将显著提升。英国北岩银行就是由于缺乏稳定资金来源在金融市场冻结时无法筹集到资金而倒闭的。

3. 脱离实体经济和风险管理的真实需求

避险工具成为积聚或放大风险的"地雷"。远期、期货、期权等衍生品，原本是为了帮助企业对冲风险，锁定汇率、利率等重要生产要素价格，防止大宗商品以及资金价格波动对企业经营造成不可承受冲击而开发出来的。但是在监管放松和鼓励创新的驱使下，一些银行背离初衷，将风险对冲工具变成投资工具，不少金融产品越来越复杂，甚至将原来用来避险工具用于赌博性投机，金融交易不断脱离实体经济需求。

4. 风险链条越来越长，道德风险滋生

传统上，银行以稳固的客户关系为基础，发起信贷业务并持有信贷资产，直到贷款到期，即所谓的"发起—持有"模式。为了降低资本占用并达到监管套利的目的，不少银行转变了经营模式，银行发起信贷业务后，不再（全部）持有信贷资产到期，而通过资产证券化的方式向非特定的第三方出售，即"发起—出售"模式。经营模式的转变，改变了风险结构、延长了风险链条，风险承担者不仅仅是银行，货币市场投资者也要承担风险（甚至是大部分的风险）。在此情况下，一些银行道德风险滋生，在发起交易时，抱着机会主义的态度，只要交易能够完成、风险自然就可以转嫁出去。银行有意无意地放松了风险标准，最终酿成系统性风险的恶果。

5. 利用监管漏洞逃避监管

例如，在产品开发方面，以金融创新的名义，利用复杂的产品设计，将部分金融资产转移出资产负债表，降低银行的实际风险状况；在交易场所的选择上，利用场外市场（OTC）信息披露要求低、透明度差的特点开展复杂衍生品交易，令外界难以估计其风险敞口规模及分布，用以掩盖市场波动中的流动性风险；在交易载体的选择上，大量借助无须纳入监管的特殊目的实体（SPE）安排交易，并由发起银行提供备用信用额度和紧急借款安排，没有有效隔离风险。

6. 薪酬分配机制为冒险激进的经营策略提供温床

在自由主义思潮下，薪酬分配机制被认为是银行内部事务，监管部门通常不过问。受短期收益驱使，银行的薪酬分配机制往往鼓励冒险激进的经营行为。一些银行管理人员和业务员急功近利，不惜违背银行业审慎经营准则，甚至粉饰财务报告、隐瞒潜在风险。以巴林银行为例，由于衍生品市场交易利润的 50% 由交易员享有，最终出现交易员疯狂操作造成百年银行瞬间破产的悲剧。

应该看到，普通工商企业破产一般只形成产业链的线性冲击，而金融机构尤其是大型商业银行破产将形成网状冲击，这就是金融监管必须加强、不能放松的理论基础。银行与普通工商企业不同。普通工商企业倒闭只会导致个别企业退出市场，最多通过产业链条影响它的上下游企业，影响相对有限。就算一个产业出了问题，它对经济的影响也不过是呈线性扩散，一个环节、一个环节地传导下去，冲击力不断地衰减，可能到了第三个、第四个环节，它的冲击力就被消化了。而金融体系（尤其是商业银行）对经济的冲击则是呈网状的。银行作为支付中介和信用中介，吸收公众存款、提供流动性，处于信用网络的中心。一旦发生倒闭，将造成信用网络崩溃、社会公众恐慌，对社会经济的冲击将呈网络状扩散，后果相当严重①。正是由于银行倒闭所引发的巨大负外部性，世界各国普遍意识到必须对银行业实施严格监管。

在国际金融监管组织和各国监管当局的积极参与下，国际金融监管改革在微观机构、中观市场和宏观系统 3 个层面取得了重大进展。微观机构层面，通过资本监管改革、引入杠杆率监管制度等措施，提升单家金融机构的稳健性，强化金融体系稳定的微观基础；中观市场层面，通过推进建立单一的、高质量的国际会计准则等方式，强化金融市场基础设施建设，修正金融市场失灵；宏观系统层面，将系统性风险纳入金融监管框架，建立宏观审慎监管制度，强化对系统重要性金融机构（Systemically Important Financial Institutions，SIFIs）②的监管，降低机构"大而不能倒"导致的道德风险。

二、强化监管机构权限是美国金融监管改革的重要特征

危机之后，美国推出了不同于国际社会的金融监管改革方案，

---

① 在 1929—1933 年的大危机中，美国金融体系受到严重冲击，大量银行破产倒闭，存款人遭受重大损失，由此导致大量储户挤兑存款，又反过来进一步加重了危机，造成社会生产停滞、社会资源浪费，社会经济发展陷入长期萧条。

② 系统重要性金融机构（简称 SIFIs）即是"大而不能倒"的金融机构。金融稳定理事会（FSB）将 SIFIs"由于规模、复杂度与系统相关度，其无序破产将对更广范围内金融体系与经济活动造成严重干扰的金融机构"。同时划为两个档次：全球系统重要性金融机构（G-SIFIs）和国内系统重要性金融机构（D-SIFIs）。巴塞尔委员会建立了系统重要性银行的划分标准，并定期公布全球系统重要性银行的名单。

其主要特点是强化监管机构的监管权限。

（一）成立金融稳定委员会

美国金融稳定委员会①的主要职责是识别和防范系统性风险，拥有广泛职权。

向美国国会报告金融体系形势并提出建议。从各个联邦及州监管机构收集信息，定期向国会报告美金融体系形势，就加强美国金融市场稳定性、竞争性、有效性对国会和美联储提出建议。

将其认为对美国金融市场构成威胁的非银行金融机构或跨国银行附属机构纳入美联储监管范围。

认定可能对市场产生系统性冲击的金融机构，在资本金和流动性方面对其提出更严格的监管要求。

就具体的金融活动对主要监管机构提出意见（监管机构必须遵照执行），并就执行情况向国会报告。

（二）扩大美联储监管权限

将所有具有系统重要性的银行和非银行金融机构置于美联储监管之下，从而降低金融机构"大而不能倒"对金融系统稳定性的威胁。

授权美联储对有问题金融机构进行处置。美国金融监管改革方案要求预先为大型金融机构的倒闭制定完整的解决方案，以增强美

---

①　金融稳定委员会共有 10 名成员（由财政部、美联储、货币监理署、联邦存款保险公司、全国信用联社管理局、证监会、商品期货交易委员会、联邦住房金融管理局、联邦保险署等部门首脑组成），由财政部长牵头，负责监测和处理威胁国家金融稳定的系统性风险。

联储的危机反应能力。

(三) 引入沃克尔①规则，限制银行承担过多风险

限制吸收公众存款的银行和控股公司从事自营性交易。

限制银行拥有（或投资）私募股权基金和对冲基金，要求银行对私募股权基金和对冲基金的投资总额不得超过银行一级资本的3%。

禁止银行做空（或做多）其销售给客户的金融产品，以避免利益冲突。

(四) 成立消费者金融保护局，加强消费者权益保护

消费者金融保护局对向消费者提供信用卡、按揭贷款等金融产品或服务的银行或非银行金融机构进行监管，可以检查所有抵押贷款相关业务。

大型非银行金融机构及资产规模超过100亿美元的银行或者储蓄机构都在消费者金融保护局管辖范围之内。

(五) 强化金融机构内部防火墙建设

要求银行剥离特定的掉期交易，交由独立的非银行附属机构承担。

将对冲基金纳入监管范围。要求对冲基金注册登记，要求对冲基金投资顾问提供交易和资产组合等信息，以便监管部门评估其系

---

① 保罗·沃克尔，20世纪80年代任美联储主席。在其任内，美联储将高通胀作为主要敌人，大幅提高美元利率、实行强势美元政策，吸收美元回流。

统性风险，避免复杂的业务关联造成风险传染和扩散。

（六）组建中央清算公司，提高场外衍生品交易透明度

美国原有的金融监管体制主要关注场内市场监管，场外市场主要依靠行业自律，缺乏硬性约束。

美国金融监管改革方案强调对场内场外实施监管全覆盖。鼓励通常在场外市场交易的复杂衍生品通过中央交易对手集中交易、统一清算，以提高市场透明度，降低双边结算容易诱发的交易对手违约风险，防止场外交易风险传染性。

（七）加强评级公司监管

发行人支付的评级费用是评级机构最主要收入来源，这一机制容易产生利益冲突并由此滋生道德风险，许多"次贷"证券化产品信用评级虚高是金融危机全球蔓延的催化剂。

目前，美国证券交易委员会设立了信用评级办公室，对信用评级机构进行监管。

三、欧洲各国也为应对危机让渡了部分金融监管主权

由于欧盟实行了特殊的货币与金融监管体系，危机之后欧盟各国为有效加强金融监管不得不让渡部分监管主权。

（一）建立欧盟救助机制

2011年3月，在欧盟春季峰会上，欧盟领导人就建立永久性

救助机制达成协议。从组织结构看，一个由欧元区各国财长组成的理事会是欧洲稳定机制的最高决策机构，有权决定是否为欧元区某一成员提供救助并设定附加条件。

欧洲稳定机制认缴资本总额达到 7000 亿欧元。其中，800 亿欧元由欧元区国家在欧洲稳定机制正式运转前后陆续到位，余下的 6200 亿欧元则包括欧元区国家承诺可随时支付的款项和担保。至于欧元区各国所承担的供款份额，将参照它们在欧洲央行所持有的资本金比率确定，其依据是人口和国内生产总值所占比重。其中，欧元区三大经济体德国、法国和意大利将分别承担约 27%、20% 和 18% 的份额。

在救助资金的使用途径上，欧洲稳定机制将主要以贷款形式为陷入债务危机的欧元区国家提供财政援助，在特殊情况下，可以直接从出现融资困难的成员国手中购买国债。这样的设计灵活性强，可以更好地帮助濒临危机的国家挺过难关，为它们继续通过市场融资争取到机会，不必非得沦落到接受救助的地步。

(二) 强化欧盟金融监管权限

危机后，欧盟改革了其金融监管。分别对应银行、保险与证券行业建立三个监管当局（European Supervisory Authorities，ESAs），包括欧洲银行业监管局、欧洲保险与职业养老金监管局和欧洲证券与市场监管局，总部分别设在伦敦、法兰克福和巴黎。

ESAs 有权处理各成员国监管机构之间的争端。在成员国监管机构之间出现分歧时，ESAs 可以做出有法律约束力的调解，并可直接向金融机构下达监管指令，而不仅仅只应成员国监管机构的要求采取行动。ESAs 还负责在欧盟法律框架下监测成员国监管机构如何履行职责。若后者履职不当，ESAs 可向其发出指令，在成员国监管机构拒绝接受指令的情况下还可直接要求金融机构做出改正以遵守欧盟法律。

当然，欧盟新监管体系的一大缺陷是无权强制成员国执行，这不利于防范风险蔓延。正因为如此，欧盟监管机构改革的有效性遭到了多方质疑。

（三）英国分拆金融服务管理局

国际金融危机前，英国曾经对其金融监管体制进行过一次改革，其核心是实现分业监管模式向单一监管模式转变。1997 年，英国将主管银行监管的机构与主管投资服务监管的机构合并，成立金融服务局（FSA）；1998，英格兰银行具有的银行监管职责被转移到金融服务局；2001 年，《2000 年金融服务与市场法案》生效，其他六个金融监管机构的职能均转移到金融服务局。

国际金融危机后，明确由英格兰银行和金融服务局分工合作，共同应对金融系统稳定问题，不再将监管权力集中在金融服务局。《2009 年银行法案》授权英格兰银行对银行支付系统进行监控、对问题银行提供流动性支持，为英格兰银行加强系统性风险监管提供了新的政策工具；《改革金融市场》（白皮书）强调，通过英国金融服务局的监管执法降低系统性风险危害。具体措施包括：加强对具有系统重要性的大型复杂金融机构的审慎性监管；通过改进公司治理机制，提高市场透明度和其他激励性措施来强化市场纪律约束；强化对具有系统重要性的批发金融市场，尤其是证券和衍生品市场的监管；加强市场基础设施建设，抑制过度信用扩张，防止过分的风险承担行为；强化英国金融服务局在监控、评估和缓解由于金融体系中的相互关联所导致的系统性风险方面的职能。

此外，还建立了金融服务局、英格兰银行和财政部对问题银行进行干预和处置的特别处理机制。金融服务局负责确定是否对问题银行启动特别处理机制，一旦机制启动，由英格兰银行负责问题银行处置，若涉及公共基金、国际债务以及国有股，则需要财政部批准。

四、强化资本约束的思路逐渐变成了监管规则

从以往的国际监管实践看，银行资本在确保金融体系稳定性方面的确发挥着重要作用，资本监管制度必须坚持。但是，本轮危机也表明，当时的资本监管制度存在一些不足。例如，资本定义宽泛导致部分银行资本质量不高，影响了损失吸收能力；资本覆盖范围不足，导致银行过度承担风险；等等。因此，资本监管制度需要改革，改革的趋势是银行资本约束将变得越来越严格。

（一）资本充足率要求在提高

为了提高银行业风险抵御能力，监管部门不断要求提高资本充足率监管标准。例如，中国银监会除了要求银行满足 8% 的资本充足率最低监管标准外，还要求计提资本缓冲（包括留存资本缓冲与逆周期资本缓冲），对系统重要性银行还要求计提附加资本。预期国内大型商业银行的资本充足率监管要求不低于 11.5%，中小商业银行也不低于 10%。

提高资本充足率监管标准的压力很快就会传导到银行的各个经营层级和单元。资本要求提高后，银行必须转变经营模式，特别是要在经营中考虑资本占用和相关的成本，在业务选择中把资本回报率作为重要的决策参考因素。

（二）资本的覆盖面在扩大

新的资本计量覆盖范围不断扩大，集中体现在：一是大幅度提高证券化产品（特别是再资产证券化）的风险权重；二是大幅度提高交易业务的资本要求，包括增加压力风险价值（Stressed VaR）、新增风险资本要求等；三是大幅度提高场外衍生产品交易和证券融资业务的交易对手信用风险的资本要求。

（三）对资本质量的要求在提高

在提升资本要求水平的同时，监管部门十分注重提高资本质量，如：中国银监会要求银行由股本和留存收益所组成的核心资本不能低于资本净额的 75%；对核心资本、一级资本和总资本也建立了达标标准（分别为 6%、8% 和 11.5%）。

此外，监管部门为了防止银行交叉持有次级债可能形成的系统性风险，要求将银行之间相互持有的次级债从附属资本中扣除。这就需要通过股票增发、减少分红等方式增加资本。由于在市场上大规模再融资有很大困难，银行资本成本会越来越高。

（四）引入杠杆率指标作为资本约束的补充

杠杆率方面的监管要求也进一步细化：计算杠杆率的时候，分子采用一级资本；分母则要求覆盖表内外所有风险暴露。其中，表内风险暴露按名义金额计算；非衍生品表外项目按 100% 的信用风险转换系数转入表内；金融衍生品交易采用现期风险暴露法计算风险暴露。

杠杆率指标的特点是，与风险相对脱钩、简单明了。既不产生模型风险，又不受经济周期影响，巴塞尔委员会已经将它作为资本监管的补充，并将对应一级资本的最低杠杆率要求确定为 3%，也就是允许银行持有的表内外资产总额不能超过一级资本的 33 倍。在我国，银监会将杠杆率要求设置为 4%，也就是允许银行持有的表内外资产总额不能超过一级资本的 25 倍，这个要求比国际银行要高。

五、对流动性风险的重视提升到前所未有的高度

过去普遍认为，企业资不抵债才算"破产"，银行也一样。实际上，银行业危机有清偿性危机与流动性危机两种不同的表现形态。所谓的清偿性危机就是银行损失数额超过其所保有的资本，资本亏光了，失去了清偿能力，这叫清偿性危机，也就是传统的、适用于工商企业的"破产"概念。但是，这次国际金融危机中，不少大型金融机构倒闭的时候，依然拥有充足的资本，资产质量良好，究其原因主要就是流动性出了大问题。

从美国雷曼兄弟和贝尔斯登公司倒闭的过程看，都出现过这样的情况：大量负债到期，需要大规模筹集资金对外支付。在金融市场正常的情况下，金融机构可以以合理的价格轻易地从市场上筹集足够的资金。但是，在危机条件下，金融市场的流动性突然冻结，

投资者一下子变得格外保守，其后果是金融市场所要求的风险溢价陡然增高，必须在市场上支付"天价"才能筹集到少量资金。由于无法从金融市场上获得足够的融资，非银行金融机构的身份又使得其无法从中央银行（美联储）获得最后的流动性支持，最终走向倒闭。

导致北岩银行、雷曼兄弟和贝尔斯登破产的，不是清偿性危机，而是流动性危机。流动性枯竭成为银行倒闭的导火线。这就提出了一个新的课题，如何在保证资本充足的条件下，同时也保证银行流动性不出问题，以防止银行倒闭。危机后，世界各国银行监管部门对流动性风险管理的重视程度提高到前所未有的水平。未来，监管部门不仅会盯着银行的传统业务和资产风险，还会重点关注银行流动性。

例如，中国银监会已经使用的流动性监控和监测指标包括：存贷比、流动性比例、核心负债依存度、流动性缺口率、流动性集中度和备付金比率等。实践证明，这些指标符合国内银行资产负债组合的构成，能够在一定程度上反映国内银行的流动性状况。但是，随着金融市场发展，国内银行资产负债来源逐步多元化，流动性风险监管需要适应这种变化。近年来，银监会引入了流动性覆盖率和净稳定融资比率[①]。从总体上看，引入这两个新的流动性风险监管指标，对于过度依靠批发市场融资、缺乏储蓄等较稳定的资金来源的银行而言，影响更为突出。

---

① 2009 年 12 月，巴塞尔委员会发布《流动性风险计量、标准和监测的国际框架》，提出两个新的流动性监管量化标准：一是流动性覆盖率（LCR），用于度量短期（30 日内）单个银行流动性状况，目的是提高应对流动性短期中断的弹性。二是净稳定融资比率（NSFR），用于度量中长期内银行解决资产负债期限错配的能力，它覆盖整个资产负债表，鼓励银行尽量使用稳定资金来源支持资产业务，有助于降低资产负债的期限错配。

从历史经验看，维持公众信心是防范银行流动性危机的关键。1933 年，美国总统罗斯福在就职的时候曾经说过，"最大的恐惧就是恐惧本身"。从美国 20 世纪 30 年代大危机前后，治理银行危机的历史看，有很多经验值得当前借鉴。

1. 平时要做好信息披露

金融业存在严重的信息不对称现象。对于分散的小储户而言，缺乏足够的信息区分好银行和坏银行。因此，出现市场恐慌的时候，最保险的办法就是把自己的储蓄从银行中取出来。可是这样做的后果是把一些好银行给弄垮了。由于银行短借长贷以及高杠杆运行的业务特征，在社会恐慌的情况下，没有哪一家银行能够真正应对倒闭挤兑危机。因此，做好信息披露维持储户信心，让储户意识到银行是健康的，是有充足支付能力的，这是防止挤兑的第一步。

2. 要尽快建立存款保险制度，形成银行危机救助机制

储户之所以会恐慌性挤兑，除了不了解银行的真实状况外，另一个重要原因就是他们不知道一旦银行倒闭自己是否能够得到赔偿。因此，保持公众信心的第二步就是建立银行救助机制，给予社会公众能够取得足够赔偿的承诺。这样，储户就不会急于到银行去取款，相反还会愿意继续把钱存到银行去，客观上有助于缓解市场恐慌引发的流动性危机。目前，我国银行主要还是依赖政府信用做最后的支撑，国家已经将存款保险制度建设纳入金融业改革发展规划。

3. 要完善和强化"最后贷款人"机制

国际金融危机后，主要国家都扩大了中央银行的权力，强化其在稳定金融体系中的作用，就是为了充分利用其最后贷款人的地位，在市场恐慌、流动性枯竭的情况下源源不断地向市场注入流动

性，以缓解市场紧张情绪，防止危机进一步扩大，避免出现多米诺骨牌效应。日本大地震后，日本央行连续向市场注入大量流动性，为缓解灾后市场恐慌发挥了积极的作用。

六、加强宏观审慎监管、防范系统性风险是新的趋势

以往的国际银行监管框架主要注重于对微观银行个体的审慎性监管，在防范系统性风险冲击、确保银行体系整体稳定方面的监管安排存在不足。当前，国际社会在继续加强微观审慎监管的同时，采取了两方面措施完善宏观审慎监管：一是建立与经济周期挂钩的动态监管制度，弱化金融体系与实体经济之间的正反馈效应；二是强化对系统重要性金融机构（SIFIs）的监管，降低金融机构"大而不能倒"导致的道德风险。

（一）建立逆周期动态监管制度

所谓的逆周期动态监管，主要是通过实施逆周期的资本充足率监管和动态拨备制度实现"以丰补歉"，从而降低银行体系的亲周期性、弱化金融体系与实体经济之间的正反馈效应，以应对经济周期的波动风险。

具体做法是在最低资本要求的基础上，增加留存资本缓冲（2.5%）和逆周期资本缓冲（0—2.5%）两类超额资本要求。此外，就是建立动态的拨备计提制度。在银行经营效益好的时候，要求计提更多的拨备以备不时之需。

(二) 提高对系统重要性银行的监管标准

什么是系统重要性银行? 有人认为, 规模大的银行自然具有系统重要性。但也有人提出, 系统重要性与否和银行规模的大小没有直接关系, 主要应该看它倒闭之后对当地经济金融的影响程度, 应当用破产后果来衡量。一些在当地具有垄断地位的小银行, 其倒闭所带来的负面影响和冲击也同样会很大。金融稳定委员会 (FSB) 将系统重要性金融机构 (SIFIs), 定义为"由于规模、复杂度与系统相关度, 其无序破产将对更广范围内金融体系与经济活动造成严重干扰的金融机构"。

加强对系统重要性银行的监管是当前的重要趋势。过去监管当局对所有银行监管精力统一分配, 一视同仁, 未来监管会发生变化, 将重点监管那些在系统中有着十分重要地位的银行。小银行影响小, 出问题可以消化, 但是大银行要是出了问题, 其后果是致命的。大型金融机构经营失败是美国次贷危机演化为国际金融危机的主要因素, 降低系统重要性金融机构道德风险、缓解其经营失败的负外部效应是金融监管改革的重要内容[①]。从国内看, 银监会正在

---

① 一是提高系统重要性金融机构监管标准。系统重要性金融机构, 特别是全球性系统重要性金融机构 (G-SIFIs) 应具备更高的损失吸收能力, 与此类机构对全球金融体系带来的更大风险相适应。更高的损失吸收能力主要通过提高对系统重要性金融机构的资本要求、或有资本和自救债券等方法实现, 并且可能包括更高的流动性要求、更加严格的大额风险暴露以及其他结构化限制性措施等。二是提升系统重要性金融机构监管强度。本次危机不仅暴露出系统重要性金融机构监管制度漏洞, 更暴露出监管实践中的不足, 突出反映在监管当局没有充分的授权、独立性和资源, 以及缺乏早期干预权力, 影响监管有效性。为此, 金融稳定理事会提出提升系统重要性金融机构监管强度和有效性的 32 条原则和具体时间表, 涵盖监管目标、独立性、资源、监管权力、持续监管、并表监管、监管技术和国际合作等方面。

把监管的重心移到大型商业银行，这些银行也将面临更加严格的外部监管。

七、监管推动银行完善公司治理、建立稳健薪酬机制

巴塞尔委员会 2010 年 10 月正式发布了新版《加强银行公司治理的原则》（简称新《公司治理》），涵盖了董事会行为、高级管理层、风险管理和内控、薪酬、复杂或不透明的公司架构、信息披露和透明度等六方面 14 条原则①。

银监会对商业银行公司治理建设提出了以下几方面要求。一是要按照职责界面清晰、制衡协作有序、决策民主科学、运行规范高效、信息及时透明的原则，推动完善公司治理机制。二是要求强化股东特别是控股股东的长期承诺和持续注资责任，承诺支持银行从严控制关联交易，积极采取措施支持银行达到审慎监管标准，并坚持有限参与，主动防止盲目扩大和利益冲突。三是要求全面落实《商业银行董事履职评价办法》，强调董事会的"诚信义务"和"看

---

① 　具体内容包括：一是董事会要能够对银行承担总体责任并监督管理层。二是高级管理层要确保银行经营行为符合董事会的商业战略设想和风险偏好。三是银行要通过设立风险管理体系持续识别与监控风险。四是要确保员工薪酬安排体现风险情况。五是董事会、高级管理层必须了解银行的复杂结构和产品。六是需提高对利益相关方、市场参与者信息披露的透明度。

新《公司治理》的主要变化有：一是首次将道德风险防范纳入公司治理的范畴。二是更加突出董事会在公司治理中的作用。三是要求银行将风险管理渗透到公司治理的各个方面，强调由董事会负责审议监督银行的风险策略。四是增加对银行员工薪酬的制度安排，要求由董事会监督薪酬体系的设计及运行。五是首次对银行复杂结构及复杂产品的治理提出要求。

管责任"，有效承担在战略决策、风险管理、薪酬政策制定等方面的最终责任，并充分发挥独立董事和监事会作用。四是要求不断完善公司治理监督评价体系和问责机制，推动建立与长期风险责任挂钩的合理薪酬激励机制。五是要求董事会和高管层在组织架构、人力资源和激励约束机制上对风险管理给予足够支持，着力形成风险为本的管理文化。

从国际来看，完善薪酬激励机制的实践主要包括以下几方面：一是授予上市公司股东对于公司高管薪酬和"金色降落伞"离职制度无强制性约束力投票的权力。二是要求上市公司薪酬委员会必须由独立董事构成并有权聘请薪酬顾问，增加其独立性。美国证券交易委员会（SEC）[①] 有权给予股东代表提名董事的权力。三是建立高管薪酬"钩回"制度，要求金融机构高管退回违反会计准则和基于不实报表发放的薪酬。要求联邦金融监管机构共同颁布和执行针对金融机构的薪酬发放标准。

从国内来看，也开展了不少与长期风险承担相适应的薪酬激励机制的尝试。一是将风险指标（如风险调整后的资本回报率，RAROC）引入银行的绩效考核和薪酬激励机制，形成注重效益和质量的价值导向。考核绩效时，要合理扣除银行经营中的各类潜在风险，要从片面鼓励追逐规模增长的粗放发展方式转向重视风险回报平衡、重视质量效益的集约发展方式，从制度上引导和规范中国

---

① 美国证券交易委员会（the U.S.Securities and Exchange Commission，SEC），1934 年根据证券交易法令而成立，是直属美国联邦的独立准司法机构，负责美国的证券监督和管理工作，是美国证券行业的最高机构。证券交易委员会的总部在华盛顿特区，具有准立法权、准司法权、独立执法权。

银行业基于长期价值增长开展经营管理。二是更加注重金融风险的潜伏性，引进薪酬延迟支付的机制。金融风险具有潜伏期，不能片面强调短期收益在薪酬机制中的作用。从历史经验看，对银行高级管理人员以及重要员工实施薪酬的延期支付能够充分平衡金融交易的潜在风险，有利于客观公正评价金融交易的真实收益，较好地解决道德风险问题。

八、监管规则是银行最重要的经营环境

监管规则是银行经营的基本边界，在设计新规则时一般都蕴含着对银行原有经营模式的调整，而实施新规则往往会推动银行发展方式的转变。

回顾历史，监管规则改革是推动银行经营模式演变的动力。20世纪30年代的"分业经营、分业监管"改革确保了金融体系的长期稳定，也大大改变了银行业的经营方式。1929—1933年的大危机爆发后，为了确保社会公众对金融体系的信心，美国等西方国家基于社会公共利益考虑，开始建立严格的"分业经营、分业监管"的体制。这项改革分离了商业银行与投资银行业务，实现了抑制金融风险传染、限制金融业价格竞争、建立存款保险制度、完善最后贷款人机制的目的。它提升了社会公众的信心，提高了金融体系的稳定性，对第二次世界大战以后主要西方国家社会经济的长期繁荣发挥了积极的作用。与此同时，也迫使许多银行选择保留商业银行业务抑或是投资银行业务。例如，20世纪30年代之前摩根银行的业务横跨商业银行和投资银行，1933年银行法通过后，摩根保留

了商业银行业务，剥离了投资银行业务。从根源上看，现在的摩根大通银行和摩根斯坦利投资银行就是在那个时期分拆而来的。

20 世纪 70 年代的金融自由化改革，放松了银行业管理，大大提高了金融体系活力。当时采取的措施主要包括降低银行市场准入要求、扩大银行经营范围、放开存贷款利率限制、鼓励金融产品创新。在相对宽松的环境下，金融产品日新月异。与此同时，商业银行的资产结构、负债结构、收入结构和产品结构等也发生了很大的变化。经营模式也从以往片面依赖利差收入转向大量通过交易业务、收费服务等支撑业务成长，与传统银行相比出现了很大的变化。

当前的国际金融监管改革将推动商业银行向服务实体经济回归。金融危机后，新的监管规则针对资产证券化过度泛滥、银行杠杆率过高、表外资产过度膨胀提出新监管标准，将导致银行经营环境发生变化，有助于推动商业银行回归传统业务①。银行依靠高杠杆、业务混合、过度金融创新所支撑的高风险、高回报时代可能成为历史。

转变银行发展方式是我国金融监管体系变革的重要着眼点。在我国金融体系中，银行业居于主导地位，银行业经营效率直接影响和决定着国民经济的发展质量。如果银行继续片面追求规模快速扩

① 监管标准强化将带来的主要影响有：一是大幅提高复杂业务成本，激励商业银行从这些业务中退出；二是对商誉、少数股东权益以及对其他金融机构的股权投资实施更加严格的扣除，提高了商业银行对外股权投资和并购成本；三是杠杆率监管标准的实施，将使商业银行表内外风险暴露的要求趋于一致，抑制西方商业银行由并购和表外业务主导的业务扩张战略；四是流动性监管标准的加强将压缩西方大型商业银行在短期负债和长期资产之间实现套利的空间；五是限制场外衍生（品）交易。

张、继续依赖利差收入支撑利润增长，而不从根本上提高资本运用效率，就可能导致金融风险继续向银行体系累积，一旦超越银行体系承受能力，就容易引发金融危机，对经济社会持续健康运行必然产生不利影响。与此同时，作为社会资源的主要配置者，由于银行业在国民经济中的特殊地位，如果不能加快商业银行经营方式的转变，就难以推动我国经济社会发展方式的根本转变。从历史上看，在我国经济的几次大起大落中，除了体制和机制方面的问题外，银行的粗放经营在当中也起了推波助澜的作用。当前国际、国内经济结构调整步伐加快，各种资源和环境约束日趋刚性，总结金融危机的教训，吸取欧美国家金融监管改革的合理成分，完善我国金融监管体系，从而加快银行转型，是金融监管变革的重要任务。

从银行业的发展历程来看，规则也是与时俱进的。规则的演进过程，实际上是监管当局—银行—市场之间不断博弈和互动的结果。因此，对于银行来说，要研究和把握"规则"内在逻辑和发展趋势，这样才能更好、更主动地适应变化，确保行动的前瞻性。同时，要通过自身的努力推动"规则"发展进步（从国内外银行监管实践来看，很多监管规则实际上是从先进银行的成熟管理规则中借鉴乃至移植而来），这也体现了一家优秀银行对金融发展进步的贡献。

附 2

金融危机正在改变全球银行业的经营模式①

金融危机正在打破原有的世界经济格局，并将引发国际金融体系的大调整。在漫长的经济复苏过程中，金融业将逐步回归"服务实体经济"的本质，"去杠杆化"趋势也日趋明显，理性、保守、审慎的经营风格将重新被银行业所重视和坚持。银行管理者意识到，银行长期稳健发展和价值创造的根基，不是脱离实体经济的"交易游戏"，而是不断分析挖掘客户需求并通过精细化、专业化的服务满足这些需求，而这种经营模式，必须建立在一定的风险管理和成本控制能力之上。分析和研究全球银行业经营模式正在发生的变化，无疑将对中国银行业的战略调整和转型发展产生重要的借鉴意义。

一、全球经济深度震荡，复苏之路漫长但走回"老路"的可能性很小

从实体经济层面看，以美国为代表的经济增长高度依赖家庭消

---

① 2012—2013 年，根据宏观形势、市场变化和国外商业银行转型情况，笔者对饱尝金融危机扰动之苦的传统商业银行经营模式和盈利结构进行了专门研究，试图为中国银行业即将到来经营转型提供一些"他山之石"。

费，这种"低积累—高消费"的增长模式制造长期巨额贸易逆差，依靠新兴经济体的廉价商品和贸易盈余资金回流来维持运转。2007年，美国居民消费占当年 GDP 的 72%，家庭债务达到家庭年收入133%；贸易赤字连续三年超过 7000 亿美元。从长期看，这种局面难以持续。以东亚为代表的新兴经济体的增长则高度依赖出口。2007 年，亚洲出口总额占地区 GDP 的 45%，较 20 世纪 90 年代中期高出十几个百分点。为了维持出口高增长，新兴经济体大量投资建设面向欧美市场终端需求的基础设施，他们长期积累的巨额贸易顺差"回流"欧美金融体系（全球外汇储备最多的 10 个国家和地区有 7 个在亚洲），为欧美家庭提供充足的资金来源以支撑其借贷消费。这种"高积累—低消费"对外部需求依赖性过大，同样难以持续。

从金融与经济的关系来看，全球金融业发展严重脱离实体经济。其主要表现：一是主要经济体金融资产的膨胀速度远远大于 GDP 增速。1952 年，美国金融资产总量相当于 GDP 的 4.11 倍，2008 年末达到 10.2 倍。二是为金融活动自身服务的金融性融资工具和金融风险管理工具占比，超过了为消费、生产等实体经济活动服务的非金融性融资工具和支付结算性工具占比。以提供金融交易风险管理服务的衍生品市场为例，1998 年末，其名义余额是全球 GDP 的 2.94 倍，而 2007 年末则达到 11.81 倍。金融业的过度发展超越了实体经济需要，也侵蚀了其自身赖以持续健康发展的基础。

从金融监管的角度看，欧美国家过度鼓励金融创新、放松监管，放任金融机构追求高杠杆、高收益、高风险的经营模式。具体表现有：一是放任金融机构降低贷款标准，导致"次贷"泛滥；二是放任金融机构不合理运用表外工具，掩盖金融体系风险；三是放松流动性和资本金约束，高杠杆经营盛行；四是放松金融衍生产品监管，单纯依靠金融机构自身控制衍生产品风险，助长投机。金融机构缺乏合理约束，过度追求短期利益，并将自身利益置于社会公众利益之上。这种监管模式难以保障金融体系的安全稳定。

由此可见，本次金融危机源于全球性经济金融的结构性矛盾，仅仅依靠总量性宏观经济政策无法解决问题，危机的爆发既是结构性矛盾的最终体现，也是完成经济运行机制的自我修复。其后果必然导致全球经济结构、金融结构和金融监管结构的大调整。

2008年以来，世界主要国家为应对国际金融危机冲击，连续出台了以"稳定金融市场、防止经济下滑"为中心的一系列救市措施。包括向金融体系注入流动性；政府出资清理"有毒"资产、直接接管问题机构；调整有关公允价值计量的会计准则；出台大规模经济刺激计划等。目前，这些措施已初见成效，主要经济体经济下滑的态势有所缓解，预计像雷曼兄弟等大型金融机构连续倒闭的情形有可能避免，国际金融危机进一步恶化的风险有所缓解。

尽管如此，全球经济复苏的道路依然漫长。"去杠杆化"是全球经济金融结构调整的重要步骤，它要求美国家庭减少借贷消费、提高储蓄率，这是一个长期的过程，可能抑制全球总需求的增长，导致全球经济长期低迷。更值得警惕的是，全球性通货膨胀的风险正在积累。国际清算银行已经发出警告，一旦经济实现复苏，货币流通速度将大大加快，先前各国央行为救市而大量投放的基础货币可能大幅推高物价，全球经济可能遭遇新的失衡。

依靠贸易赤字、借贷消费、服务性产业实现经济增长的"美国模式"无法持续；依靠出口、投资拉动、制造业高消耗、高污染、低附加值的中国模式同样难以持续。如果仅仅着眼于短期内扩大总需求，而不下大决心、花大力气调整当前的经济金融结构，就只能在短期内缓解经济下滑的痛苦。在此条件下，经济刺激的"药效"将很快失灵，全球经济持续复苏缺乏坚实基础。因此，观察全球经济未来走向，不能仅仅关注 GDP 的短期变化，更要深入研究主要国家解决结构性失衡的决心、途径及其成效。

　　经济复苏的根本推动力将来自于新技术革命，因而复苏之路将是漫长的。18 世纪末以来，世界各国为摆脱经济危机进行了种种努力。从根本看，走出危机最终依靠的是科技进步。技术推动产业革命、创造新产业，培育新的经济增长点，通过固定资产加快更新、劳动生产率加速提高，引领世界经济在新的水平上实现均衡。从历史看，1788 年世界经济危机，走出依靠的是以蒸汽机为标志的第一次技术革命；1857 年世界经济危机，走出依靠的是以发电机为标志的第二次技术革命；1929 年的世界经济危机引发第二次世界大战，最终依靠以计算机、原子能、航天为标志的第三次技术革命实现战后长期繁荣；20 世纪 70 年代的"滞胀"，走出依靠的是以微电子、生物工程和新材料为标志的新技术革命。最近一次的互联网信息技术革命，也有力地帮助美国从 1987 年的经济危机中复苏。著名的"信息高速公路"计划伴随了克林顿时期持续 8 年的经济增长，其影响一直延续至今。要摆脱当前的国际金融危机，归根结底必须依靠新一轮技术革命。从长远看，煤炭、石油等化石能源终将枯竭，化石燃料燃烧带来的环境污染、温室气体排放对人类自身发展构成威胁。与此同时，地球每年接受的洁净太阳能大约是全球一次能源消耗的近 1 万倍。假如顺利实现技术突破，大大降低太阳能利用成本，这将是取之不尽的能源宝藏。目前，美国政府制定了"以发展新能源为核心、以节能和提高能效为辅助"的新能源战略。一旦技术取得重大突破，各类技术装备更新改造所产生的巨大需求将催生新能源产业，并带动大批相关行业快速进步。其历史意义将不亚于前几次技术革命。

瑞士洛桑国际管理发展研究院发表了《2009 年世界竞争力年报》，美国连续第 16 年位居榜首（在遇到巨大麻烦的 2008 年之后）。这说明，美国凭借灵活的企业体制、发达的高等教育、活跃的创业精神以及来自全球的高素质移民，依然成为世界科技创新的源头。德国、日本等国资源匮乏，在两次石油危机中积累了丰富的经验，具备在能源领域率先突破的技术实力。这些国家尽管在国际金融危机中遭受了严重的损失，相对实力有所下降，但是一旦其率先占领新技术革命制高点，仍然可能引领未来全球经济发展的潮流。"发展新型能源、开发清洁能源、提高资源利用率"可能成为新技术革命的主要动力，"用较少的资源支撑更大规模的发展"将成为未来全球经济发展模式的重要特征。在新的经济发展模式下，全球分工随之变化，可能引发新一轮两极分化。掌握能源等关键技术优势的国家将继续在国际分工链中保持领先；依靠能源优势、资源优势的国家在新的世界经济格局未必能够继续占据优势；缺乏技术能力、依靠廉价劳动力提供低附加值产品的国家在国际贸易中继续面临更加不利的贸易条件。

二、金融结构和金融监管结构也将发生重要变化

美国金融业背离"经济决定金融"客观规律，超越实体经济需要过度发展，破坏其自身持续健康发展的物质基础。从未来发展看，经济与金融的关系将出现大幅调整，金融向"服务实体经济"回归趋势日益明显，全球金融业"去杠杆化"成为长期主题。

从区域结构看，金融中心可能向亚太转移。金融"去杠杆化"进程的持续、经济金融关系的调整可能导致欧美等发达国家金融业增速下降。与此同时，亚太地区在相对经济实力提高和金融市场深化等因素的推动下，可能成为全球金融业发展最快的地区。根据德意志银行的预测，如果金融市场长期增长率与经济增长率相当，到 2018 年时中国金融市场将占全球债券市场的 5%、股票市场的 10% 和银行业市场的 17%，成为全球最大金融市场之一。

从产品结构看，传统金融产品的重要性上升。随着金融业向服务实体经济本源的回归，金融产品的内部结构也将发生变化。为金融活动提供融资服务的产品以及为金融交易风险管理服务的产品在金融体系中的地位可能下降，为消费和生产等实体经济活动服务的金融产品和支付结算工具的重要性提高。这样，传统的信贷、结算类产品在金融体系中地位将有所上升。从客户角度看，投资者趋于保守，对追求高风险高收益的金融产品的需求可能下降，结构简单、信息透明成为金融产品的基本要求，有担保的储蓄产品将更受青睐。综合来看，传统的"存贷汇"业务的地位将有所上升。

从产业组织结构看，金融危机推动金融业重组，市场集中度可

能进一步提高。金融业重组有两种主要形式：一是为对抗危机，不少金融机构或者出于自愿，或者在政府的要求下联合，以扩大规模增强抵御冲击能力。二是部分金融机构在危机中损失惨重，市场影响力明显下降，市场份额被其他类型的金融机构所占据。例如非存款类贷款公司、专业金融担保公司、独立投资银行、小型对冲基金等类型金融机构受其经营模式局限性的影响，在危机中显著丧失市场影响力，其市场份额通常被大型全能银行吞噬。

从经营模式看，以专业化为基础的综合化经营更受青睐。大型金融机构在选择经营范围时将充分考虑比较优势和客户需求，将根据有利于服务客户、有利于交叉销售、有利于控制风险、有利于降低成本的原则，保留有把握的低风险业务，重点发展核心业务，增加拥有长期优势领域的资本配置。

在监管理念上，"功能监管论"可能取代"机构监管论"；"宏观体系安全观"可能优于"微观个体审慎观"，"风险预防法"可能重于"风险处置法"。此外，全球金融监管合作将进一步加强。

商业银行对资产负债表中的负债结构以及融资来源的关注超过以往。有研究表明，不同的融资来源结构在很大程度上决定了金融危机中银行命运迥然不同。针对欧美市场部分国际性银行的分析显示，危机前融资稳健比率①高于0.65的银行中有80%表现好于危机后的行业平均水平。具备稳健性、多元化融资结构（包括居民存款、长期债券和股权资本等）的银行其表现总体良好，更具备抵御金融危机的能力。那些非存款类贷款机构、房地产贷款银行、零售

---

① 融资稳健比率是指居民存款、长期债券和股权资本与总负债的比值。

贷款公司、规模较小的对冲基金等金融机构因为较多地依赖期限较
短的融资工具，受到了重创，其业务模式可能不复存在。

三、商业银行经营将趋于稳健保守，资本约束等基本原则将受到高度重视

与投资银行相比，商业银行一直以稳健保守的经营风格著称，
然而在这次金融危机中，商业银行种种激进的经营行为导致其遭受
了重创。例如，在巨额利润的吸引下，大量以经营住房抵押贷款为
主的专业银行降低了客户准入标准，使得不符合贷款条件的客户得
到了贷款。随之以这些次级贷款为基础衍生出各种复杂的金融产
品，在商业银行及投资银行、对冲基金等不同的机构之间进行交
易，商业银行本来是稳健经营的代表，也醉心于虚假繁荣的高杠杆
游戏中，抛弃了资本约束、坚守底线、专注核心业务的基本理念，
最终以资产负债表爆出巨额亏损、陷入流动性困境和信心危机而告
终。经历了金融危机后，全球银行业将普遍显现一种理性的回归，
资本约束、坚守底线、专注核心业务等基本经营管理理念将再度受
到重视和坚持。

1. 更加重视和强调资本约束

资本的最大作用在于抵御经营风险，因此资本的规模大小决定
了银行承受损失能力的大小。有数据显示，2003 年末，当时位居
美国投资银行第三位的美林的资产是其所有者权益的 17.9 倍（折
算的资本占资产比率为 5.6%），到了 2007 年中期，次贷危机初始
之时，该数字变为 27.8 倍（折算的资本占资产比率为 3.6%）。而

在 2007 年末，最善于风险管理的高盛投资银行，也有着 26.2 倍的杠杆率（折算的资本占资产比率为 3.8%）。雷曼兄弟的净资产是200 多亿美元，破产后留下 6130 亿美元的债务，杠杆率接近 30 倍。金融机构如此低的资本资产比率意味着当损失发生时，它的资本不堪一击，没有任何抵御能力，一旦潜在风险变为真实的损失，危机就不可避免地发生了。因此，资本作为商业银行抵御风险的最后一道防线，资本约束下的安全稳健经营在任何时候都应该得到最坚决的拥护和最严格的执行，安全性成为银行经营应坚持的首要原则。

2. 重新审视风险偏好并确保其得到很好的执行

此次危机充分暴露了许多金融机构缺乏风险偏好或者自身业务经营模式与风险偏好目标严重不统一，明确风险偏好并确保在各经营层面得到严格执行将成为金融机构的内在管理要求。与国际银行相比，中国银行业在明确和执行风险偏好这方面存在的问题更为突出，具体表现在：风险偏好不明确或者趋同，不能体现自身的发展战略和经营特点；由于缺乏很好的传导载体和监督评价机制，风险偏好往往不能得到切实执行，具体经营管理活动可能会偏离风险偏好要求；普遍缺乏一套风险偏好的评价和重检机制，在出现或者预期出现重大业务环境变化的时候，风险偏好的调整和指导不够；等等。

当前形势下，虽然诸多现象显示经济已经初步回暖，但经营环境的不确定性还是非常大。中国商业银行更应该明确并适时调整自身的风险偏好，才能在激烈动荡的大形势下实现稳健持续发展。一是扩大风险偏好覆盖范围。风险偏好作为银行经营管理的基本指南，覆盖范围应逐步扩大，不仅包括重要风险类型例如信用风险、市场风险、操作风险、流动性风险，还应该涵盖声誉风险等容易被忽略的风险类型。二是增加定量表述指标。风险能够被科学计量和指标具有可分解性是保证风险偏好科学传导的重要前提。随着中国银行业风险计量能力的快速提高，在风险偏好的表述中将增加更多的定量指标，通过这些指标的分解，使得执行和评价风险偏好的工作有据可依，并与定性的表述结合在一起，构成完整系统的风险偏好并合理传导。三是更加重视风险偏好的执行、评价和重检。一个著名的咨询公司曾这样表述：陈述风险偏好是重要的，但更重要的是如何执行风险偏好。此次金融危机的爆发也从另一个侧面证实了这一点。中国银行业的共同特点是经营地域广、区域差异大、分支机构层级多、风险计量手段少，更要着力在风险偏好的执行上下功夫，确保各层级、各条线的经营活动都准确地体现了风险偏好的总体要求。同时，还要建立一整套风险偏好的评价和重检机制，以便应对环境变化及时作出调整。

3. 回归核心业务

过去，国际金融机构的业务组合存在着重大缺陷，销售的产品实际上是以结构性产品和衍生性产品为主，在高杠杆率的撬动下不断地追求高利润率。在这次危机当中，欧美金融机构付出了惨重的代价，商业银行将在"去杠杆化"的过程中逐步回归核心业务，集中精力从成本管理和控制、产品定价、客户群细分、各业务领域之间的交叉营销等方面大力发展核心业务，并在核心业务的基础上审慎进行其他相关业务的扩张，以提高整体竞争能力。逐渐将重点放在传统的存款、贷款、汇款业务，以及信用卡、国际结算、固定收益类项目为主的理财服务等业务之中。

四、银行服务的专业化和精细化水平将不断提高

商业银行的金融服务必然要服务于实体经济，在实体经济的运行中发现和挖掘客户需求并予以满足，才能获得有效、健康的发展。因此，除了银行所依赖的外部环境发生变更之外，客户需求的变更也是驱动商业银行经营模式转变的重要内生原因。

1. 营销模式由产品供应商向价值创造者转变

现代商业银行伴随着大规模工业化生产的企业组织形态的出现而出现。商业银行的一系列传统产品主要是满足工业化生产的各个阶段融资的需要。第二次世界大战以后，尤其是 20 世纪 70 年代布雷顿森林体系结束以后，国际经济金融环境发生了重大变化，利率汇率波动加剧，企业面临瞬息万变的经营环境。此时，大多数企业不仅从事工业生产，同时还开展资产重组、债务重组、兼并收购、上市融资等多种经营活动，为适应这种需要，商业银行也从以前简单发放贷款转变成为从事存贷款、投资、发行债券、资产管理等多种业务的全能银行模式。此时，商业银行已经从金融产品工厂转变成提供综合金融服务以满足企业或个人财务安排，帮助其管理风险、提升竞争力的价值创造者。

2. 根据不同客户群体特点定制服务方案，银行服务向着专业化、精细化发展

不同客户的金融服务需求差异显著，首先体现在客户类别方面。大型客户需要的服务性质复杂，单笔金额大，而小型客户需要服务的单笔较小，服务性质趋同。根据这个区别，多数国内银行

自 20 世纪 90 年代起将"批发业务"和"零售业务"做了区分。伴随中小企业的快速发展，中小企业的特殊性受到重视，近年各家银行已开始将中小企业客户从批发、零售领域区分出来。由于大型客户、中小型企业和零售客户在个体行为和财务安排的显著区别，服务重点也应有所区分。大型客户着重设计和定制整体服务解决方案，中小企业借鉴村镇、社区银行模式注重差别化和产品创新，零售客户注重提供标准产品组合，实现高效和差异化的统一。客户需求的多样性以及对金融服务高效性的要求将使得商业银行必须朝着专业化、精细化的方向发展，与之相适应的组织、流程、政策、工具、系统和人员等配套设施建设也将进一步加强。

3. 银行业务策略形成模式的改变

在经营环境、竞争对手、客户等因素影响下，银行业务市场具备了一定意义上的"买方市场"特征，即：逐步由供给占据主导地位转向客户需求决定市场总量和结构。这种市场模式，决定了银行市场竞争力的关键组成要素是把握客户需求的能力。银行确定业务策略的方式，应以客户需求分析为先导，逐步由"从上至下""从宏观到微观"的策略形成模式转变为"从下至上""从微观到宏观"的模式。具体而言，首要问题是要分析客户的内生需求变化。而且，在制定策略的过程中要分析金融环境变化对客户需求的影响，研究服务竞争，从而确定客户对新银行服务供给的接受程度。

五、风险管理和成本控制将成为银行经营管理的核心

此次金融危机是对银行风险管理能力的一次重大检阅，风险管

理抵御系统性风险和经济周期波动、实现可持续发展的价值得到凸出显现。危机过后，全球大型金融机构将大力改进风险管理，特别是在压力测试和情景分析、支持和保障金融创新、风险基础体系建设等方面进一步完善，风险管理将成为银行经营管理的核心。对于中国银行业来讲尤为如此。目前，中国商业银行的经营模式还是以持有到期贷款和债券投资等资产为主，通过收益来覆盖预期损失。以贷款为例：在贷款发放当期，银行根据当时的市场状况和盈利水平计算收益以覆盖预期损失，通过科学计量风险和合理定价在这一时期实现了风险和收益的平衡。在贷款存续期内，由于收益（利率）已经事先约定，而风险敞口是在不断变化的，受竞争压力和银行盈利要求等现实因素影响，银行很难通过提高收益（利率）来进一步覆盖可能扩大的风险敞口，必须通过加强贷后的风险管理最大限度地降低风险，减少损失，才能真正实现风险收益相平衡。因此，风险管理成为平衡收益风险、实现价值创造的关键所在。

危机过后，中国商业银行将在风险偏好的设定和执行、工具开发和应用、体制机制建设、风险文化建设等方面全面提升风险管理能力，提高专业化和精细化水平，增强对业务健康可持续发展的保障能力。一是以风险偏好为核心建立全面风险管理体系，主动选择风险、积极安排风险。根据自身比较优势确定目标市场并扩大风险经营的种类和规模；风险控制策略从过去被动接受风险敞口，转向主动规划风险结构，通过风险选择实现优化配置，体现银行"经营风险"的本质；在风险应对手段方面，从过去的被动"持有"和"定价补偿"，扩展到主动的风险转移、风险对冲、风险分散等。二是加快风险管理工具的开发应用，加强压力测试和情景分析，为金融产品创新和业务快速发展提供支持。风险管理工具的运用是提升风险管理能力的前提和基础，开发并合理运用各种风险管理工具，涵盖资产组合和交易层面，覆盖主要风险种类和整个业务流程，为支持健康快速发展和业务转型提供有效支撑。中国商业银行将进一步加强和规范压力测试和情景分析工作，为应对极端环境变化提供决策支持。三是随着金融创新的加快，风险特征日益复杂，风险管理从体制机制设计上将更加体现垂直管理、专业管理和集约管理，适应经营组织形式和风险分布特征的变化，更好地服务于总体战略目标的实现。四是风险管理越来越注重在统一风险偏好下合理体现差异性，针对不同风险、不同产品、不同行业、不同区域，风险管理的重点、要求、手段和工具也会有所不同，提高风险管理的专业化和精细化水平。五是风险文化是银行发展中重要的"软实力"，将更持久地从根本上影响银行的经营行为。中国商业银行在努力建设"硬实力"的同时，将更加积极培育和传播先进风险理念和文化，保障各项业务持续健康发展。

金融危机过后，国际银行业进入了漫长的"去杠杆化"过程，金融服务需求的急剧减缓以及各类财富和储蓄产品利润空间的缩小意味着金融机构必须尽快调整成本结构，成本控制意识显著增强。略有不同的是，中国银行业面临的是大量客户的金融需求还没有得到充分满足的现实，但是利差空间的日益趋窄、中间业务持续增长困难以及国内外同业竞争更加激烈的情况下，当前中国银行业的盈利压力非常大。在寻找优质客户、挖掘客户需求、拓宽发展空间的同时，中国银行业也必须眼光向内，在成本控制上下功夫，获得集约式、高质量的持续发展。因此，历来年报中成本收入比作为一项重要指标受到投资者的关注，它集中反映了一家银行的经营水平和发展潜力。

面临艰难的经营环境，中国商业银行将把成本控制提升至战略层面，通过实施以客户为中心的成本控制法、简化完善薪酬体系以及整个组织对成本管理的不懈努力来加强成本控制，获得集约式、高质量的持续发展。首先，成本管理的范围不断扩大。不仅包括运营成本，还包括资金成本、信贷成本、税收成本等方面，立足于全面成本管理。其次，商业银行将本着"以客户为中心"的原则，分析不同客户群的成本/价值分析和综合贡献程度，发现业务机会。第三，商业银行将从优化业务流程、改进营销策略、加强主动负债管理、优化资产结构、严格控制资产质量等方面入手，挖掘潜力，打造成本竞争优势。第四，对业务外包进行重组。在危机冲击下，内外部的条件都发生了很大的变化，特别是外部受托对象的风险大大增加。因此，商业银行将在重新评估的基础上，对外包业务加大重组力度，努力降低外包的风险和外包的成本。第五，设计更加科学合理的薪酬制度。这不仅是这次危机中国际上最受指责的领域，而且在国内也引起广泛的关注和质疑。商业银行将结合实际制定与风险成本挂钩，有利于机构持续稳定发展的科学合理的薪酬体系，有效调动各层次的积极性，兼顾短期和长期的利益。

第二章

金融危机波及中国时的风险感受：把握趋势才能主动应对

　　风险经理的天然使命是判断"不确定性"，最有价值的工作是从"不确定性"中寻找趋势。笔者于 2011 年 2 月至 2013 年 7 月上旬履行中国建设银行首席风险官职责，其时也是中国大型商业银行应对金融危机关键时期。作为职业风险经理，亲历危机既是痛苦的，也是十分"幸运"的。事后回顾当时的所思、所想与所为，虽然有很多遗憾，但也为自己和同事的职业敏感和前瞻安排感到由衷欣慰。这里摘取了几个分析和应对当时银行风险压力的场景，是当时思想认识水平的真实记录。

场景之一：_____

警惕宏观环境之变（2011 年 9 月）

　　2010 年底以来，国内外经济形势出现较大波动，宏观调控不断加强，市场环境发生新的变化，对于当前面临的外部风险形势一定要有充分认识。

一、我们可能进入一个未曾经历过的经济阶段

老实说，美国次贷危机爆发时，许多中国经济学家并没有意识到不久的将来会波及中国；2009 年中国经济增长受到了直接影响，但大部人相信这种冲击是短期的，尤其是 4 万亿刺激计划出台之后，人们更有理由坚信经济危机很快就会过去。然而，进入 2011 年之后，我们期待的并没有发生，经济形势越来越严峻。人们逐渐意识到，我们可能进入一个未曾经历过的经济阶段。

(一) 国际金融危机"后遗症"开始爆发

次贷危机引发金融危机之后，各国相继出台经济刺激措施，世界经济逐步进入恢复阶段。但是，经济失衡的深层次矛盾尚未完全解决，实体经济依然脆弱，市场信心不足，经济恢复过程具有高度不确定性。近年来，部分国家继续奉行积极财政政策（增加政府支出、减税）和宽松货币政策（低利率）等短期市场干预措施，随之带来的政府赤字、高额债务负担、通货膨胀等严重副作用已逐步显现。从 2010 年以来欧元区外围国家债务危机蔓延，到近期美国和日本主权评级下调，一系列变化对金融市场形成连续巨大冲击，部分投资工具损失加剧，交易违约时有发生。作为一家国际化的大银行，总行层面必然承受着来自外部市场的诸多压力，必须出台多方应对措施，如成立离岸业务应急监控工作小组，每天监测美债评级

下调影响和相关投资业务估值变化，及时调整投资策略。各分行也将直接面对各类危机"后遗症"的冲击，特别是信贷客户经营、财务状况变化将给资产质量带来压力，为此全行均应增强对宏观经济走势的敏感性，及时监测及应对"后遗症"的负面影响。

（二）世界经济"反复波动"可能性增大

不仅危机"后遗症"拖累世界经济复苏，局部地区社会动荡、贸易保护主义抬头和自然灾害等因素也使世界经济"雪上加霜"，目前美国、欧洲以及新兴市场国家的经济增长速度都在下滑，经济复苏有可能转为"二次探底"。我国经济外贸依存度高，世界经济如果出现回落，国内经济势必受连带影响。大型银行部分客户特别是在外向型经济发达地区的部分制造业、出口相关行业客户，可能重新面临金融危机时期外需减少、内需替代不足的压力而销售乏力，甚至停工倒闭，为此应予充分分析并适时调整客户策略。

（三）国内市场结构调整加剧

目前，中国乃至全球各个国家都在寻找新的经济增长点和发展方向，主动进行经济结构调整，而市场规律决定的产业自发调整也更加频繁和剧烈。在产能过剩的领域，一方面由国家主导对落后产能、"两高"产能进行主动淘汰（从中央到地方，已陆续出台专项政策），另一方面激烈的市场竞争也促进了部分企业的退出。在此进程中，有的企业能够生存下去，有的企业如果不进行转型，将很快被淘汰出局。为此，要积极关注产业发展趋势和企业动向，对于那些不符合国家政策导向、属于夕阳产业、不具备核心技术和竞争优势的客户，不仅不能新增信贷投放，还要加快实施信贷退出。

（四）金融监管日趋严格

金融危机以来全球监管环境正发生实质性变化，为防范系统性风险，各国监管当局更为强调审慎和严格的资本监管，意味着银行将承担更高的资本成本。以 BASEL III 为代表的新监管要求，对合格资本的计算方法更为苛刻，监管框架覆盖的风险领域更为全面，对资本充足水平要求更高。从国内看，银监会以"四大工具"[①]为核心的新监管标准将于 2012 年全面实施，新标准以 BASEL III 为蓝本，在资本要求、拨备指标、过渡期方面更为严格，且准备引入若干"惩罚性"资本占用规则，对违反监管要求的行为计量额外资本，使银行在资本管理领域面临更大压力。同时，银监会在重点领域的监管要求逐步细化、具体化，监管重点包括实施"腕骨"监管指标体系[②]、改进绩效考核、强化信贷合规经营、防控融资平台贷款和房地产风险、防控跨境跨业经营风险、防控流动性风险、加强市场风险管理和案件防控等方面，贯穿了商业银行经营管理的多个领

---

① 在《中国银监会关于中国银行业实施新监管标准的指导意见》（银监发〔2011〕44 号）中提出，"科学设计资本充足率、杠杆率、流动性、贷款损失准备等监管标准并合理确定监管要求，体现逆周期宏观审慎监管要求，充分反映银行业金融机构面临的单体风险和系统性风险。"http://www.gov.cn/gzdt/2011-05/03/content_1857048.htm。

② 2010 年 9 月，银监会在北京召开中国银行监管（国际）联席会议，来自 22 个国家和地区监管当局的 34 名代表以及财政部、人民银行、证监会、保监会、外汇管理局的代表出席了会议。会议就中国银行集团及境外分支机构的经营概况和风险管理、监管方法和经验、监管联席会议机制和跨境监管协作机制等内容进行了充分讨论交流。会议期间，银监会向境外监管当局介绍了我国大型商业银行集团的创新监管工具——"腕骨"风险监管指标体系（CARPALS），即包括资本充足率、资产质量、风险集中度、拨备充足水平、附属机构管理、流动性风险、案件风险等 7 大类 13 项指标的监测体系。

域。未来几年，银监会还将着力推进三大监管工程，即强化商业银行治理结构、实施新资本协议、科学计量与管理商业银行的资本充足率等。在新监管环境下，要落实好合规要求，并利用好有限的资本资源，必须要对一些传统经营方式和理念进行调整，特别是要摒弃高资本消耗、高风险容忍的业务发展模式，重新筹划经营全局，确立业务底线，不断促进自身管理的精细化水平，提升资本回报能力和风险回报能力。

（五）银根紧缩将长期持续

目前我国通胀压力仍然很大，为此央行很可能继续实施稳健的货币政策，银根紧缩的形势预计还将持续较长时间。在此环境下，部分客户的资金链可能日趋紧张，存在断裂风险，为此应及时提示相关分支机构做好甄别和预警。同时，必须适应紧缩货币政策下信贷投放节奏的安排，做好项目储备、排序，落实好监管部门对信贷规模控制的要求，优先满足优质客户、项目需求，促进信贷结构调整。实际上，货币信贷紧缩在对银行产生不利影响的同时，也带来很多机遇。大型银行也应以此为契机，增强客户营销和议价能力，提升银行的风险选择和安排能力（如利用银行市场地位的提升来增加风险缓释手段等），并运用好宝贵的信贷资源带动各项业务全面发展。

二、银行业风险管理需要重点关注特殊领域

银行开始不断暴露出大大小小的风险事件，势头比过去来得

快、来得猛，这些情况固然有外部市场变化等客观原因的影响，但是也说明我们在风险管理方面尚存在被动的情况。为此，我们必须从几个层面主动关注和分析风险隐患，尽早采取措施，做到对风险趋势的预判和预控。

（一）密切关注部分高风险客户群体

1. 财务指标恶化和出现多次拖欠情况的客户

这两类客户财务状况脆弱，极易受宏观经济波动、市场与政策变化等因素影响，最终形成不良的比例较高。从掌握情况看，部分地区的非不良贷款客户中，仍存在一些连续两年亏损且经营性净现金流为负的客户，而且这些客户主要集中在制造业、电力燃气和水的生产制造业、交通运输仓储和邮政业、房地产业。而 2010 年以来出现多次拖欠且 2011 年上半年又出现拖欠的非不良贷款客户也较多，主要集中在交通运输、仓储和邮政业等行业。

2. 自身现金流不能覆盖到期本息的地方政府融资平台客户

一个区域内的平台客户具有高度风险趋同性，一旦出问题将波及辖内其他关联客户群，造成风险集中暴露，为此必须及时发现和遏止相关风险苗头。监管部门已对平台风险进行了多次提示，对其要重点跟踪分析现金流变化情况，同时关注财政兜底的风险，一户一策制定预案。其中，应对以下几类情况重点关注：一是基本覆盖和半覆盖的平台贷款，这类贷款存量不良率相对较高，其自有现金流不足而准入标准又低于一般无覆盖平台贷款；二是对应地市和县的两级平台贷款，其经营性现金流量占比低，还款来源更多依赖于土地出让收入和财政兜底，不确定性较大；三是部分年底前到期的平台贷款，很可能率先暴露风险。

3.高负债企业、工贸企业、囤积大宗商品或参与投机交易的企业等

这些企业受其财务或业务结构影响，风险较高。高负债企业依赖高杠杆运作，债务负担重，应对经营和财务波动的能力差，偿付水平难以保障。工贸企业经营范围复杂，没有明显的发展规律，多存在关联公司，与银行信息不对称的现象突出。囤积大宗商品或参与投机交易的企业，其经营收入过度依赖于某种投资工具，决策很可能建立在对市场走势的预测基础上，一旦预测失误则陷入致命困境。

4.治理结构不规范、主营业务特征不明显，经营不确定性大的民营企业、家族企业以及合资、合伙企业等

市场上发生的几起风险事项都与此类客户有关。而且一旦风险暴露，常常波及上下游或关联的整个群体。像福建、浙江、江苏等分行这类客户较多，要保持警惕。

（二）密切关注部分高风险行业

1.房地产行业

可以预见，在较长的时期内，中央政府对房地产领域的宏观调控政策短期内不会出现松动，还有可能进一步加强。目前不仅房地产商融资渠道被严格控制，针对购房人的"限购""限贷"范围也不断扩大，其影响也将逐步显现。如果调控情况下销售量持续大幅萎缩，形成"价滞量跌"格局，开发商现金流不足，房地产贷款风险将大量暴露。虽然国内主要城市房地产项目"烂尾"风险仍相对

较小，但房地产销售进展减缓的情况普遍存在。一些银行的部分房地产开发贷款将于年底前到期，而对应项目销售进度不容乐观，如果开发商客户现金回流明显减缓，可能引发大量贷款分类下迁。此外，与房地产紧密相关的上下游贷款极易受房地产市场风险传导影响。压力测试结果表明，银行能够承受较大幅度的房地产价格下跌，但是如果成交量大幅萎缩，将对房地产相关行业客户的现金流、押品的变现产生显著影响，进而使相关行业客户违约率大幅攀升。

2. 公路行业

从纯商业的角度看，以下几类公路项目风险较高，应重点关注：一是自身经营净现金流（包含政府各类扶持性资金）无法覆盖当期贷款本息的公路项目；二是收费剩余年限小于贷款年限的已建成收费公路项目；三是二级公路贷款项目。考虑到二级公路贷款中大量贷款对应项目已经取消收费或计划取消收费，部分已取消收费的二级公路贷款项目因还款来源没有落实将出现逾期，按照监管规定应分类为不良贷款。

3. 电解铝行业

2010 年末全国电解铝设备利用率仅 70%，而拟建电解铝项目总规模达 774 万吨，造成产能过剩进一步加剧。刚性电价呈继续上涨趋势，电解铝等耗能高、产能过剩行业企业将成本向下游传导能力十分有限，其中生产经营效率较低的企业将面临更大生存压力，对其要及时进行信贷退出。

4. 造船行业

金融海啸以来，全球航运和造船市场陷入低迷，一些银行少数船舶行业客户风险集中暴露，存量授信风险面临很大压力。近期发现有几种情况引发客户违约，使相关船舶预付款退款保函形成垫款：一是造船企业超出生产能力承接订单，无法按期交船；二是企业挪用银行保函项下资金用于基本建设，无法按期交船；三是企业通过贸易公司代理方式开立预付款退款保函，未能有效监控造船资金用途、船舶建造进度，造成船主弃船或索赔；四是企业技术实力不足，新的船型研发后力不够，贸然承接订单，无法按时交船。此外，对到期未结清、已做延期处理的预付款退款保函和已列入退出类名单的客户，也要特别关注。

（三）密切关注产品管理短板和相应的产品风险

2010 年以来部分银行的产品不断暴露出风险隐患，固然有日常经营管理方面的问题，但是也从一个侧面反映部分产品本身存在设计缺陷以及制度不健全、基础管理薄弱等问题。

1.保证业务

一些保函业务在产品设计、定价、合同管理等方面存在问题，没有充分反映审慎管理和风险收益平衡的原则。部分基层行将保函产品视同没有风险、不占用资金的中间业务创收来源。实际上，无论是从监管要求上还是实际操作上看，大量保函业务的风险水平和资本消耗水平与贷款一样。对非融资性保函业务，基层行普遍认为没有风险，但是近期就有此类业务就因客户违约出现了实质风险问题，值得认真反思。

2.见证业务

部分资金证明业务（例如资金证明），在基层网点就有权开立，缺乏充分审慎的制度约束和授权管理，有的甚至没有建立台账进行登记，出具的文本也不规范，可能引发相关操作风险、法律风险、声誉风险，必须尽快加以整顿和规范。已经发现有些很久以前开立的资金证明，开始引发涉诉纠纷。

3. 代客衍生品交易

银行业代客衍生品交易已具规模，虽然基于真实交易背景和套期保值需求的代客业务风险较低，但是如果客户将其用于投机，或者作为投资理财的工具，那么就存在很大的潜在风险隐患。实际上，美债危机、欧债危机使得很多没有来得及压缩的衍生交易敞口风险骤然增大，大量基于投资牟利和投机的交易行为可能使客户面临较大损失，进而造成我行被动垫款和最终发生财务损失。

4. 不符合业务逻辑的产品

产品设计理应符合政策与法律合规、风险可控、有利可图的业务逻辑。然而，我们发现某些机构个别信贷产品在设计上不符合业务逻辑。例如存在无追索权的抵押贷款，实际上是俗话说的"流押"，我国物权法等法律是不保护"流押"条款的。再如有些产品以企业自身的股权做质押，企业如果经营恶化还不起贷款，其股权价值也就随之大幅缩水甚至一文不值，这种风险缓释安排实际上毫无效果。

（四）密切关注内控与操作风险隐患

随着金融危机影响不断扩散，银行内控与操作风险管理形势也日趋严峻，违规事项乃至案件在一些业务领域和机构反复出现，反映出内控与操作风险管理仍然存在诸多薄弱环节。同时，操作风险呈现出一些新的特点，形成多重风险隐患，值得警惕。

1.内外部审计、监管检查发现诸多问题，屡查屡犯、此查彼犯的现象较为严重，显示部分机构内控和操作风险管理基础薄弱

过去已经发现并要求整改的问题仍在同一机构或其他机构反复出现，表明部分机构的关键薄弱环节仍未得到有效治理。例如，在公司贷款管理方面，存在大量放款条件不落实、贷后规定动作不到位，客户风险跟踪和应对不及时等现象；在个人贷款管理方面，不执行面谈面签、落实抵押登记、放款前电话回访等基本要求的情况也屡屡发生。银监会信贷合规检查也发现，对公业务违规问题中支付和贷后管理环节问题较为突出，个人业务违规问题中尽职调查和贷后管理环节问题较为突出，而且是反复出现的问题。

2.部分分支机构案件高发，违规不断，表明其整体内控体系羸弱不堪，亟待完善

针对已经发生的案件和重大风险事项，我们曾经组织专家进行内控诊断和评估，结果显示：1）案件发生并非作案手段高明，而是多部门、多环节内部控制全部失效的后果；2）依法合规的经营理念还未牢固树立，一些管理人员对违规行为漠然视之，甚至以业务发展为由，容忍"触底线、碰红线"；3）部分机构管理层对部门的管理不到位，导致操作层面控制弱化，制度流程执行不到位、岗位制衡失效不断发生，重大违规行为屡禁不止；4）部分机构对政令不能有效传导，自上而下的政策传导衰减，对上级行的政策制度不学习、不理解，选择性地执行；5）对风险隐患和问题，不敏感、不作为，对重大风险事项报告不及时；6）监督检查流于形式，

整改工作部署不细致不深入，问责避重就轻，责任文化难以形成，等等。

3. 操作风险事件呈现新特征，给操作风险管理带来重大挑战

国内银行业操作风险的表现形式、影响因素和传递途径日趋复杂和多样化，具体表现在几方面：1）操作风险事件已不局限于传统柜面业务的违规操作，而是广泛出现在信贷业务、理财业务和资金交易业务领域中；2）操作风险的影响因素不仅仅是人员违规操作，IT系统和外部事件冲击带来的风险影响也逐渐增多，特别是因为IT系统缺陷和自然灾害造成的业务中断，影响较大；3）产品频繁创新，新业务中的操作风险往往更难被识别和控制；4）一些信用风险、市场风险实际上是由操作风险事件引发的，操作风险影响在银行整体风险视图中的比重越来越大。

4. 信贷欺诈呈高发态势

货币政策相对收紧后，信贷欺诈现象有增多迹象，并呈现几大特点：1）欺诈手段越来越隐蔽，有的客户揣摩银行审核准入业务的方式，根据银行关注的关键环节和重点信息进行针对性造假，甚至还发现有一些关联企业共谋造假套取银行贷款的案例；2）信贷欺诈行为更加广泛，由原来的贸易融资、信用卡，扩大到各类传统信贷业务，由贷前的申请欺诈延伸到信贷全流程环节；3）国家重点调控领域的信贷欺诈现象明显增加，甚至出现地方政府造假的现象；4）对某些客户进行过度营销、过度授信、过度服务，轻易放松底线，给信贷欺诈以可乘之机；5）风险意识淡漠和内部制度漏洞为欺诈行为提供了便利，特别是印章管理等关键环节存在管理薄弱问题。

5. 员工行为管理亟待改善，违规违法账户资金往来存在重大隐患

瑞银"魔鬼交易员"事件再次为我们敲响警钟，纵然是"百年老店"也可能在员工行为管理的基础领域出现漏洞，酿成巨额损失。虽然银行早已对员工行为管理建立诸多制度，但审计检查结果显示制度执行不佳，而某些重大风险事件也与员工违法违规行为密切相关，员工行为管理仍是一个关键薄弱环节。尤其值得关注的是，在银根紧缩的大环境下，个别银行员工充当资金掮客，通过个人或关联人账户进行违规乃至违法的资金过渡、交易和委托贷款，涉足民间高利贷，使银行同时面临合规风险、法律风险、操作风险乃至案件隐患。更让人担心的是，某些县级支行、分理处和网点的负责人，有权审批决策的相关人员等，为掮客提供便利或自己充当掮客、牵线搭桥，甚至擅自对外出具加盖银行印章的证明材料等，危害极大。

三、复杂经济形势下银行业风险管理策略

在当前环境快速变化、风险形势纷繁复杂的情况下，风险条线要尽快采取针对性措施，把握管理重点，积极防范风险隐患，及时遏止风险苗头。

1. 开展全面、细致、深入的风险排查

一是要全面排查。过去排查主要关注贷款，现在要覆盖各类产品，包括表外业务领域。二是要深入排查。信贷排查要涵盖贷前、贷中、贷后，深入到全部流程环节。对操作风险的排查要延伸到关

键岗位人员的个人行为，重点排查异常的个人行为举止、异常的个人账户资金往来等。要充分运用非现场监测系统等"机控"手段，提高排查的广度和深度。三是要细致排查。要周密设计，制定有针对性、详细的风险排查方案，明确排查方式、重点、底稿要求、结论报告的基本内容、排查发现问题的后续整改机制，不能仅仅提一些原则性的要求，蜻蜓点水地走过场。此外，在排查过程中要注意梳理分析"账外"风险敞口。这里所说的"账外"风险敞口，是指不在账上反映，但可能导致银行承担风险的事项。例如潜在的法律纠纷、擅自盖章出具的法律文书或证明材料等。对"账外"风险敞口，可以清理违规用印形成的风险敞口为重点，以重大投诉和法律纠纷为线索，排查相关业务流程环节、岗位和个人（如拥有出具文件签审权的岗位和个人），并逐步积累经验，循序渐进地扩大覆盖面。

2. 以员工行为管理为重点，抓好内控和操作风险专项治理

操作风险事件的根源多是人员问题，既有本身意识、能力方面问题而造成的工作失误，也有主观违规操作酿成的操作风险事件。为此，应重点针对人员问题出台内控和操作风险的专项治理措施：针对部分人员意识不到位、无知的情况——以近期重要事件为例，下发通报，结合专题宣传、培训工作，进行广泛、及时的风险提示；对于部分机构、人员能力不足而短期又无法有效改变的——应立即调整授权和转授权，重检各类限额方案；对于"明知故犯"的违规行为——先责令相关人员离岗，并集中精力做好风险处置，然后启动责任认定与追究工作；重检员工行为管理和业务操作制度，查补漏洞，强化制度与体制保障。

3.做好信贷业务风险分类和风险化解

针对监测和检查发现的风险状况，应及时对相应信贷业务进行风险分类，并以此为基础推动后续风险处置工作。贷款分类必须坚持真实性原则，严格按照风险分类的核心定义执行分类过程，夯实风险底数。对于分类下迁特别是下迁为不良的贷款，必须同时制定化解风险的策略，必须有可行的措施，同时还应充分计提拨备和计量经济资本。从已有经验看，成功化解风险个案，在于主动分析、判断与尽早行动。应该努力培养捕捉风险信息、发现风险隐患的能力，很多问题的出现都是因为对风险迹象发现太晚，或者对已经出现的风险信息不敏感、不关注。

4.切实做好内控体系建设工作

以内控规范实施为契机，提升内控管理水平，是未来一个时期银行的重要工作。应正确认识内部控制的价值。内部控制不是简单的牵制和制衡，而是一家银行实现长远可持续发展的基本保障。关于内控体系价值，可以概括为几句话：你若想快速发展，就必须抓内控，因为你能跑多快，取决于内控能力；你若想健康发展，也必须抓内控，因为健康状况取决于内控基础；你若想打造百年老店，更要抓内控，因为你能走多远取决于内控整体水平。为此，银行必须积极响应监管要求，全面树立合规经营意识。更为细致、严格的监管要求，有利于引导和促进银行提升基础管理，树立合规经营理念。应深刻理解监管的核心价值，把握监管政策走势，自觉遵守、服从监管要求。

场景之二：_____

关注经济找方向时期的系统性风险（2012 年 8 月）

2011 年以来，宏观经济金融形势变得非常复杂，对于商业银行面临的风险态势和未来走向，业界有不同的分析判断，"仁者见仁，智者见智"，这很正常。密切关注形势，客观研判形势变化，才能更有效地管理风险。大型银行尤其要注重研究把握宏观经济大势，大势判断错误将直接导致战略性风险，从而引发不能承受的系统性风险。曾经享誉全球的华尔街五大投行拥有雄厚的实力，拥有先进的管理理念、方法、技术和丰富的管理经验，拥有严密的内控制度和全球顶尖的人才，但由于对经济、金融、市场、业务等方面的分析、判断出现失误导致重大的战略决策错误，最终还是轰然倒塌，黯然退出历史舞台。前车之鉴提醒我们必须做好各方面的形势判断，准确把握宏观经济大势，才能有效防范系统性风险。

一、全球步入寻找方向阶段成为当前最大的不确定性

对于全球经济的现状和未来，虽然外部各界有不同看法，但总的基调还是认为世界经济仍然处于艰难恢复过程中。此次危机是对全球经济增长模式和经济结构长期矛盾积累的一次破坏性调整，量化宽松等一揽子刺激政策治标不治本，全球经济仍在苦苦找寻新的经济支撑点，由此引发的不确定性将深刻影响未来经济增长的轨迹

和银行经营格局。

（一）经济恢复放缓，未来经济增长陷入低速态势

1. 经济恢复全面放缓

2011 年至 2012 年，无论是美国、欧洲还是"金砖国家"都不乐观，经济放缓甚至下跌的趋势非常明显，特别是一些先行指标的变化更加反映了这一点。一是波罗的海指数（BDI）与[①]2011 年同期相比下跌近 46%，全球海运业这一典型的周期性行业陷入了空前的低谷，行业巨头普遍出现巨额亏损，情况比 2011 年更差。二是摩根大通全球制造业采购经理人指数[②]（Purchase Managers' Index，PMI）最近首度跌破 50% 的荣枯分水岭，中国制造业亦难幸免，生产指数、新订单指数、原材料库存指数、从业人员指数下降，企业去库存趋势较为明显。三是美国消费者信心指数（Consumer Confidence Index，CCI）[③] 降至 2011 年 11 月以来的最低水平，消费者对于经济前景的看法更为悲观。四是企业库存结构变化。无论中国还是

---

① 波罗的海指数是波罗的海航交所于 1985 年开始发布的日运价指数，这个指数是由若干条传统的干散货船航线的运价，按照各自在航运市场上的重要程度和所占比重构成的综合性指数，它直接反映了世界各国贸易、生产、消费的水平，是目前世界上衡量国际海运情况的权威指数，是反映国际间贸易情况的领先指数。如果该指数出现显著的上扬，说明各国经济情况良好，国际贸易更为活跃。

② 采购经理人指数（Purchase Managers' Index，PMI），是衡量制造业在生产、新订单、商品价格、存货、雇员、订单交货、新出口订单和进口等方面状况的指数，是经济先行指标中一项非常重要的附属指标。

③ 消费者信心指数（Consumer Confidence Index，CCI）是反映消费者信心强弱的指标，是综合反映并量化消费者对当前经济形势评价和对经济前景、收入水平、收入预期以及消费心理状态的主观感受，是预测经济走势和消费趋向的一个先行指标，是监测经济周期变化不可缺少的依据。

其他国家，均出现原材料库存下降、产出品库存上升的状况，表明企业对未来没有信心，采购、储存原材料的意愿不强。五是全国全社会用电量下降。2012 年前 7 个月，全国全社会用电量同比增长仅为 5.4%，且主要为居民用电增长所致，经济活跃程度趋向呆滞。总的来看，目前的先行指标数据还无法支撑全球经济已经步入复苏的判断，2013 年世界经济再次出现衰退的可能性非常大。

2. 未来经济增长可能在低速状态长期徘徊

高盛的 GLI 模型（Global Leading Indicator，GLI）监测显示，全球经济活动在 20 多年内一直处于上升状态，2008 年危机时进入衰退的下探角度最大，显示出此次复苏难度之大。最近预测显示，2012 年峰值已过，该指数已经经历了增长和放缓两个象限，并开始步入衰退阶段。危机后的五年来，已有的救市措施没有实现预期目标，边际效益开始减弱，推出更大规模刺激政策的余地非常有限。美国失业率缓慢回落，房地产市场仍未根本好转，"财政悬崖"（即税收增加的同时财政支出又大幅削减）担忧却不断升温；欧元区债务危机正由希腊等边缘国家向意大利、西班牙等核心国家渗透，德、法经济进一步走弱，欧元区解体的概率仍然很高，欧洲经济可能将面临长期而严重的衰退。发达国家债务危机严重，如果没有深刻的社会改革，消费和经济增长都难言乐观。

随着发达国家消费和经济增长的放缓，贸易保护主义抬头，新兴经济体出口面临威胁，且资源、环境、劳动力成本上升，经济增长从高位持续回落，经济发展方式亟待转变。中国的出口、投资和消费均出现回落，经济下行压力明显增大。工业企业利润累计增速连续 6 个月负增长，实体经济发展面临较大困难；巴西过去一年降息 500 基点，创下 G20 经济体之最，但经济增长仍在低位徘徊；印度受旱情和停电影响，通胀隐忧与经济下行风险并存；俄罗斯受全球经济不景气、石油和原材料价格全面下跌等影响，经济显著放缓，内生动力不足。

（二）新的经济增长点仍未走出"实验室"，经济波动反复趋于常态化

在新能源以及智能化等领域，正孕育着新的技术革命和产业革命的可能性。只有新的技术革命和产业革命，才有可能带动世界经济真正进入新的一轮增长周期。

1. 全球主要经济体力促经济转型，正在寻找新的增长引擎

2007 年次贷危机爆发至今，奥巴马政府一直致力于寻找新的经济增长支柱，风能、太阳能以及新式电池等清洁能源领域和生物医药领域的高端研发和运用正在得到支持，同时增加了电动汽车的消费者补贴和其他优惠措施，以推动美国高科技汽车销量在 2015 年达到 100 万辆。此外，美国努力重整实体产业的竞争优势，鼓励跨国公司工厂重回本土，不放弃低端制造业。欧洲国家中，强调绿色创新，明确提出加快向低碳经济转型，启动"绿色汽车""低能耗建筑""未来工厂"三大行动，未来研发占 GDP 比重提高到 3%，在产业上向新能源、生物医药、数字化等领域倾斜，发展智能电网、风能、太阳能，将纳米、纳微电子半导体、光电、生物技术和先进材料作为五大优化技术予以支持。

随着外需的低迷和国内日趋严重的产能过剩，中国经济在现有发展模式下的增长也难以为继，结构失衡和房地产相关风险将严重

制约中国未来的政策空间，中国经济已经很难回到原有的"出口＋房地产"的增长驱动模式，经济发展模式转型迫在眉睫。国家出台十大产业振兴规划，涉及钢铁、汽车、纺织、装备制造、船舶、电子信息、轻工业、石化、有色金属、物流业，随后出台了文化产业振兴规划，借此促进产业升级和转型，着力打造新的经济增长点。

2. 新的增长点仍未走出"实验室"，新旧经济转换将经历漫长的波动反复过程

从目前各国的情况来看，新能源新经济的培育点比较分散，还没有出现一个产业（或产业群）能够支持经济持续增长。当前的新能源新技术，或多或少都存在着大规模产业化的缺陷，比如核能污染的问题、风电的高成本和环保问题，以及电动汽车的蓄电池问题等。以绿色低碳为导向的新经济仍处于技术研发环节，相关的需求开发、产业建设和需求管理几乎是空白区域，可持续发展机制还未定形。在由传统产业向新兴产业过渡的过程中，消费模式和生产经营模式需要重新构建，试错过程不可避免，经济的波动反复可能会常态化。比如，当前我国一些战略性新兴产业就陷入了产能过剩、竞争激烈、企业亏损的困境之中，大有"早衰"的症候。曾经风光一时的光伏企业如今 70% 以上已倒闭或歇业，风电设备、锂电池材料、碳纤维等行业也已经出现重复建设、产能过剩的倾向，产能利用率普遍不高，行业整体景气度不被看好。

在向新经济转型的过程中，既有产业产能的淘汰和调整也可能造成经济的波动反复。以我国的钢铁行业为例，2012 年上半年大中型钢铁企业实现利润仅为约 25 亿元，同比下降达 94%；行业亏损面达到 32%。一方面是钢材价格大幅下降，另一方面是成本费用大

幅上升，"一降一升"中挤压着钢铁行业本来就微薄的利润空间，造成钢铁行业经济效益进一步下降，加之上下游行业需求低迷、国内产能过剩的多重因素挤压，钢铁企业大部分品种的销售毛利都处于亏损状态。这种情况下，行业调整将必然引起经济增长的震荡波动。

（三）结构调整和去杠杆化仍在进行，金融市场竞争格局处于震荡调整之中

受危机影响，全球金融格局发生重大变化，包括融资结构、收入结构、银行经营策略、发达国家与发展中国家银行业竞争力等方面。今后伴随着经济发展方式的转变和经济结构的调整，金融格局还会进一步变化，这既是适应外部经济发展变化的结果，更是银行业自我调整的需要。

1. 金融危机对欧美银行业冲击较大

一方面，实体经济对金融服务需求下降导致欧美银行业被迫收缩业务；另一方面，资产、资本与利润缩水，银行从自身战略考虑主动收缩业务，危机后欧美银行业规模仍未能恢复。据彭博数据显示，2012 年 8 月份美国、西欧银行业和金融业的上市公司总市值为 1.2 万亿欧元和 2.8 万亿美元，分别较 5 年前缩减 54% 和 15%。

2. 中国银行业全球市值排名提升，海外扩张步伐加快

未来 10 年内，全球经济可能形成以中美为主导、亚太为核心的增长格局。全球经济格局的转变意味着金融市场的重心也将随之转移，亚太地区的金融市场规模将大幅提高。在 2005 年以前，全球银行前十名中完全看不到中国的银行，然而短短不到 6 年的时间，中国四大国有银行全部跻身排行榜。2011 年，工商银行以

2250亿美元的市值高居全球银行之首。同时，中国银行业海外扩张步伐加快，在欧美、中东、南美等地区纷纷加快建设海外机构，加大人才、技术和管理储备。

3. 银行收入结构发生较大变化

就银行业近年来的收入结构看，与资本市场、衍生产品相关的收入减少，与实体经济相联系的收入占比上升。经济陷入低迷，企业投资需求下降，与企业投资兼并等相关的市场活动大规模下降。对金融服务的需求从多元化融资转向了简单的信贷产品和支付结算。消费者财富或收入减少导致消费者的总体金融服务需求下跌。从欧美国家来看，居民消费下跌，储蓄上升。从全球资产管理市场来看，许多私人银行客户放弃了复杂的产品，转向简单、利润率低的投资方案，更加关注于财富的保值而不是增长。

（四）银行监管改革日趋严格，规则标准仍是未竟之局

自2010年12月巴塞尔委员会发布第三版巴塞尔资本协议（Basel III）后，G20峰会及金融稳定理事会（FSB）成员国陆续启动国内立法及实施工作，巴塞尔委员会定期发布实施进展情况。Basel III的发布并不意味着国际银行监管改革基本完成，相反，更是监管改革推向纵深的开端。

1. 更高的资本要求将对银行的增长方式提出挑战

Basel III仅规定了银行资本监管的最低要求，并非银行面临的最终资本要求。欧盟将银行的最低资本要求提升到9%，部分国家甚至提升到10%以上。我国银监会也将核心一级资本提升到5%，高于Basel III 0.5个百分点。同时，Basel III新增的储备资本要求，

也让银行未来的资本压力持续上升。资本要求的提高导致银行通过规模扩张的经营模式难以为继，资产结构的调整和赢利模式的选择成为全球银行业共同面临的挑战，尤其对于我国银行业而言。

2. 市场风险管理和流动性管理监管规则存在变数

虽然 Basel III 提高了市场风险的资本要求，但是针对市场风险监管体系根本缺陷的讨论仍在继续，未来监管规则仍有不确定性。比如，对于银行账户和交易账户划分合理性的讨论，依据金融产品的平仓期长短计提资本，建立内部模型法与标准法的底限联系等，这些都有可能大幅提升银行市场风险的资本要求。另外，针对流动性风险监管的规则仍存在争议，流动性覆盖比率（Liquidity Coverage Ratio，LCR）① 和净稳定融资比例（Net Stable Funding Ratio，NSFR）② 对银行的交易模式和资产结构影响较大，监管达标压力较大。同时，针对银行每日的流动性管理也在加强，有关文件已在全球征求意见，其影响尚不能完全估计。

3. 大型银行面临更加严格的经营约束，影响冲击尚未完全显现

危机后针对大型银行，尤其是国际活跃银行的监管得到全方位加强。除 Basel III 的资本监管框架外，巴塞尔委员会和金融稳定理事会正在着手制定全球系统重要性银行（Global Systemically Impor-

---

① 流动性覆盖率旨在确保商业银行具有充足的合格优质流动性资产，能够在银监会规定的流动性压力情景下，通过变现这些资产满足未来至少 30 天的流动性需求。流动性覆盖率（Liquidity Coverage Ratio，LCR）= 合格优质流动性资产 / 未来 30 日的资金净流出量，流动性覆盖率的标准是不低于 100%。

② 净稳定资金比率（Net Steady Finance Ratio，NSFR）= 可用的稳定资金 / 业务所需的稳定资金，净稳定资金比率的标准是大于 100%。

tant Banks，G-SIBs）^① 的整体监管框架，并于 2011 年分别发布了评估方法论以及恢复处置框架原则。

目前，各国对系统重要性银行的监管标准仍在探索之中，包括研究其应具有多大的额外损失吸收能力、风险敞口限制和监管等。例如，欧美监管机构尝试要求国际活跃银行制订生前遗嘱，以减少经营失败对社会经济的冲击和影响。中国银监会在《商业银行资本管理办法（试行）》^② 中，对国内系统重要性银行的资本要求增加 1%，相关认定和评估标准也正在制订之中。这些规则对大型银行经营发展的影响尚难以确定。

二、应对系统性风险是未来中国银行业面临的最大挑战

全球进入寻找方向阶段，意味着外部环境充满不确定性，各种政策仍在相机而动、适时微调当中，对银行的影响已经不是理论上的推测，而变成了现实的威胁。

（一）经济下行期是银行风险暴露的集中期

1. 多行业、大范围企业出现经营困境，财务偿还能力下降较快

商务部发布的报告显示，2012 年中国非金融类上市公司总体

---

① 相关详细文件，可参看巴塞尔委员会官网相关内容，http://www.bis.org/publ/bcbs207. htm。

② 《商业银行资本管理办法（试行）》，中国银行业监督管理委员会令 2012 年第 1 号，http://www.cbrc.gov.cn/chinese/home/docView/79B4B184117B47A59C9C47D0C199341.html。

财务安全状况快速下降，为 2008 年金融危机以来最差，多数行业已经显现系统性风险。从资产系数指标来看，2012 年我国上市公司 20 个门类行业中 16 个行业资产系数指标出现轻度异常、异常或严重异常（资产规模远高于销售收入数倍），其中，房地产业、电信业、农林牧渔业为重大异常。部分企业由于资金压力巨大，偿付债务速度明显放缓，另一些企业大量应收账款无法回收，严重影响其自身及上下游企业的正常经营。

2. 需求低迷与产能过剩矛盾突显，结构调整进一步加快企业风险暴露

城市化严重滞后与收入分配差距不断拉大，导致国内储蓄和投资过度而消费严重不足，形成了典型的生产过剩。金融危机爆发后外需持续低迷，加之 4 万亿投资后逐步进入产能释放高峰，产能过剩问题更加突出，成为抑制增长的主要因素。从销售率和产能利用率两个指标看，工业产品的销售率 2012 年一直在低位徘徊，6 月份为 97.2%，同比下降 0.4 个百分点。企业开工和设备利用率都未达到正常水平。同时，结构性矛盾体现在产业结构矛盾、投资消费矛盾、收入分配矛盾等多个方面，经济下行过程中这些矛盾将进一步暴露显现，信贷风险事项件数和金额将会显著增加。

3. 不良贷款反弹压力急速上升

银行业资产质量的先导性指标逾期贷款和非不良拖欠贷款大幅反弹，当年新发放贷款及新增垫款形成的不良数额是过去的几倍，表外业务垫款大幅增长，表明实施经济的风险暴露趋于加快。宏观经济压力测试结果显示，如果不采取针对性措施，在很可能发生的轻度压力情景下（即 GDP 同比增速 8%、CPI 同比增速 3%、一年

期贷款基准利率 6.06%），贷款不良率上升幅度将超过 50%。

（二）产业政策的调整加大了银行客户选择和结构调整的难度

银行的经营策略和政策导向必须要考虑国家产业政策的调整因素，如果产业政策调整导向不清晰或频繁调整，都将加大银行在制定自身的信贷政策、指导客户选择方面的工作难度，甚至会带来方向性的判断失误和决策失误。例如，在战略性新兴产业方面，根据"十二五"发展规划纲要，战略性新兴产业增加值占国内生产总值比重，将要从 2010 年的 4%左右提高到 8%左右。而在战略性新兴产业界定、政策支持、商业可持续发展环境建设等方面还不够清晰的前提下，如果银行盲目跟风，对行业风险缺乏清晰认识，很有可能形成大面积不良贷款。比如，光伏行业对外依存度高，产能过剩形势严峻。从需求看，全球光伏发电新增装机容量增长将大幅放缓，据预测将由 2011 年的 66%下降至 3%。加之国际贸易摩擦升级，令光伏行业雪上加霜。约八成上游多晶硅企业已停产，光伏企业 70%以上已倒闭歇业，多家银行损失不小。

（三）受外需、经济景气度影响较大的部分行业、部分区域的系统性风险上升

一是出口相关企业。美欧日主要经济体复苏乏力，外需低迷，对外向型企业特别是低附加值的加工制造企业冲击很大，例如减少生产订单、削减代工合同等，不少企业出现经营困难、跑路逃债现象。二是政府融资平台。2012 年以来土地出让收入大幅缩水，后续国家还将实施结构性减税，地方财政的压力很大。有的地方政府

保在建续建项目的资金都捉襟见肘，根本做不到对到期平台贷款提供实质性的偿债支持。三是房地产及其上下游的客户。在政策调控不放松、市场成交量萎缩的背景下，虽然目前房价下跌还不明显，但开发商的资金链已经绷得很紧。一旦出问题，不仅仅是房地产行业不良贷款要大面积暴露，而且还将波及上下游相关行业（像水泥、钢材、玻璃、家电、建筑、家具、装修等）的客户群，对银行而言是灾难性打击，银行将会出现巨额不良和亏损。

（四）利率、汇率市场化改革提速，银行风险管理能力受到系统性挑战

受美欧等国家经济金融基本面的影响，国际金融市场波动加剧，前景扑朔迷离。在此背景下，交易账户利率风险、银行账户利率风险、汇率风险、流动性风险管理的压力将进一步增大。

在未来经济增速放缓的情况下，银行间竞争加剧，通常会出现净息差的下降。为应对资金成本上升，银行可能会转向经营高风险业务以提高收益率，如果风险控制能力不足，往往引发资产危机。比如，美国的利率市场化改革之后，众多储蓄信贷机构迫于成本压力发放大量高风险的商业地产贷款，最终导致了一场信贷储蓄机构危机。

在经济不确定性进一步加大的情景下，经济波动引发的市场风险对银行的经营冲击更加剧烈和严重。近期的 JP 摩根"伦敦鲸"①

---

① 2012 年 3 月，摩根大通一位绰号为"伦敦鲸鱼"的交易员埃克西尔（Bruno Iksil），由于其企业债的交易造成信贷市场的剧烈波动，这一事件被称为"伦敦鲸"。这一事件，导致了摩根大通史上最大规模的衍生品押注高达 65 亿美元的亏损。

事件，就因美国经济恢复不及预期引起信用价差大幅扩大而产生衍生品巨额亏损，导致 JP 摩根声誉蒙羞，损失惨重。

（五）银行自身管理能力受到挑战，操作风险管控难度增大

从 2011 年以来国内银行业陆续爆发的重大操作风险事件和案件来看，形形色色的外部欺诈、内部欺诈（包括内外勾结）已成为重要的风险源。近年来，中国银行业规模快速增长，四大银行资产规模都已经超过了 10 万亿，业务经营涉及租赁、基金、保险、信托等多个领域，其管理的难度、风险的压力与过去明显不同。未来外部环境更加复杂，加之社会资金面紧张等因素，都可能导致内外部欺诈的现象增加。操作风险管控可能面临前所未有的压力，对此要有充分的思想准备和应对预案。

三、以防范系统性风险为重点，打好风险管理的"持久战"

总的来看，未来银行业的风险态势可以用几个词来概括：形势复杂、压力巨大、任务艰巨、考验能力。实际上，很多问题现在都已经可以看到苗头或趋势了，应该引起风险条线各位同事的高度重视。"凡事预则立，不预则废"，要准确预判，提前做出安排。

经过财务重组、股份制改造、上市等全方位改革，四大行的业务规模、资产质量、赢利能力等都发生了很大的变化。根据四大行 2011 年年报公布的数据，每家银行的总资产都在 11.5 万亿元以上，净利润都在 1200 亿元以上。任何一笔贷款、一个客户出现风险，任何一个局部出现问题，每家银行都能够承受。银行不能承受

的，是系统性风险。当前全球经济步入寻找方向阶段，经济缓慢增长将是常态，系统性风险暴露也将是常态，风险管理稍有不慎，巨额不良和亏损将会出现，对银行而言将是灾难性打击。由此看来，今后及未来一段时间，防范系统性风险应作为银行风险管理的重中之重，这对于防止银行破产，保持稳健经营，有着极其重要的现实意义。

行业、区域、客户、系统过分集中，是引发系统性、区域性风险、群体性风险的主要根源。1）由区域性问题引发的区域性风险，像江浙地区的民间借贷、小企业"跑路"风潮等。2）由重要行业出现问题引发的系统性风险，最典型的像房地产行业及其上下游行业，在银行资产组合中占比高，涉及面广，容易受到市场环境波动和政策的影响，呈现较大的集中度风险。除此之外，产能过剩的钢铁行业、运力过剩的铁路、航运业等都面临盈利下滑的压力，这都可能引发行业性风险。3）客户群体性风险，比如住房抵押贷款中低学历、低收入和无固定工作的客户群体，行为特征相似，抵抗风险能力较差，一旦经济形势不好就容易出现系统性风险。4）产品性风险，比如最近出现的钢贸企业利用仓单重复或多头抵押套取银行贷款，就存在着系统性风险隐患，与此类似的还有贸易融资中的信用证、信托收据等。5）IT风险，银行靠IT经营运转，一旦系统宕机导致银行网络大面积瘫痪，就会产生系统性风险。

系统性风险大部分表现为多个风险因子的动态叠加结果，这种叠加蕴含着某种关联性，识别出这种关联性就成为识别系统风险的关键环节。但往往由于交易结构的复杂化或客户关系的相互交织，增加了准确识别的难度。因此，要有效防范系统性风险，就必须加强研究分析能力，透过行业、客户及交易等信息找出关联重点，充分评估可能的影响，才能将系统性风险的防范真正落到实处。

提升对市场、行业和客户的研究分析能力是有效识别系统性风险的基本途径。与以往不同的是，研究分析要从防范系统性风险的角度来开展，不光要对行业本身进行分析，还要考虑关联性、集中度，对行业与行业之间、上下游关系都要有一个整体的判断。同时，还要考虑市场价格、利率、汇率变动的影响，综合分析其是否对银行收入或资本产生不可承受的影响。从某种意义来看，系统性风险不是说大，而是说冲击，对银行的影响是全面的。比如，近期渣打洗钱案，支付的罚金相比期间对银行股价和经营的冲击来说是小之又小。

在风险管理上，不仅要覆盖至各类风险，更要抓住关键，突出重点，才能化繁为简并争取防范系统性风险的主动权。行业方面，紧紧把握产业结构调整主方向，重点防范产能过剩行业、房地产及上下游相关行业风险，同时对高端制造业、节能减排、新材料、新一代信息技术、新能源、电子商务、生物产业等战略性新兴领域加大支持力度。客户方面，在经济不景气阶段，对于出口导向型、低端加工企业、涉及民间借贷的客户，对于主业不突出且发展扩张过快、目前虽能正常还本付息但预判前景不乐观的客户，对于与金融机构及上下游企业之间有历史违约记录、过度授信等客户，要加强监控，做好风险防范；大力拓展发展战略清晰、经营风格稳健、主业突出、高成长性、拥有自主创新能力的客户。

1.强化风险排查，事先制定完备的排查方案，突出重点，在风险评估基础上迅速采取行动，及时化解风险

针对风险排查问题，从政策、制度、流程上进行分析重检，及

时修补缺陷，真正从根本上消除风险隐患。特别是在当前外部环境复杂多变、风险隐忧增加、IT 系统还不能完全支持的现实情况下，风险排查仍然是非常有效的风险管理手段，能够有效解决信息不对称问题，增强风险管理的前瞻性、预见性和针对性。

2. 契合业务发展需要，改进优化授信审批机制流程，促进经营能力提升

积极落实集团客户授信新审批模式、流程的各项政策，遵循统一标准，改进工作流程，切实提高审批效率；主动加强与前台部门的业务交流，提出授信方案风险安排的优化建议，充分运用信贷资源有效带动存款、中间业务等各项业务发展，着力提高客户综合贡献度；严守政策底线，实现客户各类风险敞口的统一管控。

3. 结合运用信用评级、RAROC 等工具，从全局性、系统性视角进行客户选择、风险排序和风险安排，制定信贷政策，增强市场响应能力和敏感性

风险计量工具能够对客户的财务、管理等方面进行量化评估并为产品定价提供参考，但并不是管理决策和客户选择的唯一依据，否则会导致业务经营与风险管理的简单化、粗放化。以战略性新兴产业为例，产业模式未成熟，经营还存在着较大的不确定性，需要从全局和系统角度来分析客户风险，有效进行客户选择和风险排序，及时识别潜在的系统性风险。

4. 增强机控能力

借助信息技术手段，构建全面的风险管理系统体系，要以"新一代"项目建设为契机，结合"新一代"系统重构、业务转型和流程优化工作，针对风险管理发展需要以及当前风险管理领域的突出

问题，对全行风险管理的系统架构进行规划，在新一代系统中构建全面、贯穿、有效的风险管理系统群。全面风险管理的 IT 支持体系不仅仅是建立风险管理系统群，更重要的是在全行业务流程系统中实现风险管理、控制的功能。一是要满足全行内部管理需要和监管要求；二是实时掌握全行总风险敞口，并对全行（集团）能够承担多大风险敞口有清晰准确的判断；三是要掌握和了解风险敞口的内部结构，支持组合管理的决策和策略实施；四是具备对单一客户的管理能力，准确掌握客户的风险敞口（包括信贷、理财等各类产品，还包括集团、关联客户的授信情况），衡量是否超过其承受能力；五是通过系统参数、授权设置，实现对业务交易过程的风险管理，实现对业务交易事前主动的风险控制，避免事后的"被动处置"；六是具有全方位、多维度的风险预警、监测、报告的能力。

5. 落实全面风险管理责任制，打造全面风险管理良好基础

建立并完善覆盖至全员、全流程、全机构和各类风险形态的全面风险管理责任制，落实各级分支机构、各个业务条线、所有员工在全面风险管理中的经济责任、经营责任、管理责任，这将是今后风险管理的一项基础性工作，对实现有效的风险管理、提升全行的经营能力非常重要。全面风险管理责任制，不仅要借助规章制度加以明确、规范，更重要的是落实到各项业务与管理活动中，与岗位、人员、职责紧密结合，确保风险防控落实到位，促进经营管理能力的提升。

6. 通过实施新资本协议，将新的监管要求融入到经营管理活动中，提升风险管理水平和整体竞争力

在垂直管理、平行作业的风险管理体制下，进一步提升一级

分行风险总监履职能力，至关重要。一是要加强沟通，这包括纵向沟通和横向沟通。纵向沟通就是从网点、支行、二级分行、一级分行到总行，要强化自下而上的报告意识，健全垂直报告机制，保障信息沟通顺畅，避免经营管理和风险应对陷入被动。横向沟通意味着风险总监要主动与横向的部门、同事进行沟通交流，使他们能够正确理解风险防控意图，尽职尽责，支持风险管理工作，这不仅是风险总监的岗位要求，同时也是推进全面风险管理的内在要求，对于提高工作质量和工作效率至关重要。二是加强风险条线的队伍建设。既要根据业务发展和风险管理的需要配置必要的人力资源，也要加大前中后台的交流力度，并着重加强对风险主管的履职能力、责任意识、职业精神、道德水准的管理。管好风险管理队伍，是对银行能力和智慧的一种考验。三是勇于承担、甘于寂寞，促业务、防风险。勇于承担责任并不意味着过度承担。风险管理是全员的、全面的风险管理，风险总监必须牢记主要的、基本的职责，与职责不相容的工作一定不能做。风险管理需要默默耕耘、忍受寂寞，风险总监既然担此重任，就要恪尽职守，兢兢业业，通过一系列的风险排序、安排、选择，既促进业务发展，又有效防范风险。

7. 领悟监管要求

通过实施全新的资本监管要求，将新的监管要求融入到经营管理活动中，提升风险管理水平和整体竞争力。经过国务院批准，银监会已经颁布资本管理办法，从 2013 年元月一号开始实施，实施工作量很大。实施新资本协议的目的，不仅要满足监管当局不断强化的资本约束要求，更重要的是要以此为契机，建立以资本约束为导向的内涵式发展模式，通过一系列的计量方法、制度、流程、系统、人员素质的改进提升基础管理水平。近日银监会对于海外分行实施新资本协议也提出了明确要求，海外分行既要按照总行部署，也要充分考虑当地的监管要求稳步推进。

场景之三：_____

早半拍感知风险压力：长三角地区调研报告（2012 年 9 月）

2012 年 9 月，笔者赴江苏、浙江等地进行了实地调研，了解长三角地区经济发展的现状，判断未来经济发展趋势及对商业银行的影响。期间与基层分行相关人员以及企业界人士进行了座谈和交流，形成了一些直观认识，远比预想要复杂得多，严峻得多。

一、宏观经济走势不乐观

欧美经济复苏步伐缓慢对我国外贸行业影响较大。国际上，短期内欧洲难以走出困境，经济发展面临较大问题。截至 2012 年 8 月末，欧元区国家失业率为 11.40%，创近 10 余年新高，而美国经济复苏步伐也较缓慢。因此，国际经济不景气导致我国外贸行业需求严重不足，对我国对外贸易相关行业影响较大。

从此次调研情况看，江苏、浙江等东部发达地区经济发展对外贸的依赖度过高①，江苏省外贸出口明显回落，同比回落 14 个百分点，对欧盟出口连续 9 个月出现负增长，浙江、宁波等外贸行业也受到明显影响，企业经营困难加大。同时，从先行指标——中国制造业采购经理指数（PMI）的走势看，连续四个月出现下降，8 月份更是跌入枯荣线（50）以下，其中，以新出口订单指数下跌最为严重，连续四个月处在枯荣线（50）以下，且呈不断下调趋势。外需疲软、出口订单下滑等宏观环境的变化，对国内经济尤其是以外向型经济为主的东部沿海地区产生重要影响。

整体上看，我国经济面临一定的严峻性。截至 2012 年 6 月末，我国 GDP 增长率为 7.8%，创 2009 年下半年以来新低。同时据国家统计局数据，截至 2012 年 7 月末，工业企业亏损数同比增加 26.2%，并呈持续增加态势，同比增幅已接近 2009 年初的最坏水平 29.13%。

从据此次调研情况看，江苏省投资、进出口和消费等拉动经济增长的"三驾马车"均出现同比增速放缓迹象，规模以上企业中，亏损面达 17.6%，扬州等地区更高达 21% 以上，而浙江省第一季度全省生产总值同比增长 7.1%（民间估计为 5% 左右），为 2009 年下半年以来新低。

同时，全国行业用电量同比增速大幅放缓，2012 年 6 月末仅同比增加 4.22%，增速同比下降 8.44 个百分点，其中，制造业和建筑业用电增速放缓势头更加明显，面临的发展压力更大。

虽然在财政政策和货币政策方面采取了一些针对性政策，但

---

① 根据此次调研数据：2011 年，江苏省外贸依存度为 92%，浙江省为 64.5%、宁波市为 116%。

GDP 增长幅度还是呈不断下降趋势。例如，截至 2012 年上半年，财政政策方面，全国财政支出同比增加 9458 亿元，增长 21.3%，中央预算安排 8000 亿元赤字，财政部代地方发债规模从 2000 亿元增至 2500 亿元，货币政策方面，两次降低存款准备金率，两次降息，并使贷款利率下调幅度大于存款利率下调幅度，降低实体经济融资成本。但由于欧债危机不断反复，世界贸易需求增长疲软，以及我国转变经济增长方式，调整产业结构，巩固房地产调控政策成果等原因，使得我国经济发展面临一定的复杂性，GDP 增长幅度 2012 年以来仍呈不断下降趋势，2012 年 6 月末 GDP 增长率为 7.8%，创 2010 年以来新低，下半年至 2013 年上半年的经济增长的压力仍较大。尤其是周边国家不断挑起事端，钓鱼岛争端与南海局势紧张，或将对我国经济发展产生一定的不确定性影响。一旦出现事端冲突的升级，将会对我国经济发展，以及对亚洲乃至全球经济的稳定产生一定冲击。

二、大型银行必须看到经济下行带来的风险变化

从我国改革开放后三十多年的发展历程看，每次重大的制度改革和政策出台，往往都是在经济发展的低谷时期。因此，在经济发展的低谷时期，也蕴藏着商业银行发展的重要机遇。随着我国经济发展方式的转变，商业银行也面临着转变经营发展模式的重要机遇期，尤其在经营理念、风险管理机制、贷后管理等方面均面临着重要的转变机遇。在我国利率市场化发展的大背景下，银行业传统的高资本消耗支持规模扩张的发展方式将难以持续。因此，在经济增速下行期，银行应以支持我国经济结构调整为契机，积极优化信贷

结构，合理减少资本消耗，向内涵式集约化方向发展，促进经营模式的有效转型。

从此次调研情况看，经济下行期间，顺周期行业客户尤其是受经济波动影响较大的客户，对商业银行产品的需求与经济繁荣时期有所不同，其不仅需要商业银行简单的信贷资金支持和业务结算等服务，更渴望针对性强、个性化突出、能够协助企业共同发展的产品和服务。例如，化纤行业客户由于处在石化产业链的末端，原油价格的大幅波动对企业的日常经营产生严重影响，而企业由于种种原因，并不擅长在期货市场利用套期保值机制对冲相关风险，其对能够帮助企业稳健经营，有效控制原材料市场波动风险的产品具有较大需求。

从风险的角度看，越是处在经济增速的下行期，优质客户的特征越能充分显现。因此，在经济增速下行期的"阵痛"阶段，是做好客户选择工作，拓展具有技术优势、市场优势、良好公司治理结构优质客户的重要机遇，如果能为其提供帮助，助其渡过难关，则将对稳固客户基础，创建良好稳固的银企关系打下坚实基础。

经济下行期间，不同区域、行业和客户群体所面临的风险特征不同，从此次调研的情况看，银行在业务发展和风险管理工作中，仍然面临如下方面的挑战：

第一，从区域上看，以低端外向型加工贸易为主，民间资本市场发展迅速，民间借贷盛行，互保联贷现象普遍的地区，信贷资金面临的风险和损失较大。例如，在浙江相关地区中，温州、杭州等地民间借贷盛行，企业间的互保联贷现象比较严重，此类区域的不良贷款余额和不良率较年初上升较快。

第二，从行业上看，低端制造业和批发零售业受经济增速下行影响较大。例如浙江新暴露不良贷款客户中，90%以上集中在这两个行业。尤其是纺织服装加工等低端制造类行业和船舶制造、钢贸等顺经济周期行业将面临较大的经营困难。

同时，对于新兴产业中的光伏行业，由于受产能严重过剩、欧洲大幅削减补贴和欧美"双反"调查等方面影响，光伏产品价格大幅下跌，市场需求萎缩较大，企业利润下滑，整个行业面临较大经营困难。以行业规模占全国第一的江苏省为例，2011年末企业数量达到1100多家，部分企业由于经营亏损等原因，已处于停产状态，面临较大的生存压力。2012年第一季度，10家在境外上市的光伏企业全部亏损。尤其是前期规模扩张速度较快、业务需求主要面向欧盟等海外市场的企业，风险尤为突出。

第三，从客户群体上看，技术含量不高、抗风险能力较弱、资金链紧张、涉及民间借贷和互保联贷较多的中小型企业在此次经济增速下行期间风险暴露较大。此次调研中发现，近几年，由于中小型企业效益被快速增长的人力、原材料等成本吞噬，企业的利润大幅下降，以及近几年房地产价格快速上涨和民间资本盛行等原因，导致许多生产型企业偏离主业，对外进行盲目投资和相互借贷担保，财务和资金问题在经济增速下行期逐步暴露，这部分企业的违约风险较大，尤其是企业间的担保链风险，成为目前比较突出的问题。

第四，产品方面，表外信贷业务产品如贸易融资类产品和银行承兑汇票风险较高。这主要表现在：经济上升期时，部分机构为获取高业务量，抓存款，积极发展高收益、高风险的承兑汇票等表外业务，使得部分信贷产品演变为企业融资的主要工具，使其获取了超过企业实际需求的信贷资金。例如企业以相关房产做抵押，获取银行贷款 500 万元，然后以这些资金做保证金，可以开出 1000 万元的承兑汇票款项，增大了企业的资金杠杆率，企业再以这些资金进行投资等活动。随着 2012 年以来的经济增速不断下行，中小型企业由于抗风险能力弱，业务规模萎缩，相关投资亏损或难以变现，使其无法兑付到期承兑。同时，如果企业再涉及与其他企业的担保链关系，则会对其他企业产生影响。因此，这种发展模式，在经济向好时，可以成倍数地扩大业务的规模、增加收益，而当经济下行时，也可以使受风险传染的企业增多，风险倍数随之扩大。

宏观经济增速下行对银行资产质量影响明显。根据此前进行的宏观情景压力测试情况，以 2011 年末情况为基准场景，在最有可能发生的轻度压力情景（GDP 同比增速 8.0%、M_2 同比增速 13.5%、CPI 同比增速 3.6%）下，贷款不良率有可能从 2011 年四季度末的 0.92% 上升至 1.51%，在中度和重度压力情景下，贷款不良率将在一段时期后由 0.92% 分别上升到 2.72%、4.27%。重点领域方面，在重度压力情景（全国房价下降 30%，累计成交面积下降 50%）下，房地产开发贷款不良率有可能从 1.1% 上升至 5.32%，地方融资平台贷款不良率有可能从 1.03% 上升至 2.81%。在 2012 年出口大幅下滑情况下，出口类行业资产质量将明显恶化，在出口企业出口销售收入分别下降 20%、30%、50% 的情景下，出口企业贷款不良率分别较 2012 年 6 月末上升 1.02、2.42、4.35 个百分点。从调研情况看，经济增速下行对银行资产质量的影响逐步显现，未来一段时间资产质量面临较大压力。浙江新发生不良贷款占全部不良贷款余额的四分之三以上，宁波涉及信用风险暴露事项是上年同期的四倍。由于外部形势复杂多变，不确定性因素增多，若我国宏观经济增速下行趋势不能得到有效控制，长三角地区信贷资产质量面临较大考验。

三、经济增速下行期也是提升银行竞争力的机遇

此次经济增速下行期间，长三角地区经济发展受到严重挑战，民间借贷和关联互保圈的风险传导速度快，涉及面广，但不同机构间的资产质量差别较大，这与其是否能够充分分析区域经济运行现状，合理预判经济走势，并做出积极响应等工作密不可分。同时，随着各地区经济结构的转型升级，其发展的模式和特点将会各不相同，这期间蕴藏着机遇也存在着风险。因此，要重视对宏观经济走势和区域经济运行状况的分析判断工作，对宏观经济的趋势和每个区域经济发展的特征及面临的问题应分析好，分析透。只有这样，才能瞄准业务发展的具体方向，解决缓释风险暴露的本质性问题，做到对问题的"深刻理解"，在同业竞争中取得先机。

从改革开放三十多年的历程看，不同时期的价值观、消费观和生活方式均发生着重大改变。尤其是随着80后、90后年青一代人群逐步进入社会，其消费、投资、生活等各种行为和对待新兴事物的接受能力，均表现出与前辈不同的多元化、个性化特点。同时，企业对金融服务的需求也由单一的信贷资金向综合金融服务转变。因此，作为大型商业银行，要注重创新工作体系的构建工作，建立高效化、前沿化和制度化的需求收集和响应平台，积极挖掘潜在的

各种业务需求，深入研究和把握不同时期、不同年龄、不同地域和不同规模客户群体的消费、投资、经营等行为特征和变化趋势，并能够基于客户行为的特点和转变，改进服务方式，转变服务思维，拓展服务方法，丰富营销手段，积极响应和设计满足个性化需求的产品和多样化的服务，以此提高建设银行的核心竞争力。

从此次调研的情况看，相似经济发展特征的区域之间，不同分支机构的资产质量差距较大。究其原因，主要是由于不同分支机构管理水平以及业务发展模式是否符合当地实体经济发展特点等方面原因造成的。因此，作为国有大型商业银行，要以顺应当地经济发展方式转变为出发点，以服务当地实体经济发展需求为落脚点，转变业务经营发展的模式，坚持稳健的长期经营方针，优化业务流程，构建业务条线清晰、职责分工合理、管理运行高效的组织架构，不断提升业务的专业化和精细化水平。

1. 构建坚实的核心客户群基础

从风险的角度看，对于优质客户应具有如下特征定义：一是具有技术上的优势，尤其是拥有全球先进水平或同业标准制定话语权的企业；二是具有市场优势，拥有稳定的销售渠道和市场需求，市场占有率高，或在同业中拥有定价权；三是具有管理上的优势，内部管理、财务等制度健全，集团客户各成员间关系清晰透明，关联交易正常公允；四是企业实际控制人踏实稳健，从事实体经济相关行业，主营业务突出，且投资并购主要在主营业务产业链上下游延伸。因此，可以基于上述几个标准，建立合理的客户营销评分卡，供业务部门和相关人员在发展潜在客户时使用，有利于挖掘优质潜在客户。

2. 明确客户发展目标，积极拓展"心仪"客户

对于客户选择问题，应改变"坐等客户上门"的传统思维，采取"主动出击，发展心仪客户"的主动态度，去发展自己想做的客户、愿意做的客户。同时，在制定政策、设计产品等工作时，也应以重点满足"心仪客户"的需求为出发点。因此，分行每年年初可以依据总行的信贷风险政策，结合当地经济的发展特点，列出一个本年度重点营销的行业和目标客户群，分析其业务和产品需求，进行有目标、有计划、有准备的"精准化"营销。

3. 积极拓展多样化的经营渠道，增强客户基础，形成发展优势

不论是从国外先进商业银行的发展历程看，还是从我国商业银行业务发展的需求看，7×24 小时的全天候服务覆盖模式将成为必然。同时，随着信息技术的发展，未来的发展主方向将是像手机银行之类的支付平台和交易平台互融的移动金融服务。目前，以第三方支付为代表的移动金融终端在西方发达国家已经对商业银行的传统经营模式和渠道构建产生了很大冲击。

因此，随着信息网络技术和物联网技术的迅速发展和应用，建设银行要重视对银行多元化经营渠道的建设和拓展工作，要在扩展物理网点的同时，密切关注移动金融服务发展的趋势，加快发展电子银行服务渠道，尤其是建立在信息技术基础上的虚拟化、电子化、移动化的手机银行业务。

4. 转变风险管理理念，变"被动承担风险"为"主动选择风险"

从商业银行业务发展的本质看，商业银行发展业务过程就是在选择风险、经营风险的过程。因此，我国商业银行要转变消极被动的风险管理方式，利用评级、评分卡等风险计量工具，从简单地承

担和处置风险逐步转变为主动选择和经营风险。同时，还要提高风险处置的主动性和前瞻性，增强对风险事件的应对与处置能力。随着金融市场化改革的不断深化，商业银行各类业务的复杂性和各类风险的关联性不断提高，风险识别和管理的工作难度不断加大。因此，商业银行要加强对各类风险的前瞻性预判工作，密切关注信用风险、市场风险、操作风险等风险的趋势性变化，提高风险处置的主动性和前瞻性。

四、小企业业务的必然趋势与现实无奈

(一) 大型银行发展小企业业务的必然性

从社会经济发展的角度看，不论欠发达国家还是发达国家，都很重视小企业的发展，小企业对一个国家的经济发展、充分就业、财政收入等均有重要贡献，例如，德国的中小企业数量占到全国企业总数的99.7%，就业人数占到全国总数的70%，其产值占全部企业增加值的48.8%，投资占到国民经济总投资额的46%，出口占德国全部出口的40%；英国中小企业的就业人数占全部私营企业部门就业人数的59.8%，营业额占全部私营企业部门营业额的49.0%。因此，小企业对整个社会的发展和经济稳定起到十分重要的作用，支持小企业发展是国家的一项重要战略。

商业银行在支持小企业发展中扮演重要角色。从不同规模企业的金融服务需求看，大型企业的金融服务需求与小企业存在一定差异，大型企业由于管理规范、财务实力较强、有较好的信用基础，资金需求可以通过发债、上市等直接融资市场满足，而小企业由于

实力、管理等方面原因，资金需求更多依靠银行贷款。未来，随着我国利率市场化的逐步推进以及直接融资市场的不断扩容，大型企业的融资渠道越来越多，而小企业的资金需求更多的还将是依靠商业银行的信贷资金。因此，商业银行在支持小企业发展中将扮演重要角色。

小企业业务是我国商业银行经营转型的重要方向之一。从目前我国商业银行资产、负债的客户对象看，大企业客户占重要地位，而从国外大型商业银行业务发展的特征看，对小企业客户提供服务，已成为其重要的业务支撑。在美国，摩根大通、汇丰、富国、美国银行等四大银行的小企业业务占全美国小企业贷款的37%，再如桑坦德银行，截至2010年末，该行小微企业业务的资产占比为24%，负债占比39%，利息收入占比33%，手续费收入占比41%，小微企业业务构成了其主要的盈利来源。因此，小企业业务是未来商业银行业务发展的重要方向和利润来源。

（二）高违约率是小企业业务的痛中之痛

我国经济的结构调整对小企业的生存带来严峻考验。随着结构调整力度的进一步加大，小企业将首当其冲受到影响。由于小企业生产经营规模小、层次低，多数没有核心技术和创新手段，产品低端且同质化严重。因此，在区域产业结构调整，尤其是东部地区的"腾笼换鸟"中，受到的冲击较大，很多小企业将面临被淘汰的危险。

转变增长方式对小企业业务发展产生一定影响。随着我国经济增长方式的转变，相关政策将逐步向科技含量高、高附加值行业倾斜，对于多数小企业所处的低端行业领域，将受到提高行业准入门槛、淘汰落后产能、土地规划、资源消耗差别化定价等方面的限制，对低端产业链上的小企业生存产生深远影响。

现实的情况是，商业银行小企业业务发展面临着一定的问题。从目前小企业业务发展的现状看，有些不适合小企业的高风险产品如承兑、贴现等，在小企业业务中占据一定比重，对小企业的信贷资产质量造成了一定影响，例如浙江地区小企业不良贷款中，承兑汇票产品占比为 23.87%。同时，根据审计发现的问题，部分机构对小企业业务的合规意识较弱、客户选择能力不足，例如对假注资、假增资以及提供的假报表、假购销合同、假增值税发票等未能有效识别，履职尽责不够到位；担保公司动用保证金替其他客户偿还到期贷款；贷款资金受托支付流程不规范；未落实授信审批条件等问题层出不穷。

(三) 探寻大型银行小企业业务的可行模式

从商业银行的角度看，并不是所有的小企业都是商业银行发展的潜在客户。商业银行应该根据自身的风险偏好、业务经营规划等有所选择、有所侧重，要明确自身的小企业客户群由哪些客户组成。要围绕优质核心企业，利用"1+n"模式中的"1"进行小企业业务发展的目标客户选择，重点考虑大城市周边产业集群小企业，重点企业上下游配套小企业，财政、社保、政府机构客户担保、支持的小企业客户等。在小企业业务发展的过程中，只有将核心区域、核心企业和核心系统这个"1"的相关经营特点梳理清楚，业务需求把握准确，才能更好地做好小企业客户的选择问题，发展"n"的小企业业务才能有意义，业务发展才能更加健康。

1.改进小企业业务经营模式，优化小企业业务流程

由于小企业的经营特点、客户行为、产品需求与大企业有很大不同。因此，小企业业务的发展要建立在面向潜在客户需求的金融服务创新基础之上，不能简单套用大企业的模式。从国外大型商业银行发展小企业业务的经验看，并不是简单复制大企业营销的模式，而是根据小企业业务的特点建立有特色的业务经营模式，采用实时化、智能化和高效化的业务批量处理模式。以桑坦德银行为例，其针对小企业经营的特点，创新了保兑业务，该业务与保理业务共同构成了桑坦德银行批量服务供应链融资企业的平台。通过此项业务平台，桑坦德银行不仅帮助付款企业降低了管理成本，而且能够在控制相关风险的前提下实现批量化营销客户。因此，我们要根据客户的需求，分析小企业客户的行为特征，改进和优化小企业业务经营模式，进行有针对性的产品研发和流程优化，以满足客户的相关需求，更好地发展小企业业务。

2.利用好评分卡工具等相关技术，促进业务健康发展

利用好评分卡工具等相关技术，促进业务健康发展。从国外大型银行发展小企业业务的情况看，均十分重视评分卡等风险计量工具的应用。因此，要合理利用小企业评分卡和评级体系，对小企业的行为特征进行分析、预警，既实现对客户风险的有效管理，又可以发掘客户需求，拓展业务市场。

3.加强对小企业客户账户的监管

要对小企业相关资金的流动状况进行监控。由于小企业客户财务信息可信度低、财务报表失真等方面原因，我们在发展小企业业务时，应要求企业在本行设立结算账户，以便于账户进行监管，对

异常情况提前预警。

4. 合理配置小企业业务的授信期限，小企业贷款的额度管理要体现"小"的特点

据相关部门统计，民营小企业的生命周期约为 3.58 年。因此，小企业业务要根据企业的经营特点和生命周期配置期限合理的产品，尽量不做长期贷款业务。从小企业业务目前暴露的风险特征看，小额度贷款面临的风险小于大额度贷款。据调查，单笔 500 万元以下客户不良余额仅占全部小企业客户不良贷款的 8.42%，而3000 万元（含）以上客户不良贷款余额占比为 36.87%。由此来看，单户 500 万元（含）以上大额不良客户，尤其是 3000 万元（含）以上的不良贷款客户对小企业资产质量影响相当大。因此，应对小企业贷款的额度进行合理设计，对大额贷款尤其是小企业客户不符合逻辑和规律的高速异常增长所申请的大额资金，需要重点关注。

5. 适当提升小企业信贷业务的风险容忍度

由于小企业业务的风险与收益都相对较高，对其风险容忍度也应适度提高。但提高的幅度，要综合考虑收益、风险和客户退出能力。既要考虑收益能够真正覆盖，还要考虑一旦客户发生风险信号，或者出现风险暴露，我们有能力迅速化解风险并实现退出。由于各区域小企业业务发展的基础和条件差异较大，应该对小企业业务进行区别化、差异化的关注、辅导和支持。要综合考虑银行承兑汇票、开立信用证之类的业务是否适合小企业的经营模式。从目前小企业业务暴露的风险特征看，既有基层行操作风险问题，也有产品不适应问题。因此，要从多角度合理审视小企业业务相关产品风险，研发适合不同类型、不同地区小企业业务的产品。

场景之四：_____

银行业面临的趋势与挑战（2013 年 1 月 11 日）

未来几年，经济形势、市场环境、客户需求、企业和居民行为、内部管理环境等都将出现比较大的变化，给银行业保持盈利水平和做好风险管理工作带来一定的挑战，风险管理者既要善于化解处置存量风险，又要全面分析形势变化，前瞻性应对新的风险形态，对经营方向提出合理化建议，为业务发展和价值创造作出更大贡献。

一、大型银行业务的快速扩张将受到一定限制，对银行保持持续稳定发展提出挑战

1. 外部约束更加严格

一是中国经济步入增速放缓的新常态。过去 30 年支撑我国经济高速增长的部分要素正在变化，依赖投资和出口驱动的增长模式难以持续，7%—8%的增速将成为我国经济发展的新常态。"十二五"期间我国年均经济增长的预期目标为 7%，大幅低于"十一五"时期年均 10%以上的实际增长率。实体经济的增长水平和活跃度必然要反映到金融业中，与此相适应地，银行体系也将进入一个相对稳定而非高速发展的状态。二是经济结构调整不可能一蹴而就，结构调整带来部分行业、客户经营状况的改变，必然影响到银行的存量资产，银行潜在风险会显著增加。同时，随着市场变化，经营能

力也将面临新的挑战：优质客户服务竞争激烈，营销难度增加；新的业务领域可能由于不熟悉、不了解而不会做；差的客户可能由于风险较高或管控能力欠缺而不敢做。因此银行的市场份额、收益水平和风险管控能力都将受到考验。三是银行监管要求明显提高，特别是在资本监管要求更为严格的情况下，资本约束将成为制约银行持续快速发展最突出的约束条件，随着资本筹措难度加大、成本升高，银行需要向资本集约型的内涵式发展转变。

2.内部管理短板明显

受制于自身能力，任何一个企业都不可能无限扩张，企业规模适度时，战略执行、决策科学性和风险水平都能做到基本可控，但当规模超过一定限度时，管理难度将呈现几何级数式的增加甚至出现管理失控。这如同物理中的"增量理论"（Incremental Theory），非常规状态下，应力和应变之间不成正比。银行业更是有其自身的特殊性，它是通过承担风险敞口来获得经营收益的，如果没有必备的管理能力包括合适的战略、偏好、政策、制度、流程、系统以及相匹配的人力资源，无法对风险实行有效管控，就如同高速行驶的汽车没有有效的转向、刹车和安全装置一样，最终可能会酿制成巨大灾难。金融危机中很多百年老店轰然倒下的现实也能佐证这一点。对于我们这样一些资产规模超10万亿元的大型银行而言，由于经营范围的不断拓宽和经营区域覆盖面的不断扩大，加上行业间、产品间、客户间的复杂关联性，其管理难度将不再是随着数量的增加而简单线性增加。

3.增长压力日益凸显

国际金融危机之后，我国许多银行市场地位迅速提升，尤其是中国工商银行近年来一直雄踞全球市值第一的大银行宝座，这既有自身改革和经营管理能力变化的因素，但更多的是中国特殊的经济增长大趋势和国际金融市场大环境的因素所致。随着经济增长总体放缓，市场日趋成熟，以及全球金融市场的恢复，金融业竞争将日趋激烈，今后仍然想保持这么高的增长速度恐怕是比较难的。从2006年至2012年3季度16家A股上市银行的资产规模数据来看，自2010年开始资产规模增速已经放缓。

从国际银行业的经验看，资产高增长也不会长期持续，但通过努力，盈利增长水平是可以保持的。从2003年至2012年西欧总资产排前10名的银行数据来看，资产规模增速自2008年开始基本保持平稳，但盈利却能够实现持续增长（除2009年外），这与其保持适宜的发展战略、实行精耕细作的管理是分不开的。

虽然经过金融危机的洗礼，国际银行业的发展受到冲击，国内银行业逐渐成长壮大。但对照国际先进同业，中国银行业在管理体制机制、管理技术、风险文化等软实力方面的差距非常明显。在经济进入中高速增长的新常态下，过去的一整套管理理念和管理手段都将面临考验和调整，银行业是否能走出一条精细化、集约化的发展道路是大家面临的共同课题。

二、大型客户更加倾向直接融资，"金融脱媒"现象加剧，大客户综合金融服务水平直接影响银行市场竞争力和盈利能力

1. 直接融资发展加快

从政策导向看，我国《金融业发展和改革"十二五"规划》提出，到"十二五"期末，非金融企业直接融资占社会融资规模比重提高至 15% 以上。从信用债发行量看，2012 年我国信用债发行量为 4.27 万亿元，较 2011 年新增 1.51 万亿元，增速为 55%。据统计，2012 年企业债券净融资占社会融资总量比例为 14.3%，增长相当迅速。以债券发行较为活跃的中国石油天然气集团公司、神华集团有限责任公司为例：截至 2012 年 9 月末，中国石油天然气集团公司借款余额 1336.28 亿元，应付债券余额 3696.11 亿元，债券占"借款与应付债券之和"的比例为 73.45%，这一比例较 2011 年末增加了 11.02 个百分点；神华集团有限责任公司借款余额 1305.34 亿元，应付债券余额 944.26 亿元，债券占"借款与应付债券之和"的比例为 41.97%，这一比例较 2011 年末增加了 3.38 个百分点。发行债券已经成为众多优质企业融资的首选方式，对传统的间接融资构成很大挑战。

2. 优质客户选择多元

受实体经济增长方式和银行历史沿革等多种因素影响，大型客户一直是中国银行业特别是国有控股大型银行的主要客户群体，是银行盈利的主要来源，是银行发展的重要基础。多年来，大型客户主要依靠银行体系的间接融资实现自身的良性发展，相应地大型银行也建立了一整套成熟的客户维护管理和产品服务体系。随着直接融资市场的快速发展，大型客户出于降低财务成本、拓宽融资渠道的考虑，越来越依靠通过债券市场和资本市场的直接融资，对银行以贷款为主的间接融资依赖程度显著降低。银行在与这部分客户的业务合作中越来越被动，议价能力明显降低，单纯依靠降低利率和贷款标准来获得客户忠诚度的边际效益递减。国际金融同业为大型客户的服务方式基本上以直接融资为主，兼顾财务顾问、资产管理等综合金融服务，贷款的比重非常低，这也将是未来中国大型银行必然要面临的一个现实问题。未来如果不跟随客户需求和金融市场的变化尽快调整服务模式，增强对大型客户直接融资的服务能力，这部分客户将很快流失，大型银行赖以生存发展和战略转型的基础将发生根本性动摇。

3. 信贷息差收入增长乏力

几年来，商业银行信用债券在资产中的占比迅速提高，以存贷利差为主要收入来源的传统盈利模式受到挑战。近几年，我国银行业人民币债券投资组合不断增长。以中国建设银行为例，债券投资组合余额已经占全行资产总量的 27%，其中公司类信用债券投资近 5 年以平均每年 42% 左右的速度发展。与其他券种相比，这些信用债收益率相对较高，对组合收益率的贡献度很大，足以改变银行的风险偏好。

4. 风险管理挑战严峻

信用债规模增加对银行的风险收益平衡能力提出了挑战。一是信用债的市场、信用、流动性风险互相关联，管理难度增加。要具有较强的整合风险管理能力，既能"分得开"，又能"合得起"，能逐步做到将市场、信用、流动性风险轮廓用一种语言、一个指标来计量和管理。其中信用风险管理是信用债管理的核心所在。二是信用债创新挑战原有的风险管理框架。例如，集合票据和资产支持证券等产品创新，由于发行体与债项的隔离，不能根据对其发行体的评级来判定其风险水平。再比如，一些债券品种尽管经过信用增级，评级仍然较低。对于这些债券，银行如何确定风险偏好，并通过行之有效的计量和管理，实现风险与收益的平衡，都存在比较大的难度。三是根据监管规定，银行只可采用标准法计量信用风险监管资本要求，且风险权重为 1250％，这对银行如何以较少的资本占用来实现较大的收益提出了挑战。

三、互联网金融将对传统银行业务造成较大冲击

近年来互联网金融快速发展，网上银行对传统银行柜面业务的替代率超过 50％。与传统银行相比，互联网金融突破了时间、空间和资本的限制，具有降低信息不对称、交易成本低、支付便捷、资金配置效率高等诸多优势，将对传统银行业务造成较大冲击。

互联网金融是指借助于互联网、移动通信、物联网等信息技术实现信息处理、支付结算和资金融通等功能的金融服务模式。包括电子银行、第三方支付、P2P、众筹[①]、电子商务小额贷款等商业模式。2012 年，中国网上银行注册用户 4.3 亿人，全年交易额突破 900 万亿元，网上银行对柜面业务替代率超过 50%[②]。一是第三方支付市场高速增长。2012 年中国第三方支付交易规模达 12.9 万亿元（银行卡收单业务占比 70％），同比增长 54.2％，排名前两位的银联和支付宝，交易规模分别达到 7.76 万亿元、1.86 万亿元。预计到 2016 年交易规模将突破 50 万亿元[③]。二是移动支付交易规模激增。2012 年移动支付业务交易规模达 1511.4 亿元，同比增长 89.2％，

---

　　① "众筹"源于 crowdfunding 一词，指利用众人的力量，集中大家的资金、能力和渠道，为小企业、艺术家或个人进行某项活动等提供必要的资金援助。

　　② 数据来源：易观智库。

　　③ 数据来源：艾瑞咨询。

移动互联网支付占比首超短信，成为最大移动支付细分市场。预计到 2015 年全球移动支付交易规模将达 1 万亿美元，用户约 5 亿人。三是电子商务小额贷款发展势头良好。截至 2012 年 7 月，阿里巴巴已累计向 13 万客户发放贷款 280 亿元，贷款不良率 0.72%，日利息收入达 100 万元，资金使用效率达到 83.3%[①]，仅 2012 上半年累计投放贷款 130 亿元，共 170 万笔，日均贷款近 1 万笔，平均每笔贷款仅为 7000 元。

第三方支付公司深度挖掘资金流背后的消费信息，具体了解客户的消费偏好、行为，在个人和小微企业客户支付领域已对商业银行形成了明显的替代效应。据 KPMG 调查，在未来两到四年里，谁会成为移动支付市场份额的领先者，34% 的人选择互联网公司，而商业银行仅获得 9% 的支持。

互联网能够有效解决信息不对称问题，一方面，借助贷款搜索引擎，银行产品服务及资金供给信息公开透明，客户在充分竞争下选择合适产品；另一方面，借助电子商务平台，客户在电商平台积累的网络交易信用转化为资金供给方评价客户信用风险的重要指标，通过数据挖掘分析客户交易数据，准确评价客户风险。正是基于此，互联网在为个人和小微企业客户提供金融服务方面具有独特优势。

---

① 阿里旗下两家小贷公司注册资本金总和为 16 亿元，按政策规定，可向银行借贷不超过其注册资本金 50% 的资金用于放贷，即阿里金融可供放贷的资金最多为 24 亿元。若全按最低日利率 0.5% 计算，则日利息收入为 120 万元。目前阿里金融的日利息收入达到 100 万元，资金使用效率达到 83.3%。

四、不同客户金融服务需求加速分化，银行客户选择和资产组合的风险收益平衡难度大大增加

大型客户直接融资渠道不断扩大、议价能力逐渐加强，资金集约化管理程度越来越高，商业银行依靠"吃大户"的发展方式不可持续。而小企业向零售化转型明显，在服务渠道上更容易向电子渠道上倾斜，银行在这一领域也容易被异军突起、更具竞争优势的互联网金融所替代。一些区域性、专业化、规模较小的金融机构也将成为小企业的业务合作伙伴。相比之下，中型客户一般处于企业生命周期曲线的成长阶段，尚未达到在资本市场直接融资的条件，直接融资难度比较大，客观上更加依赖银行体系的间接融资以实现发展壮大。在实际中，银行也普遍感觉在与中型客户合作过程中，中型客户对银行金融产品需求旺盛，议价能力相对较弱，愿意承担较高的融资成本，合作意愿强烈，对提供贷款支持的银行忠诚度高，具有强烈的排他性。与大型客户相比，银行更加掌握主动。

然而，中型客户涉及行业类别多，成长期内经营行为存在不确定性，风险趋势较难把握，对银行客户选择和风险收益平衡能力带来挑战。中型客户的经营行为比较特殊，最大的特点就是不确定性比较大。与小企业相比，中型客户的规模效应更加明显，经营战略更加多元化、经营领域更加宽阔、有一定的抗风险能力；与大型客户相比，中型客户做大做强的心态更加强烈，经营的稳健性和管理的科学性不够，一旦投资出现问题或决策失误，都可能会导致经管理出现重大问题甚至破产倒闭，自我修复和调整的能力比较差。建

行的历史数据显示，中型客户的不良率在资产组合中是最高的。

正是基于中型客户不确定性较大的特点，银行的客户选择和平衡风险收益遇到了极大挑战。如何通过一套科学的风险识别、计量和管理工具对中型客户进行科学选择和风险排序是大型银行必须要解决好的一个现实问题。另外，中型客户的成长需要银行资金的大力支持，因此愿意承担相对较高的资金成本。如果管理得当，中型客户可能是一个新的利润增长点，将给银行继续保持较高的盈利增长提供强有力的保证。相反，高风险并不必然带来高收益，如果管理不好，反而会招致巨额亏损。因此客户结构的变化对于大型银行来讲，风险收益的平衡难度大大增加。

五、员工行为管理成为银行家的新课题

2012年媒体披露的146起国内同业各类风险事件中涉及员工行为的46起，占比31%。而2010—2012年，涉及银行基层机构负责人的大案要案有21件，涉案金额达14亿元，主要体现在涉嫌非法吸收存款、伪造金融票据、骗贷、挪用公款等领域。

员工行为风险增大对大型银行操作风险管理模式提出挑战。传统的操作风险管理模式通常将政策制度要求内化在业务流程、系统中，通过岗位制衡、监督检查、系统的刚性约束等手段来实现操作风险管控，总体模式是人控与机控相结合。这在银行成长初期或者规模相对较小、业务领域相对较窄的阶段是基本适用的，也是操作风险的管理基础。但随着银行的快速发展、员工数量增加和流动性增大，很多问题屡禁不止，屡查屡犯，细细追究起来，政策制度设计得很好，监督

检查也做了很多，责任追究力度也在不断加大，但员工充当资金掮客、内外勾结造假套取银行信用、违规违纪等情况时有发生，这些都充分说明对银行特别是大型银行来讲，操作风险管理的有效性仅靠人控和机控是无法有效保证的，对员工行为的合理引导和管理、推行基于核心价值的企业文化建设，从而使每一位员工充分认知、理解和执行制度，可能是加强操作风险管理的根本之策。

员工行为风险的特点对银行业务结构转型提出挑战。员工行为风险因人而生，比其他操作风险更为复杂且隐蔽性强，识别评估难、有效控制难度较大。这些特点导致员工行为风险事件事前识别得少，事后发现得多。特别是在为大量小企业提供金融服务的过程中，员工行为风险将会有所增多。一是小企业经营规范程度不如大中型企业，且小企业的数量多，其真实性信息的获取难度更大，银行员工容易出现简化操作或规定动作不到位的风险。二是部分银行员工容易借助银行对小企业议价能力强的优势，与客户进行利益交换，索取或收受贿赂。三是银行对小企业风险管控的成熟度不高，容易出现银行员工为了完成业绩，同客户弄虚作假的行为风险。

场景之五：_____

关于经济下行趋势下的客户选择备忘录（2013 年 2 月 18 日）

随着我国经济结构转型及产业升级，不同行业的上下游产业链相关需求将面临一定变化。因此，应在整体经济调整的大背景下分析客户未来的经营状况。例如，目前我国整个钢铁行业经营状况存在较大压力，但对钢材的需求依然保持一定规模，只是由于产业结构调整、增长方式转变等原因，对钢材市场的产品需求结构将发生较大变化。因此，部分产能规模较大，但技术水平不高，产品层次较低的企业将受到严峻考验，而具有高端技术水平的钢铁制造企业依然经营状况较好。因此，不能简单地从2010年、2011年的经验角度分析和评价客户，而要从整个经济发展的大背景中考虑问题，分析客户未来的经营状况。再以工程机械行业为例，随着我国大规模基础设施建设的步伐放缓以及由东向西的迁移趋势，不同地理环境、施工企业等对工程机械装备的需求会发生变化，并会产生新的需求。因此，要注重对工程机械未来潜在需求方向的把握，以此合理评价相关企业的市场拓展能力、经营风险和技术风险。

从历次金融风波对各国银行业的冲击看，如果银行业一直保持较为稳健的发展，就必须重视对企业发展潜力的分析，合理判断企业中长期发展趋势，并以此选择优质客户进行中长期合作有很大的关系。因此，我们应动态性、前瞻性分析判断企业是否具有市场竞争力，并以此匹配产品和期限。例如，如果判断一个企业在三到五年之内会保持平稳较好发展，则可以给予其三到五年的授信，而某些企业虽然短期内情况良好，但根据分析研判，三五年之后可能出现问题，则现在就应开始逐步退出，不能等到企业出现问题后再进行弥补。

只有客户在行业内保持领先地位，具有较强的行业竞争力，银行资产才能相对安全，也才可能从客户身上获得更多的价值回报；如果客户没有竞争力，不但银行资产不安全，而且也得不到相应的价值回报。在分析客户的竞争力过程中，要重点分析客户在世界范围、全国行业市场中是否具有竞争力，而不能片面强调其在当地的行业地位。

商业银行视角下的优质客户，至少应具有"六个标准"。

1. 具有技术领先的优势

好的客户应在行业内掌握核心技术，拥有先进的工艺手段，具备关键技术的自主知识产权或参与相关技术标准的制定，能够投入足够的资金、人力等资源用于技术研发和产品创新，具有可持续研发能力。例如，虽然我国化纤行业存在产能过剩问题，但苏州某些大型化纤企业十分重视产品技术的研发投入，拥有同行业领先的技术水平，其产品具有较强的市场竞争力，发展潜力较大。

2. 具有良好的市场成熟度

对于商业银行而言，好客户不仅应具有技术领先的优势，更应该在领先的同时具有成熟的技术应用和市场空间。一是技术必须是成熟的技术。技术优势不能仅仅是理论上的技术领先，而必须体现为先进技术具有实际需求和投产能力，能够形成成熟产品。商业银行在评估企业和项目的过程中，更要关注技术应用的成熟度。技术应用不够成熟、前景不明朗的项目，是投资银行发展的客户群，而不是商业银行信贷资金支持的客户群。二是产品面对的市场必须是真实、成熟的市场。真实、成熟的市场，是指具有实实在在自发需求的市场，而不是靠某种制度或补贴，人为培育出来的、波动性较大的市场。例如光伏市场，过去几年能够得到迅速发展，主要是由于欧洲对光伏的大量补贴，堆积了因补贴而生产的巨大泡沫需求，而随着美国、欧洲对光伏项目补贴的取消或大幅削减，对光伏行业的整体需求出现了大幅度萎缩，整个市场陷入产能严重过剩的困境中，这就是由于政府补贴不能持续，导致光伏行业需求不能维系的后果。

3. 企业管理规范

好的客户，一是企业长期战略规划清晰明确、且符合业务发展的常理；二是股东、董事会重视企业的长期发展，具有现代企业管理体系架构；三是管理团队稳定，素质较高，行业经验丰富；四是财务制度健全，信息披露规范。只有组织管理规范的客户，商业银行才能充分了解其内部具体的经营状况，例如，浙江部分民营企业内部管理复杂，外部债权人难以客观掌握其真实状况，因此信贷决策中信息严重不对称，不良贷款生成率很高，一旦出了问题，银行在风险处置过程中非常被动。

4. 有重要的行业地位

拥有市场话语权，意味着企业拥有稳定销售渠道，市场占有率高或具有行业内的定价权。可以根据行业协会发布的主要指标（销售收入、资产规模、出口数量等）排名，分析客户的市场地位；可以根据地方政府发布的各种评比（如纳税大户、出口大户、名特优企业评选）分析判断客户的市场地位或话语权。

5. 企业专业专注经营

好的客户主营业务相对突出，多元化投资较少或投资稳健。从这两年江浙等地区企业发展情况看，在经济增速下行中遭受重创的企业，往往具有主业不明确、投机性经营严重等特征，而经营战略明确、专注，不去乱投资，把自身经营领域内业务做精做强的企业，虽然也受到一定影响，但总体经营较为稳定，能经受住经济周期波动的考验，在同业内备受尊重。

6.具有责任感

企业只有拥有强烈的责任感，才能对相关企业利益群体负责。责任感体现在企业的方方面面，例如企业能够对相关债权人、投资者负责，体现在企业集团客户的各成员之间关系清晰透明，关联交易正常公允；对消费者负责，体现对产品的售后服务态度端正，效果良好等；对员工负责，体现在关心员工成长和发展、不拖欠工资，提供基本福利保障等；对企业未来发展负责，体现在重视企业的声誉、信誉等。只有具备高度责任感、荣誉感的企业，才是商业银行信贷业务支持的优质客户。

在明确优质客户"六个标准"的基础上，可以对本机构辖内的客户进行"三主动，两明确，一讨论"的系统性评价，以此确立客户选择的指向，打造坚实的客户基础。

"三主动"指信贷经营活动中，要变"被动等待客户上门"为"主动筛选客户、主动营销心仪客户和主动维系价值客户"。

"两明确"指在主动对客户进行排序的基础上，结合本年度的全行信贷政策指引，明确本机构最想发展的客户和最不想发展的客户。对最想发展的客户，动态判断其未来3—5年的发展趋势及潜力，分析其业务需求，进行主动性、综合性营销，对最不想发展的客户特别是很有可能会出现违约的客户，则主动放弃或主动退出。

"一讨论"指对除最想发展的客户和最不想发展的客户的范围之外的其他"中间客户"，可通过专家讨论、模型定量分析等方法进行分析判断其市场价值、业务发展潜力和违约风险，以决定是否进行营销以及经营策略，并重点做好风险缓释工作。

具体而言，可以从以下方面提升客户选择能力：

1. 通过对宏观经济发展趋势及行业与经济的相关性分析，判断客户发展前景

行业的整体兴衰决定了行业内部各企业生存、发展的基本条件，进而影响到银行信贷资金的安全。由于不同行业在国民经济中的地位不同，其与经济走势的相关性不一。在同一时期，某些行业发展与经济发展同步，某些行业领先经济发展，还有一些行业可能落后甚至与经济发展的趋势相反。因此，应对客户所处行业的整体发展趋势进行分析，把握客户所处的大环境状况。

2. 通过分析客户在行业中所处的地位了解客户

对于多数传统的、市场化程度较高、充分竞争的制造类、服务类行业而言，市场占有率排名在前五位的龙头企业具有明显的竞争优势和较强的抗风险能力，其产品或服务具有很强的技术、品牌优势，较其他企业的竞争力更强。市场化程度比较高的行业，对客户在行业中的地位，可以通过产品在全国或区域市场占有率来分析判断。而对于垄断性行业，由于行业内的客户数量有限，经营活动具有高度的趋同性，客户的行业地位可以根据准入管制水平以及政策支持程度等来进行判断。

3. 通过分析客户所处的生命周期阶段，研判客户发展趋势及服务、产品需求特征

根据企业生命周期的相关理论，客户处在生命周期的不同阶段，其财务特征、资金需求、经营风险等存在较大差异。例如，在初创期的企业，资金需求量大，财务风险较高，但业务发展潜力较大，需要投资银行、产业基金、创业授信等高风险高收益服务的支持，而对于成熟期的企业，现金沉淀较多，盈利状况趋于稳定，具

有投资兼并计划，存在对委托理财、结构化融资、兼并重组资金支持等方面的需求。因此，商业银行在选择客户时必须了解企业兴衰规律，把握企业所处的生命周期阶段，在企业培育后期至成熟前期适时注入信贷资金，并在成熟后期至衰退前期及时抽回，通过有效掌握和分析企业的发展阶段，研究企业兴衰趋势，不断寻求可持续成长的企业客户，适时调整客户结构，打造坚实的客户基础。

4.通过对客户财务、经营、管理等基本面的分析，判断企业当前面临的风险

客户基本面分析包括财务报表分析和经营、管理等方面的定性分析。从财务数据看，企业现金流量是其偿还银行借款的第一还款来源，对企业进行现金流分析重点在于分析企业的不同现金流组合，发现企业的经营特点和财务上的风险。从定性分析角度看，对贷款企业法人治理结构、宗旨、机制、价值观、经营者的品性、经营管理能力，生产能力是否达到极限、有无拓展的余地，生产资料能否持续不断地供应，企业是否存在资产负债表以外的承诺等等情况进行分析，合理判断企业当前面临的主要风险点。

场景之六：＿＿＿＿＿＿

深刻理解巴塞尔协议和资本监管取向（2013 年 6 月 8 日）

监管部门的天然使命在于防止银行破产引发系统性风险。围绕

这个使命，监管安排在不同时期的侧重点并不相同，资本监管并不是一开始的选择。资本成为银行监管的核心，甚至现在有看法认为银行监管就是资本监管，之所以如此看重资本，是监管部门不断探索实践、直到现在才确立的制度选择，并非一蹴而就的结果。简单回顾监管发展的历史过程，有助于我们深刻理解资本作为银行监管核心的来龙去脉和精神实质。

一、早期银行监管实践侧重于流动性和分业监管

早在自由经济放任时期，以存款准备金制度为代表的现代意义的银行监管雏形就出现了。作为世界中央银行鼻祖的英格兰银行最早建立了存款准备金制度，以防止银行将吸收的资金全部用于放款而导致流动性不足，维护公众对银行的信心。随着国家信用货币体系的发展，银行可以自由发行纸币，由于缺乏统一的发行体系，市场混乱无序，银行货币创造功能的负效应开始放大。过度发行信用货币导致了频繁的银行危机，比如 1837 年和 1907 年的美国银行业危机，造成了世界经济的持续衰退。

在这种情况下，加强银行监管势在必行。在社会各界的强烈要求下，美国于 1863 年通过了世界第一部银行监管法（《国民通货法》），成立了货币监理署（OCC），负责银行的注册、监督和检查。1913 年，美国通过《联邦储备法》，建立了行使中央银行职能的美国联邦储备体系，统一了货币发行，行使"最后贷款人"职能，为银行提供流动性支持并迫使银行遵从监管。这一时期的银行监管侧重于货币监管和维护银行体系的流动性，但对银行具体的经营业务

关注较少，此时银行的经营范围很广，可以从事一系列非银行业务，仍是"自由银行"时代。

到了 20 世纪 20 年代，在机器大工业迅猛发展的推动下，美国经济空前繁荣，证券市场交易活跃、回报丰厚，经历了 10 年牛市上涨。当时针对证券业、银行业的监管立法尚未出现，缺乏统一的监管机构①，银行能够自由开展证券业务，参与证券包销和买卖业务，在经济和市场高速发展的过程中获得了巨额利润，甚至不惜动用贷款去支持证券投机，道德风险突出。1929 年经济危机爆发，证券市场崩溃，银行出现巨额损失，缺乏资金应付客户的提存而出现大面积的倒闭，1929—1933 年，美国破产的银行达 10500 家，占全国银行总数的 49%，由此导致金融体系全面瘫痪，引发了实体经济的深度衰退，银行监管改革如箭在弦。

大萧条直接催生了 1933 年的《格拉斯—斯蒂格尔法案》。该法案的核心内容是商业银行和投资银行业务分开监管，任何以吸收存款为主要资金来源的商业银行，除了可以进行投资代理、经营指定的政府债券、用自有资金有限制地买卖股票债券外，不能同时开展证券投资等长期性投资业务。同时，从事证券投资的投资银行也不能经营吸收存款等商业银行业务。"分业经营、分业监管"，奠定了现代金融制度的基础，是在货币监管基础上的深化发展，也是针对混业经营危害性的纠正措施，此时资本还没有引起监管部门的重视。

----

① 为应对 1907 年的银行危机，美国于 1913 年组建了美联储，行使中央银行职能，对银行业实行统一调控和监管，但对于商业银行和投资银行并未区别对待，商业银行通过控股公司从事证券业务等并没有严格的限制和约束。FDIC 等存款保险机构也是在 1933 年大萧条之后才建立起来的。

二、Basel I 开创了银行资本监管实践

1933 年以后，全球银行业在"分业经营、分业监管"的框架下平稳运行，基本没有出现较大的风险问题，国际社会一度认为分业监管能够较好地维持金融体系的稳定性。但是，随着二战后全球经济的恢复和发展，贸易金融领域的新变化和新问题也不断出现，分业监管也面临新的问题和挑战。布雷顿森林协议确立了以美元为核心的国际货币体系①，促进了各国贸易的恢复和增长，也带动了银行跨国业务的发展。资金跨国流动产生了结算风险，汇率风险也成为一类新的风险形式，跨国银行的经营风险加大，国际金融体系的不稳定性在增加。银行业务与风险出现的这些变化，既是对实体经济需求变化的反应，也是银行进行业务创新、规避分业监管的结果。

20 世纪 70 年代西德赫斯塔特银行和美国富兰克林国民银行的破产，令分业监管制度出现了动摇。结算风险也称"赫斯塔特"风险，就是因赫斯塔特银行在汇兑交易中未能按时结算陷入破产而得

---

① 布雷顿森林体系规定：由美元来充当国际货币，美元和黄金挂钩，各国政府可以按 1 盎司黄金相当于 35 美元的价格向美国兑换黄金，其他国家的货币通过一个固定的比价与美元挂钩，各国政府有义务维持固定的汇率水平，波动范围应该控制在 1% 以内，否则必须对外汇市场进行干预。布雷顿森林体系对整个世界的金融格局产生了深刻的影响，促成了 20 世纪 50 年代和 60 年代世界经济的繁荣。然而由于朝鲜战争、越南战争导致财政赤字扩大，美国黄金储备不断减少，再加上两次石油危机引发的通货膨胀，美元汇率遭受了巨大的冲击。同时，随着欧洲的复兴和日本的崛起，美国由贸易顺差逐渐转为逆差，造成美国资金大量外流，无法继续维持美元汇率的稳定，尼克松政府于 1971 年 8 月 15 日宣布美元与黄金脱钩，布雷顿森林体系崩溃。

名的。美国富兰克林国民银行曾是金融创新的佼佼者，银行信用卡、汽车银行、储蓄债券（大额存单的前身）等都出于其手，但由于在外汇市场上的巨额损失导致资本不足，引发市场挤兑而于1974 年破产。两家国际大型银行的倒闭只是表象，银行破产带来的客户损失、对其他同业的系统性损害和引发实体经济的剧烈波动才是问题的所在。简单的分业监管解决不了银行破产带来的系统性风险问题。

国际社会开始反思"分业经营、分业监管"的有效性。银行业务全球化发展但缺乏国际监管，没有机构或组织能够了解这些金融业务与工具的创新；银行高杠杆扩张带来了经营的剧烈波动，严重危及各国存款人的利益。各国监管机构迫切需要一个机制来沟通交流信息，以消除银行跨国经营信息的不对称性和监管的不一致性。于是欧美十个国家倡导定期就银行监管问题进行沟通，巴塞尔委员会因此产生，它是 20 世纪 70 年代国际社会为应对银行国际化发展所做出的监管反应。一方面，巴塞尔委员会开始制定有关国际监管合作的原则，如 1975 年制定的《对银行外国机构的监管报告》（即《库克协议》），以进一步加强国际银行的监管协调；另一方面，巴塞尔委员会开始将资本充足率指标引入银行风险评估体系（1978年发布《综合资产负债原则》），约束银行杠杆以防止过度承担风险。此时资本成为衡量银行风险的一个指标，但其重要性还未得到充分认识。

在监管实践的过程中，由于各国监管标准和方法存在较大差异，资本充足率结果既不利于各国进行监管比较，也不利于银行的公平竞争。20 世纪 80 年代初发生的国际债务危机给国际银行业带来巨大损失，加上日本银行业低资本水平对欧美银行造成的不公平竞争[1]，促使巴塞尔委员会研究讨论更具可行性和操作性的国际通用监管标准。结合监管实践和银行危机的经验教训，巴塞尔委员会经过多轮协商和修订，历经十余年于 1988 年发布了一套完整的、国际通用的、以加权方式衡量表内与表外风险的资本充足率标准，即《统一资本计量和资本标准的国际协议》（Basel I）。

Basel I 的主导思想是，银行在准确计量风险水平的基础上，通过持有充足的资本来覆盖风险损失，以弱化其破产带来的系统性影响。Basel I 第一次明确提出了资本监管理念，在银行监管史上具有划时代的革命性意义：

一是给出了合格资本的规则和种类，不是所有资本都具备损失吸收能力。根据资本吸收损失能力的高低，将资本划分为一级资本、二级资本和三级资本，其中一级资本的充足率水平不低于4%，总资本充足率水平不低于 8%。

二是区分债权的风险特征，基于经验分析给出了不同的风险权重。Basel I 将表内外信贷资产分为 5 档，分别适用 0%、10%、20%、50% 和 100% 的风险权重，将风险加权资产乘以 8%，就得到银行应持有的总资本水平，Basel I 由此将资本与银行风险水平进行了关联。

三是把资本要求变成了银行经营的国际规则和标准，十国集团

---

① 20 世纪 80 年代中期，日本银行业在国际银行市场中的份额急剧扩大。资料显示，到 1985 年，美国商业银行占总体国际银行业务的市场份额下降到 23%，而日本的银行上升到 26%。此外，1986 年和 1987 年世界排名前十位的银行中，日本的大银行机构占有 7 家，而法国 2 家，美国 1 家。

监管机构在统一的框架下开展银行监管，银行也需要根据监管规则计量风险加权资产并保持充足的资本，否则将在国际竞争中受到制约和惩罚。

Basel I 对全球银行业监管产生了深远的影响，引起了国际社会的广泛关注。1992 年十国集团国家进入 Basel I 实施阶段后，主要发达国家纷纷参照最低资本要求，调整了其国内金融服务业的市场准入条件。来自非十国集团国家并试图进入发达国家金融服务业市场的大银行都必须满足 Basel I 的资本充足率水平，这些银行的监管部门被迫参照 Basel I 修改国内金融监管规则，资本开始为全球越来越多的国家所重视。

受当时风险计量技术的局限，Basel I 对银行风险加权资产的计算比较粗糙，在实践中也暴露出问题和不足，但资本监管理念非但没有动摇，反而在实施的深度和广度上不断加强，直到当前成为银行监管的核心。无论是 1996 年的 Basel 1.5[①]、2004 年的 Basel II，还是 2009 年的 Basel 2.5[②]、2010 年的 Basel III，都是在 Basel I 基础上进行的修订和强化：或是细化对分母风险加权资产的计算规则，如 Basel 1.5 引入市场风险，Basel II 引入了内部评级法等更精确的风险计量方法；或是严格对分子资本的计算标准，如提出普通股资本，剔除三级资本工具等。这些改进和修订并没有改变 Basel I 资本充足率的计算框架，只是不断提升资本充足率指标的有效性和风

---

① 在信用风险资本计量的基础上，增加市场风险资本计量要求。

② Basel 2.5 是巴塞尔委员会公布的过渡性方案，即改进了 Basel II 中有关市场风险内部模型法的监管资本计算方法，增加计提极端市场环境下风险价值（VaR）资本、信用估值调整（CVA）资本，提高了再证券化资产风险权重，但资本充足率要求仍遵循 Basel II 框架。

险敏感性，确保资本能够充分覆盖银行风险。

三、Basel II 是以资本为纽带的风险计量改进方案

虽然 Basel I 奠定了资本监管的基础，意义重大，但其存在的问题和不足也影响了监管效力的发挥。一方面，Basel I 将表内外信贷资产分为 5 档的做法存在监管漏洞，好的资产和不好的资产风险权重相同，银行把那些资产质量比较好的资产从资产负债表内移走，结果导致风险较高的资产不断在银行体系累积，监管套利令银行的风险未能得到有效控制。另一方面，在 Basel I 中，所有银行同类资产权重相同的规定，与银行自身经营管理脱节，对银行改进风险管理缺乏激励。对于经营管理能力强、风险管理水平高的银行，使用相同的风险权重既不合理也不公平。

20 世纪 90 年代以后，随着市场竞争和波动的加剧，银行不断发展新的风险计量技术，用于评估客户风险和收益：JP 摩根提出的风险价值（VaR）概念和计量方法体系，能够对持有的资产、债券等各类资产的风险损失进行统一衡量；美国的信孚银行和英国的劳埃德银行，引入风险调整后资本收益率（RAROC）指标来精确评估业务的风险价值创造能力。同时，IT 技术的进步使银行具备了大规模数据收集、存储和分析的能力，使精确识别影响风险权重变化的风险因子（如违约概率、违约损失率和风险暴露）并进行量化估计成为可能，信用风险内部评级法开始被国际大型银行广泛使用。内部评级法等技术能够综合考虑客户、产品、头寸和期限来确定债权的风险权重，据此计量的资本更加准确，对风险也更敏感。

同样名义的资产，风险管理能力强的银行，风险加权资产就会较低，反之则高，这有利于激励银行提升风险管理水平。

与此同时，金融全球化的发展和国际竞争的加剧也导致国际活跃银行的风险结构发生了变化，与衍生品交易相关的市场风险逐渐成为影响银行体系安全的一个重要风险因素，Basel I 框架未能适应这种变化。1995 巴林银行倒闭、1994—1995 年的墨西哥比索危机和 1997—1998 年的东南亚金融危机等一系列危机，对全球经济形成了广泛冲击，这促使巴塞尔委员会对 1988 年的资本协议框架开始进行修订，将市场风险、操作风险等 Basel I 未覆盖的风险纳入到资本监管框架。同时，将信用风险内部评级法、市场风险内部模型法和操作风险高级计量法等最新的银行风险计量技术成果引入风险加权资产计算体系，以通过资本优惠来激励银行采用更精确的风险计量方法，改进风险管理水平。由此，Basel II 第一支柱三大风险计量体系基本成形。

不仅如此，银行内部开发的模型是否科学，设计的参数是否合理，风险是否全面覆盖，也需要相应的监督评估机制来保障。监管机构必须确保银行使用的内部风险参数能够准确捕捉银行风险特征，这样计算的资本才能充分有效地抵御潜在的风险损失。监管的基本思路是，要求银行建立一套内部资本充足评估程序（ICAAP），通过全面评估面临的主要风险，对资本覆盖风险的充足性[①]进行判断并根据结果制订融资计划或调整资产结构，从而将银行风险控制在资本可承受的范围内，监管机构对此则进行定期审查，这就构成

---

① 既包括第一支柱未充分覆盖的风险，如集中度风险、银行账户利率风险、流动性风险、战略风险等，也包括未来因业务发展和压力情景下可能出现的资本缺口。

了 Basel II 第二支柱的主要内容。

即使如此，仍然存在监管机构和银行之间相互博弈的可能性，银行的风险还有可能被低估，必须让社会公众清楚地了解和评估。由此巴塞尔委员会提出了一个新的要求，即银行必须披露相关信息，包括风险参数计算方法、资本计算规则等等，通过信息的透明化产生市场约束力，淘汰高风险银行，从而维护金融体系的稳定性，这就是 Basel II 第三支柱的基本要求。

Basel II 吸取了银行业更为精细的风险计量技术成果，形成了一套完整的风险计量体系，建立了资本与风险的动态平衡机制。管理基础好、风险计量水平高的银行，经监管允许可以采用内部评级法等高级方法计算监管资本，从而将资本水平与风险状况精确匹配，有助于提升资本效率和对风险覆盖的有效性。Basel II 强化了资本的纽带作用，实现了维护金融体系稳定的外部监管目标与银行内部风险管理改进目标的激励相容，进一步提升了资本的重要性。此外，Basel II 的实施范围已不仅仅局限于欧美十国集团银行，而是扩展到巴塞尔委员会全部成员国的国际活跃性银行，逐步成为国际银行业经营和监管的通行规则。

四、Basel III 是以资本为核心的制度改革框架

1933 年的《格拉斯—斯蒂格尔法案》使美国商业银行利润下滑，非银行公司集团纷纷侵入商业银行的业务领域。商业银行也通过创新的方式开始向投资银行渗透，并且强烈呼吁废除分业监管法案。1991 年布什政府推出了监管改革绿皮书（Green Book）；1998 年花

旗银行和旅行者集团合并标志着分业监管法案已经名存实亡；1999年克林顿政府提请国会审议通过《金融服务现代化法案》(Financial Services Modernization Act)，结束了长达66年之久的美国"分业经营、分业监管"的历史。

混业经营促进了美国金融业的迅速发展，金融资产在GDP中的比重很快从4%上升到20%，最多时达到了40%，金融业一度成为美国经济发展的重要支撑。银行业、金融业赢得了空前的发展，金融创新不断，银行并购扩张随处可见，但也出现了大量脱离实体经济的证券化创新工具。美国银行业通过金融模型将次贷业务进行结构化处理，发行证券出售给证券市场投资者，这些业务在给银行带来高额利润的同时，也制造出巨大的金融泡沫。当房地产市场上涨无以为继而转头向下之时，次级贷款大量违约，引发了银行的连锁倒闭，市场流动性迅速枯竭，2008年银行危机全面爆发并扩散到实体经济，其危害性直追1933年的大萧条。

危机爆发之初，欧洲曾认为自身有健全的银行体系和银行制度，且已经实施Basel II，能够经受考验，但结果远超预期，反而陷入债务危机的泥潭而不能自拔。Basel II没有经受住危机的考验，国际社会对此进行了深刻的反思和检讨：

一是Basel II是以单个银行监管为核心的监管框架，对于银行之间或整个银行业的系统性风险缺乏约束力。通过证券化等高相关性的交易，银行经营"一荣俱荣、一损俱损"的共振效应得到强化，Basel II对此类系统性风险的约束不足。

二是资本工具形态各异，风险损失吸收能力低下。可赎回次级债、累积性优先股、短期次级债等由银行创造的资本工具，形式各异且数量丰富，但在损失发生时不能核销冲减，反而会遭遇投资者要求偿还或赎回而使银行损失进一步扩大。

三是银行业流动性管理弱化，经营脆弱性凸显。银行业过度依赖证券市场融资，"短借长贷"期限错配现象突出，市场流动性的变化极易影响银行的清偿力。

四是 Basel II 对银行业的亲周期效应缺乏约束。银行业作为市场个体，其趋利避害的特性容易导致经济繁荣期过度放贷，催生经济泡沫，而在经济下行期因出现损失而收缩信贷，造成经济衰退的进一步加重。

五是 Basel II 实施并未得到有效推进，监管效果难以体现。Basel II 从制定到实施前后达 8 年之久，2006 年底正式在国际活跃银行实施时，金融危机已现端倪。作为危机震源的美国，实施态度消极，仍执行的是 Basel I 的监管框架，这在客观上进一步削弱了 Basel II 的实际效果。

本轮金融危机对于全球经济和社会稳定带来的严重冲击，让全球的政府首脑们深刻认识到，做实资本监管的基础、加强系统性风险管理，才是维持金融体系稳健运行的长久之计。2009 年，G20 匹兹堡峰会上明确提出全球监管改革的相关议题。此后，国际金融稳定理事会与巴塞尔委员会密切合作，详细分析了金融危机所暴露出来的金融制度性缺陷，提出了宏观审慎和微观审慎相结合的全球统一资本监管制度，即通常所说的 Basel III。2010 年 12 月，G20 首尔峰会正式审定通过 Basel III，要求成员国制定实施时间表，全面落实有关监管框架要求。

就框架而言，Basel III 由一套监管文件构成，不再仅仅是一个资本充足率的概念。2010 年公布的文件修订强化了资本充足率最低要求，后续出台的监管文件涉及银行公司治理、交易对手信用风险、金融基础设施（FMI）和恢复处置安排等机制、体制改革，力图巩固和夯实资本监管的基础。Basel III 不是一份简单的由专家主导的技术标准，而是建立在全球共识基础上的革命性制度改进。

就实施范围来讲，Basel I 当时仅限于十国集团的银行，可以说是发达国家的监管规则和标准；Basel II 将范围扩展到全部国际活跃银行，但基本上仍是以发达国家的银行为主，各国自觉实施，约束力不强；Basel III 则将范围扩展到全球主要经济体，既包括欧美等发达国家，也包括中印等发展中国家，且由 G20 峰会直接推动并由各成员国承诺实施，成为全球各国和银行的共同行动标准，约束力远远超过 Basel I 和 Basel II。至此，资本已经演变成为全球银行监管的核心，既是银行经营的准则框架，也是监管部门加强监管的参照标准。

五、Basel III 是建立在全球共识基础上的金融政治协议

从历史来看，Basel I 基本是由十国集团针对自身问题的应对方案，焦点大多是十国集团成员内部的银行监管安排，资本充足率监管标准简单，可以说是一个针对银行信用风险的粗糙框架。基于 Basel I 的局限性，1999 年提出的 Basel II 草案，在很大程度上是全球领先银行基于自身成熟风险管理体系而提出的一套银行业风险管理技术方案，由于技术的复杂性和银行的利益博弈，争议讨论时间之长和技术的细致程度，远超人们想象，以至于到 2004 年才正式

发布技术文件的最终稿。

与 Basel I 和 Basel II 不同，Basel III 是全球各界，尤其是政经首脑对于金融危机全面反思的快速反应。席卷全球的金融危机，对于全球经济和社会的稳定带来严重的冲击，这让全球的政府首脑们不安。人们认为，市场失灵必须通过严格的监管制度来弥补，而制度的完善必须依靠政府的强力推进。从 2009 年提出监管改革到 2010 年发布 Basel III，前后不到两年时间，不难发现，这与 G20 峰会的高度关注与强力推动密不可分，Basel III 是建立在全球共识基础上的金融政治协议。

Basel III 给出的监管规则，既涉及银行产品和内部管理方面，也涉及外部市场环境和消费者保护等领域，将会对未来银行业的发展产生深刻影响。另一方面，Basel III 也对各国监管机构形成约束。巴塞尔委员会将对各国 Basel III 实施一致性进行评估并在全球公布评估报告①，其结果将会影响国际社会对一国银行监管能力和银行体系风险水平的总体判断。此外，国际货币基金组织（IMF）和世界银行联合开展的金融部门评估规划（Financial Sector Assessment Programme, FSAP）②，就以 Basel III 中的相关要求作为评估一国金融体系稳健性的部分依据。

需要说明的是，Basel III 并不具备法律强制约束力，允许各成

---

① 巴塞尔委员会已经对欧盟、美国、日本和新加坡完成了评估，目前正在对我国进行实施的监管一致性评估。

② 在总结亚洲金融危机教训的基础上，国际货币基金组织和世界银行联合推出了金融部门评估规划（Financial Sector AssessmentProgramme, FSAP），旨在加强对 IMF 成员国（含地区，下同）金融脆弱性的评估与监测，减少金融危机发生的可能性，同时推动成员国的金融改革和发展。

员国因地制宜地实施，这与加入世贸组织（WTO）不同。WTO 成员国必须要遵守相关贸易协定，否则将会面临贸易或经济制裁。Basel III 只是巴塞尔委员会成员国的共识，是对未来银行监管改革的指导性原则，并不具有法律效力，实施与否、能否按期达标并不会对各成员国产生实质性的限制约束。事实上，Basel III 允许甚至鼓励各国根据自身法律、会计和金融制度的特点，制定具体、细致且适用于本国银行业的实施规则，只要能与 Basel III 倡导的监管准则相一致，都是允许的，不存在所谓的银行监管主权问题。

　　虽然 Basel III 不具备法律约束力，但却是银行参与国际竞争必须遵守的共同准则。Basel III 是国际领先银行风险管理最佳做法的总结，达标则意味着银行风险管理水平较高，经营的规范性和透明度较有保障，实施 Basel III 是已成为银行参与国际竞争的入门证。近期中国银行业在海外的发展布局中，当地监管机构都对 Basel II/III 的实施达标情况提出了要求，这充分反映了未来国际竞争的基本要求。

六、中国实施 Basel III 并非简单照搬

　　首先，我国积极参与了 Basel III 监管框架的设计和修订工作，并承诺积极实施。本轮金融危机后，我国参加了国际金融准则的新一轮修订，广泛参与了 Basel III 资本监管框架的设计修订工作，组织中国银行业参加了巴塞尔委员会的定量测算①，在 Basel III 的监管规则中反映了中国市场的实际情况。在 2011 年 G20 戛纳峰会上，

---

　　①　自 2010 年开始，巴塞尔委员会每半年进行一次 Basel III 定量影响测算。

我国领导人承诺将积极实施 Basel III，加快推进金融监管改革，促进银行业的稳健发展。

其次，我国吸收利用了 Basel III 中合理的规则要求并率先应用于监管实践。早在 2007 年，银监会就发布了实施 Basel II 的指导意见，2008—2010 年陆续发布了 14 个 Basel II 监管指引，对银行应具备的公司治理、政策流程、计量模型和数据 IT 条件进行了全面规定，积极推动大型银行通过实施 Basel II 提升风险管理水平。在 Basel III 正式发布之前，我国银监会就已经设计了针对大型银行的"腕骨"指标体系，涵盖了 Basel III 全部指标要求，并于 2010 年率先在全球用于监管实践。从三年来的实践结果来看，我国大型银行基本都能够满足相关的指标要求，实施 Basel III 并非无本之木。

再次，对于 Basel III 的国内实施规则，我国结合实际情况进行了调整改进，并非简单套用。在《商业银行资本办法（试行）》（以下简称《资本办法》）制定的过程中，监管机构组织了多轮定量测算和研究分析，各项指标标准都有定量依据。《资本办法》也充分吸收了国内银行业和社会公众的意见，比如，操作风险基本指标法比例原定为 18%，最后征求各方意见后下调为 15%，达标过渡期由原先的 2 年放宽至 6 年等；《资本办法》也有对中国国情的深入思考，比如，下调小微企业、住房抵押贷款风险权重，引导银行发展民生相关业务，服务实体经济，等等。此外，拨备率指标要求，过渡期允许银行将超过贷款拨备 100% 的部分计入二级资本以及资本工具创新指导和资本充足率达标过渡期安排等措施，都是我国考虑国情做出的调整改进。

第四，我国大型银行积极实施 Basel II/III，基本打造了完整的实施基础。早在 Basel I 出台时期，我国大型银行就已经开始关注国际监管规则变化情况；2000 年前后，国内大型银行开始着手推进数据集中、模型研制等基础性工作；2007 年以来，国内大型银行全面启动了 Basel II 的实施工作，建立健全了政策制度、计量模型、流程管理、数据管控和 IT 系统，将经济资本、风险调整后资本回报率（RAROC）等风险计量工具应用于经营管理，实施 Basel II 的框架体系已经基本成形，管理基础和风险计量能力得到了较好的提升。2009—2012 年银监会对工农中建交招六家银行进行了三轮验收评估，对中国银行业实施 Basel II 的情况进行了摸底，Basel III 的实施达标具备实际基础。

第五，《资本办法》是经国务院批准实施的法律规范，具有强制性。Basel III 是国际社会达成的共识，但《资本办法》是经国务院正式审批的法律规章制度，于 2013 年 1 月 1 日正式实施，全部商业银行机构必须遵守执行。如果在规定时间内未能达到资本充足率等各项要求，将面临严厉的监管惩罚，比如限制业务发展、停止设立机构、接管或重组机构等，Basel III 的相关要求已成为我国银行业的现实约束。

七、实施 Basel III 不只是资本充足率的简单达标

从我国目前的情况来看，如果简单达到 Basel III 的资本充足率要求，难度不大。囊括 Basel III 要求的"腕骨"指标体系，大型银行基本都能满足。但是，资本充足率达标不代表银行是安全的、不出问题的，事实上，雷曼兄弟在倒闭时资本充足率还在 8% 以上。

因此，实施 Basel III 不只是资本充足率的简单达标，关键在于风险计量和管理能力。Basel III 中资本计量的实质是风险的计量管理，这方面正是我国银行业与国际领先银行的差距所在，从而在长期上产生实施压力。

首先，资本经营理念还未深入人心，对资本、风险和收益平衡发展重视不够。以信贷业务为例，显然的趋势是净息差（NIM）还要进一步收窄，过去那种"以量补价"的老办法行不通了。银行必须要有资本消耗的概念，既要考虑一项业务可能带来的风险和收益，同时也要考虑资本消耗的因素，真正将资本管理和业务经营、风险安排有机结合起来，做到资本集约化运用，例如，选好客户，增强债项风险缓释措施；多做些个人住房按揭等资本消耗较低的业务；加快退出低效、无效资本占用的客户和业务，在同样资产规模和收益目标下，尽可能少占用资本。

其次，资本配置对业务发展、战略目标实现引导力度不够。近年来国内各大银行都在积极推进战略转型，大力拓展零售信贷业务、小企业信贷业务。但是，基于目前的市场环境、不同银行的管理现状，传统公司信贷业务和零售信贷业务、小企业信贷业务保持什么样的比例比较合理？这个问题多年来并没有形成共识。国内大型银行在进行研究决策的过程中，主要还是靠专家的经验判断，而国际先进银行则能够借助经济资本计量工具来进行量化决策，精确引导业务发展并达成战略目标。比如，贷款新增资源按照 RAROC 指标从高到低的顺序配置到每个大中型企业、小企业、零售客户（客户群）。高 RAROC 的客户优先获得信贷资源，实现新增贷款资源 RAROC 的最大化；同时，确保每笔新增贷款的 RAROC 都高于经济资本回报要求（例如 11%）。

再次，风险计量工具和方法仍需要完善丰富，对精细化管理支持不够。以零售信用风险评分卡为例，国外领先银行的评分卡数量往往有数百个（如美国银行达到 696 个），而即使在国内大型银行，评分卡的数量也只有几十个。评分卡数量少，反映了评分模型分类较粗，对区域、客户类型、风险缓释水平等方面的差别化因素考虑得不够。如个人住房贷款评分卡，虽然国内大型银行已经基本建立了个人住房贷款申请评分卡和行为评分卡，但每个评分卡往往只有 1—2 个模型，没有根据一手房、二手房、一套房、多套房以及房屋类型等贷款组合进行细分，也未考虑地区经济环境等对各地域客户群体进行细分建模。

第四，经营中的资本无效占用较多，集约化经营空间很大。现在国内很多银行仍然主要盯着"财务利润"，但在实际业务经营中，存在不少表面上看"有利可图"但事实上不产生经济利润甚至经济利润为负的业务。比方说，国内很多银行的分支机构喜欢做保函业务，觉得一分钱的资金都不占用，出几张纸盖个章就能赚到钱，而且是"真金白银"的中间业务收入。实际上，按照监管规定的风险转换系数，保函业务风险敞口占用大量的资本。因此即便不考虑垫款损失风险，仅仅计算保函所占用资本的成本，那么有很多保函业务实际上都是不赚钱的①。

———————————

① 按照目前监管规定的风险转换系数（保函为 100%）和最低资本充足率底线（最低 8%，对于大型银行要求在 11% 以上）进行简单测算，1 个亿的保函要占用 800 万—1100 万的监管资本。如果资本回报率按 10%（国外先进银行以及国内大型银行的资本回报要求通常都超过 10%）粗略测算，那么相应资本成本是 80 万—110 万左右，而国内银行很多分支机构的保函收费远低于这个水平（特别是非融资性保函，基本上是象征性地收取一些费用）。

第五，风险计量工具的应用仍有待深化。目前国内大型银行，通过实施 Basel II，基本建成了满足监管要求的内部评级体系，但现在的问题已经不是简单满足监管资本计算，而是怎么能够把这些风险计量工具应用于经营并提升管理能力。比如，内部评级工具，很多银行还仅满足于确定一个评级符号，但实际上评级工具、评级模型对于客户选择，对于风险评估和预警，都可以进行广泛的应用；再比如绩效考核，多数银行仍然以基数法、增长率、完成率、占比等为主，而反映风险、收益和资本关系的指标和工具还没有广泛使用。只有加大风险计量工具的应用，才能真实考核经营绩效，真正使银行经营管理由艺术走向科学、从粗放走向精细。

第六，对于集团层面的风险评估管理仍显薄弱。近年来，我国银行业加快了综合化经营布局，持有银行、证券、保险、信托、基金、租赁等金融行业全牌照的银行集团陆续增加，集团机构不断扩张，但与之相伴的集团风险管理则相对滞后。目前国内大型银行的风险管理多停留在单笔资产、单项业务的层面，用于识别评估集团层面客户、产品和机构风险的工具和方法相对较少，在集团内部机构之间的风险传染识别与隔离管理上也欠缺经验。一方面，如何实现有效的集团风险识别评估和风险预警，确保综合化、国际化的战略稳步推进；另一方面，如何建立集团内部的风险隔离机制，制定适当的恢复计划来提升集团稳健经营的能力，都将是未来国内大型银行在实施 Basel III 过程中绕不开的问题和挑战。

第三章

深化金融改革势在必行：
特殊时期的特别关注

近年来，深化金融改革不断出现在政府文件、高层官员讲话、专业论文中，主要涉及改革背景与改革意义、发展困境与近期具体改革任务等方面。作为银行经济学家，笔者以为深化金融改革之所以受到广泛重视，既与经济发展阶段有关，也与一些长期存在、多年来一直困惑我们的金融运行的深层次问题有关。

一、深化金融改革为何再成热点

经济发展步入中高收入阶段，经济运行也面临前所未有的新困难，改革需求发生显著变化，改革的研究与顶层设计应该有完全不同的关注重心与思维方式。经济改革的必要性、紧迫性往往与一定时期的经济困境密切相关。在经济运行基本正常、符合理想预期的情况下，很少有人没事找事，甚至也没有人愿意为了树立改革者的形象而将改革作为主要经济政策加以研究。一旦经济运行矛盾到了现有体制无法解决、将产生严重后果的时候，改革的必要性和紧迫性就出现了。进一步观察，由于不同时期面临的主要矛盾是完全不同的，改革的关注重心和方式也应该完全不同。

三十年前，中国经济面临极度短缺的矛盾，几十年的计划经济始终解决不了短缺问题，而且各种矛盾不断积累，已经到了全社会难以容忍的地步。此时，不仅改革的必要性和紧迫性凸显，而且改革的目标也十分明确，就是尽可能打破计划经济的体制束缚，最大限度地释放生产力，方法上也比较简单，扩大微观经济经营自主权，培育国内市场并发挥市场在激活和优化配置资源方面的积极作用，同时对外开放市场，引进先进的技术与管理，促进经济快速增长。在这种情况下，改革的重心必然是生产、贸易领域，金融改革只是配套性质的。进入新世纪以后，随着经济水平不断提升，金融的地位和重要性不断提高，各种金融市场、金融机构不断出现，监管模式改革（分业监管）、国有银行商业化改革等也相继推出，但金融改革一直没有被上升到整体改革战略的高度，金融运行的深层次矛盾始终没有受到真正重视。

三十年后的今天，中国经济总量已经跃居全球第二，贸易总量世界第一，人均 GDP 也达到 8000 美元左右的中高收入国家水平。在经历了改革开放之后长达三十多年的经济高速增长以后，产能过剩、需求疲弱的问题日趋严重，中国经济增速开始出现明显回调，由国际金融危机前高达 14% 的增长速度，下降到目前的 7%，而且还有继续下行的压力，由此引起国内外各界广泛担忧。大家关注的问题逐渐聚焦于中国过去三十年的经济增长模式不可持续。这种不可持续主要体现在以下三个方面：靠无节制的资源消耗实现经济增长的模式不可持续，不仅中国自身的资源不能支持，即使是考虑国际资源因素，按照我们前三十年的经济增长速度和消耗水平，也是难以支撑的；牺牲农民利益、靠源源不断的廉价劳动供给支撑经济增长的模式不可持续，收入分配差距不断扩大致使社会矛盾日益尖锐，迫使劳动力成本呈现不断上升趋势，依靠低端产品打天下的市场竞争模式失去了运行基础；靠牺牲环境换取经济增长的模式不可持续，环境对于传统经济增长的承载能力已经达到极限。在这种情况下，前三十年的改革红利已经释放完毕，多年形成的改革思路、改革方式难有进一步推进的空间。如果任性坚持传统的改革思路，只能加剧当前经济困境；而如果不改革，我们又将面临越来越严峻的困难，甚至积累成灾难性的经济危机。因此，当前没有更多的选项，不是不改革，也不是继续沉湎于已有的改革经验，而是要立足于解决当前的经济困境，找到新的经济增长支撑和增长模式，这就需要有新的改革思路和改革方法，就是所谓的深化改革。

理论研究和国际经验充分证明，经济发展进入中等水平以后，绝对短缺开始让位于相对过剩（尤其典型的是大量的结构性过剩），怎样调整结构、优化资源配置、提高经济增长质量、实现可持续发展，几乎是所有经济体面临的共同任务，而大型经济体更是如此。在这种情形下，以放权让利、激活微观经济、增加产出为重点的改革战略已经走到头了，继续加大与此相关的改革力度，只能适得其反。而调结构、优配置、提质量、可持续的发展要求，使得深化金融改革成为化解现实矛盾和实现长远战略目标的关键。建设多层次金融市场、让直接融资成为资源配置的主渠道、利率市场化、人民币国际化、商业银行由信贷供给转向全方位的金融服务、非银行金融机构甚至非金融机构的金融服务将扮演越来越重要的角色、中央银行更加前瞻性的货币政策、金融监管重心转向系统性风险……市场真正发挥资源配置的基础作用，金融真正成为经济的核心，由此反映的经济改革战略也与前三十年根本不同，是真正意义上全面深化的经济改革战略。

从实践来看，多年来中国金融运行的一些深层次问题始终困扰着我们，又从另一个侧面揭示了深化金融改革的必要性和现实紧迫性。

1.政府、银行、企业的正确定位一直没有解决

这是一个老话题，但在中国始终没有解决，而且目前还在不断扭曲。更值得忧虑的是，政府直接替代银行和国有企业经营决策，银行和国企治理结构行政化，也常常以国家宏观调控主体的名义代行政府职能，并享受国家信用补贴和垄断地位，真正意义上的市场经营能力不断弱化。进一步观察，不仅政府自身职能没有科学界定，政府对国有银行（包括国有控股银行）的考核评价体系也缺乏科学性（不能反映银行的收益风险匹配原则）和规范性（随意性较大）。与此同时，银行与企业的市场经济关系也呈现持续性的扭曲，银行对企业的信用约束并没有发生积极变化，信用软约束成为困扰经济运行的核心问题。久而久之，政府习惯于通过银行和国企实施宏观调控，自身的行政能力在不断退化，以致如果不借助于银行和国企就不知道该怎么办，信用约束不断软化也使得企业与银行的即期经营能力和周期性适应能力难以提高。

2.央行、银监会与商业银行之间的关系一直没有理顺

应该说，三者之间不应该存在行政上的领导与被领导的关系，不仅商业银行与中央银行和监管当局的关系应该如此，人民银行与

银监会也不存在行政上的管理与被管理关系。笔者始终认为，金融监管不能是传统意义的行业管理，更不能直接替代经营决策，只能限定在制定监管规则、达标监测与相应的监管激励或监管处罚。在存在专业监管机构的体制框架下，中央银行与商业银行之间传统的监管与被监管关系应该不断淡化，央行只是借助市场工具引导商业银行的放贷能力和利率走势，是总量管理，并发挥最后贷款人的作用避免系统性的流动性风险；银监会借助资本监管引导商业银行风险偏好，既出清市场，又避免大规模银行不审慎经营引发的系统性风险；商业银行是货币政策传导机制的重要一环，但不是过去意义上货币政策的执行者，依法合规经营，对于各种政策参数、市场信号保持敏感是通过公司治理实现的，而不是央行或银监会的行政管理结果。

3.资本监管制度、存款保险制度、存款准备金制度与公开市场业务或再贷款制度的需要合理匹配

国际经验值得重视，资本监管是为了确保有足够的资本来吸收银行经营风险并防止系统性风险，既不是货币政策工具，也不是宏观调控工具；存款保险是为了保护弱势群体（绝大部分存款人）的利益不受银行经营不善而破产的损害，不是用来解决流动性风险的，更不是宏观调控的工具；一旦存款保险制度建立并发挥作用，存款准备金制度就会淡出，其功能逐渐为银行自我约束（市场约束）与央行的公开市场业务所替代。这些都是趋势。如果为了实现一个即期宏观调控目标，三管齐下，忽视可能的政策叠加效应，将加剧宏观波动与运行成本。此外，还有存贷比制度与流动性监管制度的重合问题（监管部门从善如流，取消了存贷比管控，进一步

强化流动性监管）。每一项监管制度都有必要，每一家监管部门都想将相应的监管制度发挥到极致，然而制度叠加效应却没有得到评估，其结果只能是放大宏观政策的波动性风险。

除此之外，笔者还想就深化金融改革问题强调几点：

1. 坚持市场化的金融改革取向不能动摇

其重点应该包括：多层次金融市场体系建设，近期除了加快发展股票市场和债券市场以外，还要关注信贷二级市场、票据市场建设；深化金融市场主体改革，不仅是充当金融中介的金融机构要加快现代治理机制改革，还应该使所有融资主体都成为真正意义上的市场主体；加快金融市场基础设施建设，重点是完善法律、改进会计制度与改革监管体制。

2. 增强金融活力与国家金融安全必须贯穿金融改革与发展的始终

核心观点是：坚定鼓励金融创新，尤其是对于互联网金融在政策上要给予更多的"耐心"；深入研究国际资本流动规律，培育具有超强国际辐射力的国际金融中心；把人民币国际化作为长远的国家战略进行规划，充分利用各种国际机遇与自身的经济金融实力稳定推进；进一步明确金融监管使命，减少监管部门对于微观经营行为的干预，集中精力防范和应对系统性风险，确保国家金融安全。

3. 引入金融绩效审计

由于金融业（包括金融市场）具有借助交易活动来配置社会经济资源的功能，而资源配置过程中的业务流程和技术设计十分复杂，存在大量的信息不对称，导致外部欺诈、内部寻租现象比较普遍。久而久之，不仅会降低全社会的经济资源配置效率，还会酝酿成金融危机。因此，国家金融审计不能局限于国有金融机构经营审计，而应该从金融安全和资源配置效率的角度尽可能地扩大覆盖面；金融绩效审计应该成为国家金融审计的重点。对商业性金融机构的绩效审计，有助于防止经营行为短期化，防止掩盖、拖延风险；对金融市场和其他融资主体的延伸绩效审计，有助于降低金融欺诈；对货币当局和监管机构亦应引入国家金融绩效审计，重点关注宏观政策的科学及时有效性，以防范和化解系统性风险为国家宏观金融审计的核心。

二、前瞻性构筑银行破产预防机制迫在眉睫

酝酿了近二十年的存款保险机制破茧待出，意味着中国银行业没有破产压力的日子即将结束。但银行破产并不简单，破与不破，颇费思量，这也是多年来金融改革难以突破的原因。

（一）银行破产问题的特殊性

商业银行具有很突出的外部性特点，破产的外部负效应明显大于普通工商企业，尤其是大型银行破产会带来金融系统的连锁反应，进而波及社会经济各个领域，引发系统性风险甚至经济危机。经济学上的逻辑推理与经济发展史上的大量案例都可以佐证上述判断。银行的大量破产往往是一轮经济危机的开始。所谓的"大而不能倒"最开始是指不敢倒、倒不起。

银行破产具有很强的外部性，但银行不破产也可能具有很强的负效应。银行不破产会导致逆向选择，滋生道德风险。坏银行无论

怎样都不会被惩罚，就会越来越坏；而好银行发现像坏银行那样也不会被惩罚，就会向坏银行靠拢。如果银行不会破产，市场丧失了出清功能，就会发生劣币驱逐良币现象，到最后就演化成由于政府过度救助、形成道德风险意义上的"大而不能倒""大而不会倒"，金融体系就会僵化、效率日趋低下，进而影响整个经济发展的质量、效率与预期。

破与不破，不是纠结，而是权衡，说到底是选择什么时候破、采取怎样的方式破。在中国，银行无破产压力是一个实际存在。政府信用始终在兜底，中央控制的国有银行如此，地方控制的中小银行也如此，非银行金融机构亦不例外，甚至合资金融机构也在搭便车。既然政府信用在兜底，政府干预经营、决定人事任免也在情理之中。政府信用兜底的形式多样，政府干预也是五花八门，该退的退不出去，该进的又进不来，由此形成了扭曲生长，并为此付出了高昂的代价，未来前途堪忧。就深化中国金融改革而言，必须结束中国银行业没有破产压力的日子。整个金融改革的逻辑是通过改革建立一个价格主导，各类金融主体有序竞争、健康发展的金融市场，让市场机制在金融资源配置中充分发挥作用。改革推进过程中需要关注的重点是，虽然利率已经相对放开，但由于政府隐性担保的存在，刚性兑付就成为市场预期。不打破刚性兑付，利率（资金价格）机制很难作为金融市场机制的指挥棒发挥作用。而打破刚性兑付，就要面临破产风险。如果不构筑金融机构破产机制，只有市场准入而没有市场出清，市场最终就会失灵。对于整个金融改革设计而言，破产机制是这场改革的"最后一公里"，只有击穿这"最后一公里"，整个金融市场化改革的逻辑才能闭合，整个市场机制才能理顺，市场配置资源的机理才能充分发挥出来。

（二）推进银行破产制度的技术分析

1. 区分"问题银行"与"僵尸银行"

人们通常理解的破产是指法律意义上的破产。而从银行的特殊性考虑，银行破产还有技术层面的破产（例如资不抵债）和经济意义上的破产（资产组合等原因引起的流动性危机、被迫注资与资产出售等）。法律意义上的破产是比较审慎的，而技术层面的破产和经济意义上的破产对行走于金融市场的银行而言，则比一般工商企业更加司空见惯。当技术层面的破产或者经济意义上的破产无法逆转，并触发了法律规定的破产条件时，才会启动法律意义上的破产程序。对于银行管理者甚至银行员工而言，法律意义上的银行破产很痛苦，技术层面的破产和经济意义上的破产也是要付出沉痛代价的。面临技术层面或经济意义上的破产的银行可能是"问题银行"，进入法律意义上破产的银行必须是"僵尸银行"。不能把所有"问题银行"简单地推入破产程序，毕竟银行破产的外部负效应太大。

2. 推进银行破产机制与破产预防机制

在发达市场经济国家，由于高度的业务融合和复杂的金融交易，银行会经常面临技术层面或经济意义上的破产风险，却不会动辄破产，因为在推出破产制度的同时，市场上已经构筑起了严密的破产预防机制。在进入法律意义上的破产之前，市场会给银行充分的自我拯救、破产修复的机会，如不良资产证券化、资产剥离、破产重组、强制接管等，尽可能通过市场自身的力量来消化解决"问题银行"。只有穷尽市场机制作用而无药可救的"僵尸银行"，才是必须淘汰的银行。我们不能将没有经过市场充分筛选、暂时遇到困难的"问题银行"逼到"僵尸银行"的死角。

因此，观察市场出清不能只看银行破产关闭清算的统计数字，而应该全面分析那些被重组（包括被迫注资、被迫出售资产或产品线、被强制接管或托管等）的"问题银行"。同时，也正是因为银行破产的特殊外部性特征，才使得大量的银行破产采取了非关闭清算的重组形式。所以，我们在推出破产机制的同时，更加需要前瞻性地构筑市场化的银行破产预防机制。

3. 培育金融机构与金融资产的市场交易机制

中国进入市场化改革取向以来，银行体系风险在不断积累，政府也在努力尝试通过各种方法化解风险。应该说，各种方法都尝试过，除了为数有限的依法强制破产、政府拉郎配式的合并重组之外，目前比较成功的方法是外科手术式的资产管理公司专业处置模式。近年来虽然开始尝试不良资产市场交易模式，包括打包出售、资产证券化等，但真正意义上的银行市场出清机制尚未形成。我们需要加快培育发达的银行交易市场，包括银行资产交易市场、银行机构交易（并购、重组）市场，形成高效率的市场自动出清机制，让银行能够通过市场交易将风险资产进行合理置换。尽快发挥存款保险制度的基础保障功能，降低银行破产的社会动荡成本，一方面保护普通金融消费者的合法利益，另一方面引入金融机构托管制度，使原出资人和管理层都要付出相应代价。

4. 银行自身应将破产风险纳入风控管理体系

对于银行而言，无破产压力的"好日子"即将结束，除了提升资本充足率水平，完善风险评价体系及其相关的差异化（或针对性）的风险拨备水平等常规风险管理手段之外，还必须建立专业的破产风险管理。

一方面是量化银行破产风险。商业银行在经营过程中必然面临各种风险，形成一定的风险损失。其中，预期损失通过拨备和净利润覆盖，二者此增彼减；非预期损失只能由资本来覆盖，资本水平超过非预期损失，表明有业务扩张空间；如果已经计提拨备与净利润不足以覆盖预期损失，只能消耗资本。一家银行一旦出现被迫用资本来核销风险损失的时候，就意味着面临较大的破产风险，而一旦资本消耗殆尽，原则上就是技术层面的破产。因此，按照监管要求量化的银行风险总量，对于某一银行到底产生了多大的破产压力，是可以用预期损失与银行资本之间的距离来衡量的，而这个距离是由已经计提的拨备和净利润决定的。距离越远压力越小，距离越近压力越大。如果距离为负值，则表明银行资本受到侵蚀。一旦资本消耗完毕，则表明银行处于技术破产状态。这是我们观察、分析银行破产压力大小、是否能够承受的业务逻辑。

另一方面是尝试"好银行、坏银行"的风险处置策略。20世纪80年代以来的实践证明，"好银行、坏银行"始终是应对银行破产风险的基本思路，目前的几种模式都有相应的成功案例，后续的研究分析也进一步概括出适用不同情况的不同模式。主要包括：银行法人内部部门专业分工模式；集团内部独立法人专业经营模式；市场化交易模式；政府主导的外科手术式资产剥离模式等。周小川行长在1999年主编出版了《重建与再生——化解银行不良资产的国际经验》（中国金融出版社）一书，介绍了亚洲金融危机前后有关国家的实践经验，对于我们今天理解"好银行、坏银行"仍然具有借鉴意义。当然，我们对于该书涉及不多的采取银行集团内部隔离风险的专业化"坏银行"模式更感兴趣，因为这是一种更有效的风险化解模式，国际上对此有很好的实践经验。

中国大型银行在混业经营的路上越走越快，业务融合和交易形态日益复杂，今后面对技术层面和经济意义上的破产的压力日增，应尽快将破产风险纳入整个银行集团的风险管理体系。一是银行集团内部的破产风险隔离设计，在各子公司之间设置法律上的"防火墙"，控制源头，避免风险交叉传染。二是鼓励银行集团内部设立专业化的风险资产处置机构，即"坏银行"模式，充分利用已计提拨备、专业化价值恢复与止损手段，最大限度化解风险、减少损失。三是做好流动性风险管理。很多银行的破产倒闭都始发于流动性引起的技术层面破产处理不善继而触发法律上的破产条件。四是做好破产风险预案管理，应对可能触发破产的风险事件并制定应对预案。

三、存款利率市场化是深化金融改革的攻坚战

自 1996 年 6 月放开银行间同业拆借市场利率，到 2013 年 7 月放开人民币贷款利率下限，经过近 20 年的渐进改革，我国完全实现利率市场化看似就差临门一脚，即放开存款利率。但是，作为中国利率体系中最为重要的基准利率，存款利率是整个中国利率体系的压舱石，其市场化的实现决不是简单的放开管制权；存款利率市场化是利率市场化改革真正的硬骨头，是考验包括商业银行在内的各类经济主体的真正开始。

存款利率市场化是一项迄今为止影响最为深远广泛的金融改革，涉及几乎全体居民、企业等经济主体和整个金融体系。即使在以直接融资为主体的高度发达的市场经济国家，存款利率的市场化改革也是十分艰难和慎重的，更不用说我国目前仍处于以间接融资为主的金融结构下，金融体系中的存款总量远远大于其他任何金融形式。如果不进行周密的改革设计和技术与制度准备，很可能会造成系统性的金融风险。

一方面，在现有利率体系中，存款利率既是银行资金的底线，也是市场最重要的基准利率，在整个金融市场和利率体系中处于基础性地位，它的变化决定了金融市场的各项利率和其他金融资产的价格。表面上看，银行的资产端定价，除上存央行的准备金之外已基本实现了利率市场化。但是，银行资产端的价格在很大程度上是由负债端价格决定的。目前商业银行的大部分资产（包括贷款在内）的定价基础仍是存款利率。银行常用的贷款定价方法有成本相加法和基础利率加点法。成本相加法是基于存款利率（资金成本），再加一定利差，利差水平需要覆盖其他各类经营成本和相关费用，并加上银行的预期利润率。基准利率加点法则选择某种基准利率，为具有不同信用等级或风险程度的顾客确定不同水平的利差，一般是在基准利率基础上"加点"或乘上一个系数。在实际操作中，几乎所有商业银行都将存款利率作为"基准利率"，并在此基础上确定"风险加点"的幅度。虽然银行间市场的同业存款、拆借和回购利率已在形式上实现了市场化定价，但与存款在整个社会金融量中的决定地位相比，这些利率的重要性与存款利率不在一个层次。可以说，虽然有许多利率已经市场化了，但存款利率决定贷款利率、存贷款利率决定中国金融总体利率水平的局面仍未被撼动。

另一方面，利率市场化并非简单的下放资金定价权，核心是培养相关经济主体的利率敏感性和风险定价能力。在利率管制条件下，借贷双方感受不到利率风险，也很少遇到真正意义上的违约风险，承担的违约损失有限，久而久之普遍丧失了利率敏感性。而在利率市场化后，经济主体将面临前所未有的市场风险和信用风险，增强利率敏感性至关重要。而培养经济主体的利率敏感性不是一朝一夕能够完成的，需要市场出清机制、经济主体的财务约束机制改革等不断深入。同时，利率市场化虽然赋予借贷双方自由选择权和自主定价权，但这些权利的行使取决于借贷双方对交易对手的信用选择能力和风险定价能力，这些能力也必须通过长期的数据积累，依赖于较强的模型构建和量化分析能力。

同时，利率市场化的目的在于优化资源配置，形成完善、高效的金融市场体系和经济运行体制，促进经济金融健康持续发展。这里既包括建立健全的市场机制，也包括建立金融机构、国有企业、民营企业等各类市场主体的现代企业制度和财务硬约束体制，以及建立保护那些无力自我培养选择能力和定价能力的弱势居民借贷群体和金融消费者权益的制度。实际上，处理好政府与市场的关系，使市场在金融资源的配置中发挥决定性作用，也是利率市场化得以顺利进行的必要条件。这些方面，还有很长的路要走。

我国银行的盈利模式仍然主要依靠存贷利差以及存贷规模的扩张。银行中间业务有一些发展，但由于费率市场化尚未真正实现、利率市场化尚处于起步阶段，银行内部收费产品与利率产品之间的合理关系尚未建立，中间业务既发挥着存贷业务铺路石的作用，又是存贷款业务的副产品，存贷业务以及存贷利差仍然是银行的核心关切。由于存款仍然是银行的主要资金来源，拼抢存款仍然是银行现实可行的主流发展路径。简单放开存款利率的政策操作，很可能导致银行间展开存款价格战，导致存款利率大幅提升，甚至出现类似日本的存贷利率倒挂也未可知；更有可能导致银行盈利能力的急剧下降，甚至有可能像台湾等地区一样，在利率市场化过程中出现银行全行业亏损的情况，势必危及国家的金融安全和经济稳定。当前普遍存在的关键时点买存款、中小银行存款利率一浮到顶等现象，都充分说明我国银行经营行为还存在一定程度的非理性。2013年下半年的"钱荒"或许是市场化利率引发流动性风险的典型案例。由于近年来部分银行大量拓展信托收益权、信托贷款等影子银行业务，持有了大量流动性差的类信贷资产，而不是像以往那样主要投向债券等流动性强的产品，一旦市场资金面发生变化、银行头寸紧张时，这些银行不能像以往那样通过及时出售债券变现资金，最终导致了改革开放三十多年来一场严重的流动性危机，隔夜 Shibor（上海银行间同业拆放利率）① 达到了 13.44% 的历史最高点。

随着利率波动加剧，金融资产的重定价风险、收益率曲线风险、基准风险和期权性风险都将上升。多类风险关联度上升，风险更难识别和管理。金融机构原先基于存款基准利率的金融资产定价

---

① 上海银行间同业拆放利率（Shanghai Interbank Offered Rate，简称 Shibor），从 2007 年 1 月 4 日开始正式运行，是由信用等级较高的银行自主报出的人民币同业拆出利率计算确定的算术平均利率，是单利、无担保、批发性利率。中国人民银行成立 Shibor 工作小组，依据《上海银行间同业拆放利率（Shibor）实施准则》确定和调整报价银行团成员、监督和管理 Shibor 运行、规范报价行与指定发布人的行为。全国银行间同业拆借中心授权 Shibor 的报价计算和信息发布。

方式将被打破，旧有的定价机制丧失定价基准，需要寻找新的市场化的参照系，建立新的定价估值模型，并有效计量和监控风险。因此，利率市场化将严重挑战银行资产负债的合同期限和重定价期限错配，使银行的整张资产负债表面临风险，可能产生比贷款质量更难控制的利率风险和流动性风险敞口，这种全局性与整体性风险需要引起高度警惕。

银行的贷款利率取决于资金成本、运行成本、风险成本、资本回报等各项因素，利率市场化对银行经营管理的精细化提出了前所未有的挑战。就目前情况而言，银行业在资金成本与运营成本核算与管理方面有一定基础，但风险计量和资本覆盖风险的精细化还存在较大差距。现有风险计量体系的主要功能是满足监管资本计算需求，参数与模型主要用来描述历史轨迹，对现实风险和潜在风险几乎不敏感；资本对风险的覆盖仅仅满足于总量层级，尚未精细到结构层面，更谈不上业务单元和产品层面。在这种情况下，银行的风险定价本身就潜藏着巨大风险。令人担忧的问题还在于银行业并没有充分认识到这种差距及其严重性。

存款利率市场化后，金融市场利率体系需要确立新的利率锚，中央银行也需要重构现有的货币政策调控和传导机制。虽然 Shibor 已在票据贴现、利率互换（Interest Rate Swap，IRS）①、理财产品、同业存单等领域广泛使用，国债收益率曲线也在债券市场上基本奠定了基准收益率曲线的地位，这些新的基准利率体系建设似乎已见

---

① 利率互换是指两笔货币相同、债务额相同（本金相同）、期限相同的资金，但交易双方分别以固定利率和浮动利率借款，为了降低资金成本和利率风险，双方做固定利率与浮动利率的调换。

雏形，但还不能完全替代存款基准利率在金融产品定价、货币政策传导以及商业银行内外部定价中的影响力和地位。

同时我们还应该看到，存款利率市场化改革对其他金融市场参与者也将产生前所未有的影响。资金成本上升要求投资获取更高收益，机构投资者的风险偏好趋于上升。从国际经验来看，存款利率市场化后，不论是发展中国家还是发达国家，几乎都带来了整体资金成本的上升。资金成本的上升压力对机构投资者的投资提出更高的收益率要求，使投资者的风险偏好趋于上升。从美日韩三国利率化前后机构资产配置的变化看，市场利率的上行使得商业银行、保险公司、养老金等机构投资者对信用债、股票等高收益资产的风险偏好上升，对利率债品种的需求降低。预计未来在机构投资者的大类资产配置中，低收益高流动性的国债、央票的占比可能下降，相应信用债、股票、抵押贷款证券、资产证券化等占比会上升，进而导致资产组合的利率风险和敏感度大幅上升。因此，机构投资者必须提高对利率变化和利率风险趋势的分析与预判能力，重新审视和平衡资本、收益与风险之间的关系，确定与自身风险管控能力相适应的风险容忍度和风险限额，设计合理的风险偏好指标及其阈值。

利率风险上升以后，相关投资者势必充分运用利率类衍生品对冲风险。存款利率市场化后，已有的 IRS、债券远期、远期利率协议和国债期货市场的交易将更加活跃，投资者主体会进一步壮大，市场的广度和深度将更大拓展。后续或将推出利率期货、利率期权、债券期权、IRS 期权等新品种，这将为机构投资者提供更丰富的投资品种，在投资组合中能有效运用利率衍生品工具主动管理利率风险。

由于存款利率放开后的金融资产价格将更容易受到利率风险、信用风险、流动性风险等风险因素共同作用的影响，各类风险之间更容易相互转化。如果机构投资者仍然针对单一风险分别管理，忽视集中、统筹的整体风险管理，将无法对各类风险暴露实现整合和加总，银行猝死的概率将大大增加。因此，提升整体风险量化和管理水平，将是银行和机构投资者加强风险集中统筹管理和一体化管控的必然趋势。

存款利率市场化后，银行服务将呈现差别化、精细化，不同银行同一币种和档期将会执行不同的利率，同一银行相同币种、相同档期可根据存款金额的大小有几种存款利率档次。金融服务产品的差异化程度加深，居民储蓄和投资理财会有更多选择，同时也必须承担相应的风险。长期以来形成的政府对居民储蓄与理财风险的隐性担保致使居民风险意识淡薄，认为从银行取得既定回报理所当然，甚至形成了低风险、高回报的习惯心理。这种习惯性的扭曲观念既不适应利率市场化的要求，也对利率市场化改革形成了重大障碍。

四、发展中国民营银行意义深远

民营银行的出现，不仅意味着现有银行体系被倒逼改革转型，还有更深远的意义。长期以来，银行垄断理论根深蒂固，金融风险的现实忧虑又使很多人谈虎色变。以致现实经济生活中银行牌照变成了最稀缺的行政资源，已有的银行服务供给与现实金融需求既存在着服务过剩（例如对于大型客户和高端客户的金融服务、大城市和城市核心区的网点布局等），又存在大量服务短缺（例如普通居民金融服务、中小企业金融服务、农村和城市非核心区的金融服务等）；既存在金融资源短缺（例如中小企业融资难），又存在金融资源虚耗（例如"僵尸企业"占用大量信贷资金、大量资金往来于同业而很难流入实体经济）；既存在银行同质化的过热竞争甚至是恶性竞争（例如现有银行经营模式趋同、网点布局趋同、金融产品趋同等），又存在熟视无睹的客户个性化金融需求无人理睬（忽视客户潜在金融需求的启蒙式发掘、忽视同一群体的金融行为差异）。因此，以微众银行开业为标志的民营银行兴起，是金融深化的必然产物，是为了弥补金融结构性缺失的主动完善之举，根本目的在于形成满足经济发展需要的多层次的银行服务体系，更加合理有效地配置全社会的信贷资源。也就是说，民营银行的首要意义是填补现行银行体系的金融服务空缺，而不是替代其服务功能或者挤占其市场份额。

全新的民营银行被迫肩负着重大的历史使命。虽然近年来中央和有关部门积极推动现有银行体系转型，也试图通过发放更多的银行牌照来缓解前述经济运行中的金融矛盾，但效果不佳。根本原因就在于传统银行的经营理念和经营技术均已固化，新设银行基本上都是复制现有银行的市场定位和经营模式，增加既定领域的竞争力，而不是弥补现有金融结构的缺失。因此，不能把借助顶层设计应运而生的全新民营银行看成是对传统银行体系的量化冲击，而应该看成是全新市场定位、全新经营理念、特殊经营技术、服务特殊群体、肩负着完善金融结构战略使命的重大改革举措。

民营银行经营成败与否，不仅取决于所谓的风险管控能力，更取决于市场定位和经营模式。必须定位于被现行银行体系忽视的特殊区位和客户，立足于依靠自身技术与发起人股东的市场背景等优势，深入挖掘客户潜在的金融需求与金融行为差异，摒弃"所有客户全覆盖、所有区域全覆盖、所有业务领域全覆盖"的经营理念，创新服务方式与金融产品，使之成为未来健全银行体系不可或缺的重要组成部分。这也是国务院和监管部门审慎评估、差异化审批民营银行的良苦用心所在。

既然民营银行是应运而生，就必须在政策上允许、鼓励金融创新，容忍一定程度的风险甚至是局部的经营失败。在健全存款保险制度的基础上，这种规模有限的局部风险不仅不会引发系统性金融风险，还可以为监管部门探索监管模式与监管方式改革提供鲜活样本。也就是说，不仅民营银行自身要构建不同于现行银行体系的特殊经营模式，监管部门也不能用现有监管模式与监管方式来监管民营银行；民营银行的出现，既推动着金融服务创新，又推动着金融监管创新。在某种意义上，全新的民营银行能否达到顶层设计的预期目标，真正考验的是银行的监管能力和监管方法。

由于民营银行刚刚诞生，目前还无法在市场上对现行银行体系形成太大压力，但随着民营银行的发展和不断成熟，不仅现有银行体系的市场地位会受到越来越大的挤压，民营银行的客户体验也会传导到其他大型客户和高端客户，倒逼现有银行体系经营转型。例如民营银行对客户潜在金融需求与金融行为差异的挖掘技术与效果，会启发、推动现有银行体系转变客户服务模式，民营银行特殊的市场定位及其经营效果也会迫使现有银行体系放弃趋同的市场战略，重新审视自己的市场定位，并由此推动中国商业银行业整体迈上一个新的台阶。在这个过程中，现行银行体系也会在不断转型中出现分化，一些区域性城市商业银行、农村商业银行、村镇银行和农村信用社等小型存款性金融机构将吸收借鉴民营银行的成功经验，并在有关政府部门的推动下转型成为民营银行；大中型商业银行将不断审视市场方向、自身优势和同业动态，形成各具特色的专业化商业银行；大型商业银行将继续作为金融稳定的压舱石发挥基础支撑作用，并呈现经营偏好战略化（风险偏好靠近国家长远战略）、批发业务市场化（借鉴投资银行手段服务大型客户）、零售业务批量化（借助量化分析技术，批量选择个人客户和中小企业客户，并提供标准化、规模化产品）、经营业绩稳定化（资产负债与盈利水平稳定性向好，而非大起大落）。这些应该是可期待的，也是国家推动民营银行发展的深远意义所在。

五、关于集中宏观审慎监管职责的考虑

应该说，我国一直都重视金融宏观审慎监管，尤其是 2008 年国际金融危机以后，更是将不发生系统性、区域性金融风险作为"一行三会"首要监管任务。然而，近年来频繁显露的局部风险，特别是 2015 年资本市场的剧烈波动说明，现行监管框架存在着不适应我国金融业发展的体制性矛盾，表明科学、有效的宏观审慎监管框架尚未真正建立，"多龙治水"导致对系统性金融风险识别、监测、防范、预警和化解能力不足，解决宏观审慎管理反应迟钝、应对滞后问题迫在眉睫。学界和业界已有不少这方面的研究。2016年农历新年后，周小川行长连续两次公开表示强化宏观审慎监管是

金融监管体制改革的目标。他认为，过去在宏观货币政策和微观审慎监管之间，存在怎么防范系统性风险的空白，这就需要宏观审慎政策来填补。

宏观审慎的概念在 20 世纪 70 年代就已出现，国际金融危机后受到普遍重视。回顾 2008 年金融危机以来国际监管体制改革的主要经验，以巴塞尔银行监管委员会博利奥为代表，强调审慎理念本身应从微观向宏观全面转变，G20 和巴塞尔委员会（BIS）等国际组织都强调要构建以中央银行为核心的宏观审慎管理体制。2009 年以来，全球 60 多国通过中央银行法的修订赋予中央银行金融监管职能，明确中央银行负责金融监管职责的经济体比重达到五分之四。美国、欧盟、英国、德国都以央行为核心，加强了宏观审慎管理以及宏观审慎管理与货币政策的协调配合。宏观审慎政策与货币政策并列，主要是应对金融体系的顺周期波动和跨市场传播，并在危机发生时协调一致、有效应对。

鉴于宏观审慎管理框架与货币政策体系具有天然的一体性，结合国际经验和我国实际，我们认为中国人民银行最有条件履行宏观审慎监管职责，在把握宏观经济趋势和控制系统性风险方面更具有优势。首先，宏观审慎监管对象主要针对系统性金融风险，致力于金融体系的稳定，货币政策主要目标是保持宏观经济平稳增长，二者虽有所区分，但目标方向是一致的，经济稳定是金融稳定的基础，但金融不稳定则会严重拖累实体经济。因此，赋予中国人民银行宏观审慎监管职能，有助于统筹和协调货币政策和宏观审慎监管政策。其次，防范和化解系统性金融风险是一项系统过程，涉及不同宏观政策的协调运用，但无论是金融机构风险处置，还是金融市场危机处理，中央银行的最后贷款人职能都是不可或缺的重要工具，赋予人民银行宏观审慎监管职能，有助于人民银行作为危机救助的最后贷款人承担防范系统性风险的责任。再一点，相对于关注单个金融机构稳定的微观审慎监管，宏观审慎管理更加关注防控金融体系的系统性风险，专注于捕捉金融交易中的系统性风险信号，识别金融风险跨业传染路径，维护金融市场稳定，甄别系统重要性金融机构并施加额外监管要求，推进存款保险制度实施与处置问题金融机构。而这种监管要求是任何一家微观审慎监管机构无法承担的。

当然，赋予中国人民银行宏观审慎监管职责，也要求中国人民银行采取完全不同于微观审慎监管的方法。一是唯一监管责任，通过立法的方式唯一赋予人民银行发现、识别、应对系统性金融风险的宏观审慎监管职责；二是全面监测，全面接入与金融活动相关的运营数据，进行关联风险的分析监测，尤其是对系统重要性金融机构的运营数据必须实时监测，秉承"不干预、但必须随时了解过程"的宏观审慎监管理念；三是独立评估，必须建立宏观审慎评估体系，以便捕捉、识别系统性风险，并对系统性风险的累积情况进行持续监测，立法赋予中国人民银行独立的评估判断职责，中国人民银行也要有能力综合运用定量和定性手段，对系统性风险或潜在的金融脆弱性进行准确及时判断；四是前瞻性预警，尤其是重点关注每一个系统性风险指标相对其合理水平的偏离程度，并建立一个政策启动的"时间窗口"区域；五是及时行动，当系统性风险预警信号发出后市场没有反应或逆向反应时，授权中国人民银行及时采取行动，避免系统性风险暴露、至少最大限度降低不得不暴露的系统性风险对经济金融的颠覆性冲击。

同时，中国人民银行承担的支付清算、登记、征信、反洗钱等微观金融服务与管理职能剥离移交微观审慎监管部门。

此外，还有一个与系统性风险相关的区域性金融风险问题。根据国际金融危机爆发过程和我国经济金融实际状况，国内发生系统性金融风险的过程可能并非仅由系统重要性金融机构经营失败引发，更主要的可能是由于系统重要性金融机构分支、地方金融机构、地方政府融资断裂、民间借贷危机、房地产泡沫破裂等原因引发区域性金融风险，然后金融风险在区域间传染冲击、膨胀，或外部冲击引发区域间金融市场共振、金融风险加剧，进而形成系统性金融风险。目前，我国的区域性金融风险主要来源于三个方面：一是地方政府利用地方性融资平台筹措大规模资金用于基础设施、公益性项目建设，银行贷款占有较大比重，地方政府的举债规模远超过其还债能力，带来债务风险和财政风险，并转移到金融机构。二是地方政府在土地财政动力下急剧膨胀的房地产行业，伴随房地产行业发展，银行资金在这一领域及相关领域投放很大比例，房地产泡沫破灭时银行不良资产迅速上升。三是地方政府滥办金融，例如小额贷款公司、小额担保公司等，违规经营形成的风险。因此，在未来宏观审慎监管框架设计中，不能回避中国人民银行与地方政府金融管理部门在区域性金融风险监管方面的职责划分与政策协调机制安排问题。

六、关于微观审慎监管转型的思考

20世纪90年代以后，我国金融业步入快速发展阶段。由于当时的金融体系以机构为主，考虑到西方普遍实施分业经营、分业监管的金融体制架构，我国也逐渐确立了"一行三会"的金融监管框架，按照"谁的孩子谁抱"的原则，以机构属性划分监管职责。但近年来，多层次金融市场快速发展，金融机构也呈现综合性和多功能特征，金融机构内部交易外部化、内部管理市场化，银行、信托、证券、基金、保险业务相互交叉，商业银行表外业务、影子银行、互联网金融信息平台和各类型资产交易平台纷纷涌现，金融体系发生了深刻变化，呈现出金融机构"跨行业"、金融产品"跨领域"、金融业务"跨市场"、互联网金融"跨平台"、地方金融"跨区域"、金融市场"跨国界"等特征，分业监管体制面临重大挑战，监管空缺、监管套利行为、金融欺诈风险上升、消费者权益保护不力甚至洗钱等违法金融活动已经成为社会关注热点。

因此，在明确了中国人民银行的宏观审慎监管职责之后，微观审慎监管也要适应经济金融发展趋势，逐步实现由分业机构监管为向集中、集约、全覆盖的金融行为合规监管、金融金融市场秩序监测为主要特征的功能监管转变。一是要对全部金融机构、金融市场行为以及综合性金融创新进行全盘监管，确保不留死角，包括将金融控股集团公司和互联网金融公司等纳入直接监管范围；二是统筹金融中介准入职能，配合投资与服务市场准入管理，使金融业为国内的经济活动和跨境的经济活动提供更好的金融服务；三是强化金融行为合规性监管，包括信息披露要求、反洗钱、反欺诈误导、个人金融信息保护、反不正当竞争，打击操纵市场和内幕交易，规范广告行为、合同行为和债务催收行为；四是加强金融业消费者保护，促进弱势群体保护和消费争端解决，建立现场检查、非现场监管工作体系，提升金融机构的诚信意识和消费者的诚信意识，促进公平交易，维持市场秩序；五是承接好中国人民银行剥离过来支付清算、登记、征信等微观金融服务职能，提高监管微观金融服务能力和水平；六是对于严重金融违规、市场欺诈、扰乱金融市场秩序等行为，强化监管机构调查和处罚权力，做到执法必严、违法必究。

作为微观审慎监管转型之举，在具体实施上要注意以下几个方面：第一，是否重组微观审慎监管体系，例如成立金融监管与服务委员会或总局。其必要性和时机均应在明确中国人民银行宏观审慎监管职责和有效运转之后再考虑。第二，全覆盖（全过程）微观审慎监管的实质是行为合规性监管、市场秩序性监管、消费者权益保护性监管、反洗钱与反欺诈等执法性监管，对于监管者专业技术水准要求很高。第三，经济处罚、司法调查、行政与刑事诉讼将成为常规手段，而对于金融主体正常的经营管理活动不再给予监管指导或指引，甚至对于不良资产也不再进行监管考核。

宏观审慎监管和微观审慎监管并不是截然割裂的，从实践上看将二者有机联系起来的最佳纽带是预期管理。金融危机之后，欧美等国加强了对预期引导的管理，对预期引导可以说是发挥得淋漓尽致，通过官员、专家等给出预期性言论，在政策出台之前，就达到了政策的预期目的，可谓是"不战而屈人之兵"。欧美等国在预期引导方面的做法和经验值得我们参考和借鉴。

美联储在预期引导方面进行了诸多实践探索，通过对政策工具的清晰界定、对政策调整时机所应具备条件的明确解释，以及定期通过每季度的议息会议，及时公布会议纪要等手段，使政策调控的意图被市场所预见，从而有效引导市场预期。金融危机后，美联储一直维持超低利率，对于调整时机，则明确提出三个数据门槛：即通货膨胀率、就业指标和产能利用率水平。在量化宽松退出政策和加息方面，美联储前主席伯南克和现任主席耶伦不仅在听证会上提出一套路线图，而且还在不同场合给出暗示，有意引导预期。

欧洲央行原本拒绝做任何"预先承诺"的政策宣示，但在经济下行的压力之下，尤其是市场预期被美联储有效"引导"的情况下，果断开始"预期管理"，2013 年 7 月，欧洲央行公开宣布"关键利率将在较长一段时间保持现有或更低水平"，用"前瞻性指引"来对冲美联储的预期引导。

日本政府在安倍上台后，"预期管理"成为实施"安培经济学"的重要抓手，安倍曾多次要求日本央行设定 2% 的通胀目标，进而提升市场对股市上涨、日元贬值和通胀上升的预期。

因此，当引导和管理市场预期已成为发达国家调控经济、提升调控政策效果的重要手段时，我国政府也应因时应势，依据自身情况推出自己的预期引导措施。一是预期引导应建立在研究分析基础之上。只有建立在大量的研究分析基础之上，才能对当前及未来的形式进行合理的判断，这是进行预期引导的基础。二是明确预期引导的量化指标。预期引导需要有相应的指标来度量、来统一市场的预期，需要构建系统性的量化指标，并明确量化标准目标，而非含糊其词。三是增加金融调控政策透明度，加强与市场的沟通。金融宏观调控政策透明度本身就是强化沟通的一种重要方式，通过与市场的沟通，可以更好地让市场形成对未来政策路径的合理预期，并以此做出决策。四是要保持政策的延续性和一致性。在市场对金融宏观调控政策形成预期，并做出决策时，金融宏观调控政策就应当在合适的时机出台，如果出台不及时或出台政策和市场预期不一致，就会导致市场产生较大的波动性，同时也会对后续的政策预期产生负面影响。

附

中国大型银行的市场困惑与转型思考[①]

2014 年下半年以来，中国银行业经营发展面临前所未有的困境，承受着越来越大的压力。特别是大型银行，作为中国银行业的主体，虽然通过改制、引进战略投资者、借助国际金融危机实现了"弯道超车"，跻身国际大银行前列，但刚刚尝得改革成果没几年，又处于改革与发展的十字路口。外界，对银行经营管理的质疑也是此起彼伏。业内，银行业人士产生了诸多困惑。到底应该怎样看待现状？中国大型银行业的真正挑战到底来自何方？出路何在？

一、中国大型银行面临诸多困惑

2014 年以来，整个银行业面临一些新的变化，这些变化在大家的思想中产生很多疑惑。这些疑惑银行内部有，社会各界都有。一是部分地方政府对银行有微词。反映经济在下行压力加大，而银行信贷对实体经济的发展的支持不足，对中小企业、自主创业的支持不足。二是部分企业家对银行有意见。反映银行只是一味要存款、要结算。经济好的时候推销贷款，经济下行压力加大时定了很

---

① 《征信》2016 年第 2 期。中共中央党校中国干部学习网 2016 年 6 月 7 日转载。

高的贷款标准、门槛，这个抵押、那个保证，企业贷款很难。三是老百姓对银行有怨言。反映过去到了银行排队、服务态度不好；现在银行排队少了、服务态度好了，但是钱放到银行利息太低、产品太少，而且还卖给客户不熟悉的保险等各种产品，出了风险让客户自己承担责任。四是监管当局对银行有担忧。银行内部合规管控能力、经营能力、资本水平、资产质量等等都充满着风险，与国际领先银行相比，精细化管理的差距很大。五是媒体对银行有误解。部分互联网媒体对银行不良率上升、盈利能力下降进行了所谓的深度解读，有人甚至认为银行是 21 世纪的恐龙。所以现在整个银行业和几年前相比判若两人。银行到底怎么了？是不是要出大事了？

客观地讲，银行业面临的这些问题，既有外部原因，也有根深蒂固的自身原因。2008 年国际金融危机之后，整个中国经济开始步入一个下行期。但对于这样一个经济下行期，应该说银行业大部分人并没有足够的思想准备，基本上都是按照老经验，"困难是暂时的，很快就会过去"。然而，经济调整的要求和恢复的困难远远超过我们的预期，没想到现在已经是 2015 年了，经济生活面临的突出任务依然是止住下滑，怎么把经济稳住。由于大家对这次经济下行期没有充分的思想准备，因而无论是银行业内部经营策略还是外部政策导向都没有进行及时调整，自然也就产生了诸多困惑。

困惑之一：评价和导向目标多元化，什么才是好银行？

漫长的经济调整期必然反映在银行的经营上。在这个漫长的下行期，银行的表现怎么样呢？规模在增长，增速在下降。以四大银行为例，资产规模每年都在不断上升，但是资产的增速从 2009

年开始不断下降；利润在 2010 年达到顶峰，之后增速不断下降，2014 年降至个位数，2015 年很多银行的经营目标已经变成了保持正增长，不变成负增长。但是如果拨备计提充分，把该处理的损失处理掉，那么 2015 年估计有不少银行实际是利润负增长。由此给外界造成了一个印象，银行怎么了？是不是经营管理的能力在下降？如果不是能力在下降，为什么指标都在往下走？

　　透过社会各界对银行的抱怨，透过金融危机以来数据变化的趋势，其实对银行业从业人员来讲，自己也面临很多困惑。一方面企业缺钱，一方面银行有钱放不出去；一方面到处都是资金需求，一方面银行看不清楚钱该给谁；一方面讲银行要以盈利为目标，一方面又强调大银行的社会责任；一方面 ROA[①]、ROE[②] 在下降，高管层不满意、股东不满意、管理部门不满意，要求银行提高盈利水平，一方面又说银行的风险偏好有问题，风险太大，要审慎经营、防止不良资产反弹。总之，既要促进经济增长，又要保利润、防控风险、维护金融稳定，理财产品到期要保证兑付，还要承担社会责任。这么多目标，分别看都是合理的，每个评价都有自己的一套科学体系，但银行到底该怎么办？是需要我们认真思考和研究的。

　　困惑之二：银行"标杆"消失，下一步该向什么方向走？

　　国有大银行从财务重组到改制上市，一直都是一个虚心的学

[①] 资产收益率（Return on Assets，ROA），是用来衡量每单位资产创造多少净利润的指标。

[②] 净资产收益率（Rate of Return on Common Stockholders' Equity，ROE），净资产收益率又称股东权益报酬率、净值报酬率、权益报酬率、权益利润率、净资产利润率，是净利润与平均股东权益的百分比，是公司税后利润除以净资产得到的百分比率，该指标反映股东权益的收益水平，用以衡量公司运用自有资本的效率。

生，向国际活跃银行、领先银行学习，以欧美大型商业银行为业务"标杆"，通过引入战略投资等方式，学习其先进管理经验，管理能力迅速提高。美国银行战略投资建设银行不仅帮助建设银行提升了市场价值，更重要的是帮助建设银行提升了经营管理的能力，树立了风险收益平衡理念，提升了很多管理方面的技术。当时国有大银行改制的目标就是要对标国际领先银行，不断缩小与国际领先银行的差距。然而金融危机爆发后，国际大型银行遭受重创，纷纷寻找各自的转型模式，相应中国大型银行的主要指标则都已超过国外大型银行，"国际标杆"突然没有了，"标杆"式的思维模式受到冲击。目标没了，下一步该向什么方向走？

困惑之三：银行市场份额不断下降，是不是银行的经营管理能力在下降？

虽然危机后，中国大型银行的国际地位不断提升，但客观地说，除了其自身经营能力提升之外，还有一个重要原因就是国际先进银行在本次危机中均不同程度遭受冲击，使得我们地位凸显出来。更为实际的情况是，工农中建四大银行的国内市场份额不断下降，存、贷款占比呈现出下降趋势。加之考虑新金融业态迅速增长的市场环境中，传统银行份额不断降低。这种变化意味着什么？是不是银行要出问题？是不是银行的经营管理能力在下降？

困惑之四：不良贷款回升，会不会超出承受能力？

2014年开始，随着经济下行压力增大，银行资产质量出现持续恶化，不良率开始反弹，2015年迹象更加明显，上半年国内银行业金融机构不良贷款余额为1.8万亿元，同比增长35.7%，比年初增加3222亿元，已达上年全年增量的1.25倍，不良贷款率

1.82%，较年初上升 0.22 个百分点。更加令人担忧的是银行业信贷资产的形态也在持续恶化。2015 年上半年，银行业关注类贷款余额 4.18 万亿元，同比增长 33.02%；较年初增加 6081 亿元，为上年同期新增额的 2.66 倍；关注类贷款率 4.32%，较年初上升 0.34 个百分点。银行业整体拨备覆盖率 171.76%，其中商业银行拨备覆盖率 198.39%，同比下降 64.49 个百分点。不良率在上升、不良额在增加、拨备覆盖率在下降，意味着银行吸收风险的能力在下降。不良贷款已经成为困扰银行、阻碍银行业发展的一个重要因素。全国大部分银行都把主要精力用在处理不良贷款上，而且现在对于不良贷款的处置，要么核销、要么打包出售，财务上到底能支撑多久？还有没有别的更好办法？这也是一个重要的疑惑。

困惑之五：息差不断收窄，银行的收入靠什么支撑？

中国银行业收入过于依赖利差收入，占比仍在七成以上，国际上很多银行，息差收入在整个收入中基本上是 50% 左右。在利率市场化的节奏不断加快的趋势下，利差不断缩小将会对银行利润增速带来严重影响。这是我们面临的又一个困惑，未来的银行收入靠什么来支撑，银行的利润靠什么来支撑。过去主要靠息差，只要资产规模上去，收入就会上去，利润就会上去。但在利率市场化的情况下，息差是不断收窄的，在息差不断收窄的情况下，最近几年银行业普遍强调中收，然而这两年，经济下行压力增大，企业困难，中收来源越来越窄，再加上对银行社会责任要求的强化、可收费项目的减少，靠非息差收入来弥补息差收入下降对银行造成的影响，已不是一件容易的事情，甚至越走越窄。因此，未来我们的收入、利润靠什么支撑呢，也在困惑着我们。

二、市场空间不是银行困惑的根源

银行面临的一系列困惑有没有解？这些困惑的根源到底是什么？大型银行困惑的原因何在？有人认为是近年来经济持续下行、市场空间在束缚着银行的发展。因此，银行要走出困惑、摆脱困惑，只有等待，等待经济好转，等待经济回升。但是不要忘了，现在是经济放缓不是经济萎缩，经济总量不是在减少，还在不断扩张，只是增长的速度有所放缓。况且经济总量（GDP）是在 10 万亿美元水平、增长速度保持在 7% 左右的中高速，在以间接融资为主要途径的经济环境下，金融需求，尤其是对银行的金融需求仍然十分强劲、巨大，因而经济下行压力增大对银行发展构成束缚的说法是没有道理的。

据有关预测，即使固定资产投资增速未来几年都在 10% 以下，到 2020 年固定资产投资总量也将会达到 300 万亿元。那是一个巨大的总量，怎么能说没有市场？怎么能说市场规模对发展构成约束？

再来看消费。最近几年我国的社会消费品零售总额增长率基本保持稳定且一直处于上升趋势。2014 年社会消费品零售总额超过 25 万亿元，是 2003 年的 5 倍，比 2009 年翻了一番。居民人均可支配收入也是快速增长。从 2008 年国际金融危机前的 15781 元到 2014 年增长到 28844 元。国际金融危机后全球主要经济体没有一个国家的居民人均可支配收入像中国这样快速增长。居民人均可支配收入快速增长给银行提供了充足的、大量的市场机会。

有人认为，市场日益成熟，改革开放给银行带来的发展红利已经释放完毕，银行发展至今遇到困难也是必然的。但笔者认为，中国是一个正在深化、迅速成长的新兴市场，市场深化所带来的银行发展红利刚刚开始释放，后续势头还很强劲。例如，中国住房市场的空间还很大，商品市场、养老市场、医疗市场、教育与文化市场、体育与旅游市场等等都是刚刚开始形成，距离市场的深化、成熟还很远。

所以，无论是从经济总量还是从市场深化的角度看，都不能得出银行业的发展面临市场空间束缚的结论。事实也是这样，从统计上来看，多年来金融增加值一直呈现上升趋势。所谓银行发展遇到市场空间束缚，可能是一些人自己给自己找说辞、找台阶，而真正的市场空间是很大的，并没有构成发展束缚，更不用说存在所谓的天花板。

三、金融结构变化，对银行发展既是挑战，更是机遇

有人认为，当前银行的困惑来自于金融结构变化。这种见解不无道理，但笔者认为金融结构变化对于银行发展也不构成市场约束；客观分析这种变化，对于银行来说既是挑战，更是机遇。

（一）直接融资比重提升对国内银行业来说不是挑战而是机遇

最近几年，中国直接融资的比重大幅度提升。但是对比美国，中国直接融资的比重仍然低得多。美国银行业在以直接融资为主的金融结构下依然发展得非常好、非常快，这说明相关金融结构的变化并不一定对银行的发展构成制约。

首先，理论和实践都表明，无论是在什么金融结构下，个人客

户、中小型企业都不可能离开商业银行。从美国银行业看，中小型企业、个人客户始终都是大型银行最基础的客户。全球市值第一的富国银行，贷款中56%为零售贷款（包括小微企业贷款）。2013年，富国银行小微企业贷款增速为8%，超过总体贷款增速7个百分点。

其二，大型公司尤其是高评级的大型公司，虽然越来越趋向市场融资，但它的其他金融服务仍然离不开商业银行尤其是国际化大型商业银行，例如资金循环、风险对冲、清算、现金管理等。

其三，由于大型银行具有资金以及包括投行业务在内的综合金融服务优势，即使是大型公司的市场融资活动，其很多也是透过大型银行来实现融资安排的，如德意志银行、花旗银行都在帮助企业安排资金、帮助企业筹措银团贷款。事实上，富国银行营业收入中有26%来自于大型客户的批发业务，这些业务带来的净收入占其全部净收入的40%。

由此可见，金融结构的变化，对国内银行业不是挑战而是机遇。目前，我们所遇到的问题，在于经营理念、经营思维以及经营模式没有适应市场的变化。我们总是向大型客户推销贷款，一旦大型客户不要贷款了，很多人就没辙了。其实，我们一直没有深入分析、了解大型客户的真实金融需求，没有针对大型客户的金融需求提供切实的金融服务，也正因为如此，我们银行业才显得很被动。

（二）新型金融业态的发展，并没有触动大型银行传统业务的蛋糕

还有人认为是新型金融业态的发展，动了传统商业银行的蛋糕，是互联网金融、各种"宝"挤压了银行的发展空间，占据传统业务的市场。事实上，新型金融业态的发展，从总体上讲并没有触动大型银行传统业务的蛋糕，但确实对大型银行产生相关性影响，部分传统客户被吸引，更有"鸡肋变肥肉"的失落感。

新型金融业态兴起，首先改变了传统意义上的直接融资与间接融资的金融结构。一方面，传统意义上的直接融资比重迅速上升（直接借贷、票据、债券、公募与私募股权等）；另一方面，新的金融需求驱动金融服务创新，直接融资与间接融资的界限模糊。

然而，更值得担忧的不是银行和非银行金融机构，也不是银行内部，而是银行、金融机构和非金融机构金融服务的变化。过去信用中介、金融中介都是指金融机构提供者，但是近年来非金融机构提供金融服务迅速增加，如阿里巴巴就是一个典型的非金融企业。它提供了大量的金融服务，从最开始的支付宝到余额宝，以至于到后来的阿里小贷，这些都是在非金融机构的框架下开展的金融业务。其他如 P2P、众筹、民间借贷，全部都是非金融机构提供的金融服务，而且它们的增长速度是几倍于金融机构已有的发展水平。

基于以上因素及事实，可以得出如下基本判断：新兴非银行金融机构其实并没有触动传统银行业务的蛋糕，而是进入了目前我们不熟悉、过去不屑一顾的新领域，开辟了新天地，发现了新金矿。面对新型金融业态的快速发展，传统商业银行的任务不是保卫战、阻击战，而是要积极介入新蓝海。

（三）边际市场改变、互联网和大数据技术应用、服务方式创新创造出新的蓝海

认识决定战略，战略决定未来。对于传统银行业面对的是新蓝

海，如果我们再像过去那样不屑一顾，或者说像现在一样看见别人吃肉我们眼红，都不是正确态度。这种不正确的认识会导致我们的战略失误、会影响我们的未来。

银行经营环境由中低收入水平（3000 美元以下）进入中高收入（7000 美元以上），边际市场的性质开始发生质变。过去 3000 美元以下的中低收入，也就是所谓的尾部客户，骨头多、肉少，银行不屑一顾。但当人均收入水平从 3000 美元进入到 7000 美元时，你会发现这一块和当年不是一回事，这一块当中相当一部分客户就是当年标准的优质客户。过去银行受技术水平的限制，对尾部的人群市场经营成本很高，大家不愿意去做。但互联网和大数据技术的出现，使得尾部经营变得更加容易，成本更低，效益更高。阿里巴巴做的其实就是市场的尾部这部分，依靠互联网和大数据技术，成本很低、效益很高。这充分说明如果我们坚守"二八原则"，就会陷入被动。如果我们进入这个新领域，仍然按照过去的思维、习惯、方法、技术，我们依然做不下去。我们只有采取互联网和大数据技术才能有效经营过去看不上的、过去是鸡肋现在是肥肉的市场。

曾经的尾部如今已是很大的市场。如果以 10 万美元划分家庭金融资产，中国目前家庭资产小于 10 万美元的占到全部总数的93%，10 万到 100 万美元的是 6%，剩余 1% 是 100 万美元以上。其实互联网金融、新型业态开拓的就是 93% 的蓝海市场。微众银行要干什么？依托腾讯的技术和海量数据，面向城市蓝领阶层以及其他中低收入者，提供便捷的金融服务，一开始的定位就是基于数据与技术的新一代银行。如果将互联网用户通过两个维度切分并测算规模，目前银行主要集中在家庭月收入超过 1 万元人民币的无网银互联网客户、非活跃网银客户，家庭收入在 4000—10000 元人民币的活跃网银用户（近三个月内曾使用）、无网银互联网客户、非活跃网银客户，银行基本是不介入的，这是一块规模达到 3 亿多的客户市场，目前主要是由互联网金融企业在经营。也就是说，这是一块传统银行业过去不愿意做、不会做、也不屑一顾的市场，当互联网金融把它做大时，就会对传统银行原有的市场形成冲击，有一部分客户就会流失。

当我们面对金融结构变化时，如果没有意识到变化的实际价值在什么地方，就不会为此做相应的思想准备，更不用谈技术准备。如果宏观政策要求银行必须承担社会责任，很多人就用传统的方式去做，结果一做就赔，成本很高，反而更不愿意做，这样大型银行就陷入了一种恶性循环。最近有银行将小企业贷款引入大数据技术，推出大数据产品后发展很快，不良率很低。说明不是没市场、不是不能做，是过去做的方式有问题，思维有问题，模式有问题。因此，我们不仅要看到"尾部客户"是一个新蓝海，还要熟悉新蓝海，适应新蓝海。这才是转型！

四、银行都在找方向，"分化"将成为未来银行的基本特征

基于市场金融需求变化趋势，金融供给模式必须相应做出调整。作为金融供给主体的大型银行，谁先认识，谁先行动，谁将成为主导未来银行的领袖。未来银行到底怎么样，现在并没有共识，因为没有清晰的蓝图，但正因如此，恰恰说明银行探索未来的发展方向

至关重要。每家银行都在寻找自己的方向，都不可能再通过复制别人来取得成功，所以标杆消失之后，方向要自己找，路要自己走。

"分化"将是国际银行业的基本趋势。从欧美银行业发展的趋势看，金融危机后，分化是基本的趋势，而分化的本质就是形成自己的经营特色、经营优势。国际银行的 ROA、ROE 是完全不一样的，有的高，有的低，高低差距很大，说明银行不再是同质化。每家银行都形成自己的特色、形成自己清晰的定位，不可能再像危机前大家都是一个样子，清一色的"高大全"。例如，花旗集团是具有创新精神的国际化的零售银行，摩根大通是以批发银行为主、不断推进零售化的大银行，汇丰集团是以贸易融资为特色、以批发银行为主的国际化的银行集团，美国银行是本土化的著名零售银行，富国银行以传统业务为主的、具有独特经营理念和经营特色的银行。未来还将会出现各种各样的特色银行，如综合化、多功能、国际化银行，零售商业银行，低成本银行，特色领域的专业银行，纯网络银行，生活银行，等等。

展望未来，中国银行业的同质化发展模式必将被打破。目前中国银行业的 ROA、ROE 基本上差不多，同质化严重。未来的银行业肯定会从同质化走向分化，不同银行会形成各自不同的经营特色，这种不同的经营特色不同于过去我们政府主导的专业银行，而是不同的银行在市场当中找到自己的定位。

从深层次上看，客户需求深化是银行分化的动力，嵌入式的综合金融解决方案将决定公司金融业务的分化，便捷和跨界将决定个人金融业务的分化。过去所谓的创新都是在盈利、同业竞争驱动下的转型与变革，而当今银行转型与变革的主要动力源自客户需求的变化。把握需求趋势，深刻理解不同市场主体的金融需求，准确定位各自银行的市场战略，将十分重要。

传统优质客户的金融需求不再局限于传统的存款、贷款、结算等基本金融服务，存款需求逐步深化为公司理财、现金管理需求，客户不仅需要获得安全稳定的收益，而且要创造更大的效益；贷款需求逐步深化为一揽子的综合融资需求（项目融资、供应链融资、贸易融资、发行公司债与票据甚至股权融资等），以及信用增级服务、汇率与大宗商品交易的市场对冲等，并要将综合融资嵌入业务流程，配合公司整体战略实施，成为综合竞争力的一部分；结算需求逐步深化为现金管理需求，达到最佳的资金使用效率。

就个人业务而言，客户对金融服务的移动化、便捷化的需求日益强烈，随时、随地、随意满足其金融需求成为银行金融服务的首要目标。如何能够解决随时、随地、随心所欲这种金融服务需求？只能依靠技术的进步满足客户需求。ATM 解决了"随时"（八小时、五天工作制的束缚）；智能手机出现解决了"随地"，但距离"随心所欲"还有不小差距，而客户却有这样的需求，我们就要创新探索，如智能银行、智慧银行都是这样一个概念。未来的银行服务，金融供给会出现跨界的趋势。为客户提供商品推荐、购买、支付、物流等一揽子的综合跨界整合服务将会成为银行一种新的金融延伸服务模式。

我们还应该看到，风险管理能力将决定银行业资产质量的分化。不良贷款上升、资产质量恶化，虽然与经济下行压力增大有关，但把相当多的案例放在一起进行分析，会发现不完全都是经济下行压力增大的必然产物。不同的银行在风险识别能力、风险监测能力、运行手段方面的不同，会导致资产质量的差异。以某家银行中小企业贷款的不良率为例，传统的小企业产品不良率是 3.1%，阿里小贷是 1.5%，银行创新性的大数据产品不良率是 0.12%，这就是一个典型的分化。

综上，国内银行业当前面临一系列的困境，其实有些困境并不是绝对的困境，是因为市场在变、客户需求在变，而银行的思想、思维、理念应对滞后，所以显得处处被动。如果银行能够适应这种变化，及时调整经营理念、转变经营模式、创新经营服务，它就不是一种约束，而是一个难得的机遇。具体到同业，谁变得快，谁就赢；谁变得慢，谁可能就被动；谁不变，将来可能就会被淘汰。

五、大银行的互联网战略具有转型意义

2013 年以来，笔者曾经对大型商业银行布局"互联网＋金融"的战略进行了持续跟踪。笔者认为，互联网商业模式是中国迄今为止发生的影响最为深远的商业革命，在中国经济转型和结构调整中发挥了无法估量的作用。互联网与金融行业的结合，已经催生了火热的互联网金融行业，并在理财、支付、信贷等领域对商业银行传统业务造成了一定程度的冲击，引发了大型银行的战略关注甚至战略调整。2014 年下半年以来，业界的讨论很多，动作也很多，认识分歧也很大。笔者认为，大型商业银行应该亲近互联网、布局"互联网＋金融"战略，不仅要加快互联网技术在金融服务中的应用，更重要的是应当深刻剖析"互联网＋金融"模式蓬勃发展的内在动因，结合自身优势准确定位、提出未来的发展战略。大型商业

银行布局"互联网＋金融"战略，既不是颠覆金融的本质，也不是打造一个孤立于集团主业、渠道与体系之外的网络银行，而是要牢牢把握以客户为中心，用互联网的思维和方法来改造整个银行集团经营模式，构建与全渠道产品和服务高度融合的全方位互联网金融体系，通过整合多种金融、非金融服务，在平衡风险与收益的基础上提升客户体验。

1. 大型商业银行应该充分借助互联网思想和理念，加快银行支付方式创新，巩固支付地位

所谓的互联网金融突破口和当前竞争的焦点主要集中于支付领域，这也符合金融发展规律。传统金融的起点也是源于支付结算，之后慢慢地向存、贷领域延伸。支付宝之所以做得好，与商业银行沉浸于传统业务模式不无关系。金融行业涉水互联网，是从 20 世纪 90 年代的网上炒股开始的，但几乎是在十年后，才诞生了支付宝。支付宝当时进入的是一个商业银行瞧不上的、看起来利润也不大的领域，而这却恰恰就是人们常常提到的"蓝海"。其实，目前各类创新支付方式还无法脱离原有的支付体系独立运作，特别是在保障客户交易安全方面大型商业银行还具备不可替代的优势，第三方支付企业能够做到的，商业银行也有能力、有条件做到，并且做得更好。大型商业银行需要依赖技术创新，适应客户不受时空限制的支付和交易需求，不断提高支付的时效性、便利性和安全性，确保在支付结算领域的优势地位。

2. 依托互联网和大数据技术，创新和变革银行风险管理和客户营销模式

关键是要不断夯实数据基础，强化数据管控和数据挖掘，充分

利用大数据的技术方法解决营销和风险管理有效性问题，并借助互联网技术提升客户服务效率和服务质量。例如，如何更好服务小微客户是大型商业银行面临的一个困难，借助互联网技术，根据中小微企业依托大型核心企业上下游产业链生存的特点，发挥大型银行拥有大型企业客户的优势，依据中小微企业与大型核心企业的交易记录，充分挖掘交易和订单数据，运用大数据技术大力发展供应链金融和小微企业金融，拓展业务发展空间。据统计，目前我国中小微企业数量已超过 4200 万家，其中个体工商业户 3800 万家，保守估计信贷市场容量在 40 万亿以上，是名副其实的"蓝海市场"。

3. 借助互联网技术，挖掘长尾客户的新"蓝海"，解决商业银行当前面临的业务发展瓶颈

长尾客户是指那些金融资产不高的低端客户，在以网点为主的银行服务模式下，由于成本较高，收益覆盖不了这部分客户的服务成本，银行也没有足够的动力去充分满足这部分客户需求。然而，新兴的互联网金融企业却借助技术创新和产品创新，并使这部分长尾客户的金融服务成本大幅降低，并通过有效发现需求、挖掘需求、满足需求，迅速拓展市场，不仅有利可图，而且空间巨大，很短时间内就积累到足以抗衡部分城商行的资产规模，也做到了事实上的普惠金融。这是商业银行已经借鉴并正在着力推进战略转型重点之一。

4. 适应"移动"+"互联网"的时代要求，全方面介入客户生活，并开拓新的收入来源

当前，新渠道、新技术在金融服务领域的应用周期正在缩短，网上银行的普及经历了十年之久，手机银行也有五年的发展史，而

移动支付的发展虽然只有两年，但市场前景已经显现。一旦错失了本轮发展契机，势必造成战略上的被动。在移动金融领域，我们必须摒弃传统思维，用开放的心态和互联网的思维，真正做到以用户体验为核心，在服务流程上做到最大便利，在技术安排上做到安全可靠，并借助大数据方法收集分析用户行为数据，培养、指导客户的行为预测能力，真正成为客户离不开的生活伙伴。

大型商业银行布局"互联网＋金融"战略，可以从客户、产品、渠道和实现手段四个维度来推进。客户维度方面，由服务特定客户群体转变为服务全量客户群体，互联网技术的不断创新颠覆了传统银行"二八定律"的零售业务经营理念，长尾价值不断被发现并日益凸显，银行网络渠道服务体系的完善和技术的升级也使得服务全量客户具备了条件。产品维度方面，由提供单一客户部门产品向打造综合化服务平台式提供集成银行内部金融产品、全集团金融产品及第三方产品与服务的涵盖金融与非金融服务的综合解决方案转变，打造客户、银行、第三方共同参与、有效互动、互利共生的商业生态系统。渠道维度方面，由各渠道独立发展向O2O线上线下协同发展转变，实现线上渠道和物理网点协同、信息共享、流程的无缝对接，为客户提供全面、综合的金融服务和全新的体验。实现手段方面，通过运用大数据、云计算等前沿技术，提升数据挖掘能力，支持精细化管理和营销。

大型银行"互联网＋金融"战略的全面实施急需技术创新。从提升核心竞争力、建立持久竞争优势角度考虑，大型商业银行技术创新应以我为主，借鉴技术最新发展方向，提升自身技术创新能力。但是在技术实施过程中，要有开放的心态，主动学习、引进外部先进理念和技术，尤其是互联网公司的大量技术创新。笔者认为，技术升级的方向有几个关键：一是"云化"，实现云计算在金融生产环境的应用，支持快速敏捷部署、高效规范运营、自动集中管控，缩短 IT 资源供给周期；二是"移动化"，适应用户日常行为向智能手机等终端转移的趋势，通过移动终端为客户提供一体化的银行服务；三是大数据应用，整合内外部各类结构化、非结构化数据，加强分析，支持商业模式创新、产品创新和管理创新；四是以模型化、标准化的思路重构银行 IT 架构，将面向流程处理的系统建设思路转变为面向客户服务，支持灵活产品配置。虽然笔者不是技术专家，但能理解技术创新与业务创新良性互动的产品管理模式是互联网金融服务的核心竞争能力。互联网公司大多具备深厚的 IT 背景，往往能形成技术创新与业务创新的良性互动；而传统银行的 IT 部门往往只是一个支持保障部门，虽然有"业务需求引领技术研发"的研发理念，而实质上往往是"IT 研发资源的稀缺性制约业务创新需求的实现"。移动互联网、云计算、大数据分析等领域的技术应用，互联网公司要明显优于传统金融行业，而且近乎每个月甚至每周能推出优化版本的迭代创新。适应互联网时代要求，优化 IT 技术基础架构，实现技术升级，将成为大型商业银行实施"互联网＋金融"战略的关键。

六、正确认识大型银行转型过程中的"跨界"行为

在多次调研中，笔者逐渐感到未来的银行可能是跨界的银行，银行进军电商本身也是跨界的一种实践。但这种"跨界"与过去（20

世纪 80 年代）银行"不务正业"、大量自办经济实体完全不同。

在金融创新的过程中，一般的来讲有三个主要驱动因素，一个是自身盈利驱动，一个是同业竞争驱动，再一个就是客户需求驱动。过去，商业银行金融创新主要基于自身盈利和同业竞争压力，对于客户需求重视不够，什么赚钱干什么、怎样有利于变大就怎样干，以致自我循环、脱离实体经济。其实，商业银行产品创新和商业服务模式创新的基本驱动力应该来自客户需求。互联网金融从提出到现在，短短两年时间内得到了快速的发展，并且在社会上得到了积极的反响。为什么？笔者觉得互联网金融的价值就在于它努力发现了互联网环境中客户的金融需求，并最大限度地尊重这种金融需求，努力运用现代的金融工具、技术手段去满足这种金融需求。这是互联网金融之所以发展比较快，之所以得到社会广泛追捧的一个最重要的原因。

应该看到，商业银行也在一直努力。回顾历史，我们可以发现，银行业最开始不断的提升网点的覆盖面，就是为了最大限度地满足"随时""随地"的金融需求，但银行网点无论如何改变也解决不了 7×24 小时服务问题；ATM 的出现，解决了银行 7×24 小时服务的问题，但 ATM 仍然解决不了"随地"的问题；后来互联网技术出现，网上银行开始介入到金融服务，应该说网上银行在很大程度上满足了"随时""随地"的金融服务需求，但便利性仍然没有解决；随着智能手机的出现和移动互联技术的发展，移动金融应该说是最接近于"随时""随地"的金融服务需求。最近几年，银行业从不断扩大网点，到不断增加 ATM 到发展网络银行，一直到现在所谓的移动金融，都是为了尽可能满足客户金融服务需求。

那么，跨界会不会成为未来金融业的发展趋势？因为"随时""随地"享受金融服务需求，这种需求是永恒的，是无止境的。为了能够更大限度地满足随时随地的金融服务需求，未来金融服务的跨界将是不可避免的。作为银行业的经济学家，笔者清醒地认识到这一点。那么未来金融行业不仅要在跨界的环境中发展，还会在跨界的环境中不断形成新的金融关系和结构，这种未来金融关系和结构不是我们人为调整的结果，更多可能会是在跨界环境中不断变化、发展，最后形成一种全新的金融结构。在移动互联时代，客户行为发生了巨大的变化，新一代客户习惯于通过移动设备实现"一站式"的购物体验，传统银行割裂的产品交易服务和金融服务越来越难以满足他们的要求。与此同时一些大型的互联网公司大举向支付、信贷等传统银行业务进军，这种跨界经营对传统银行造成了很大的冲击。因此，银行也必须适应这一趋势，主动跨界，为客户提供更广泛的服务，最大限度地满足客户随时随地的金融服务需求。未来金融行业不仅要在跨界的环境中发展，还会在跨界的环境中不断形成新的金融关系和结构，创造新的商业模式。

在此背景下银行系电商营运而生。与天猫、京东等专业电商不同，商业银行做电商的直接目的不是销售商品，而是将传统的银行金融服务延伸到客户衣食住行等日常生活，为客户提供全方位的服务。在银行传统的资金交易链中，两端链接的实际上是生产者（销售者）和使用者，资金转移往往是商品/服务交易的结果，通过附加电子商务平台，银行可以将客户间商品、服务交易与资金转移融合在一起，为客户提供"一体化"的生活和金融服务。银行在电商平台上提供的，不仅是各类实物商品，还应包括更加广泛的生活服务，并与金融产品无缝融合在一起。由于定位不是单纯的商品交易平台，银行系电商不以赚取差价为目的，从而为商家和用户提供了一个高附加价值的平台，在金融交易过程中实现日常生活交易功能。随着我国经济转型的不断推进，消费在经济增长中的地位将愈发突出，互联网商业模式特别是网上购物的发展空间巨大，进而会给第三方支付、大数据金融，尤其是拥有交易数据支撑的小微贷、移动金融等互联网金融，带来井喷式的发展机遇，这也是银行发展电商的关键原因。电子商务和与互联网金融历来都是相辅相成、相互促进、共同发展，互联网金融的大发展也会反过来会推动电子商务再上台阶，使我国经济的结构更趋合理。

也应该看到，互联网与金融的结合，在带来一个巨大市场的同时，也出现了一些值得关注的问题。有些互联网企业脱离互联网商业交易活动转而模仿传统金融模式涉足传统金融业务，但并不具备传统银行的风险管理技术与经验；有些商业银行也在没有互联网商业交易数据支持的情况下简单地将线下业务搬到线上，有时候为了挤入市场而被迫降低政策标准。这些缺乏互联网商业交易基础的所谓创新性互联网金融行为存在着很大的风险，例如 P2P 网贷平台跑路风险、第三方支付平台支付安全方面的风险等。因此，监管机构对互联网金融进行差别化监管，规范互联网金融行为，营造一个健康的市场环境将是十分重要而又迫切的。

总之，大型商业银行布局"互联网＋金融"，主要是适应移动互联时代客户需求的新变化，将互联网技术和思维与现有业务进行融合，升级银行体系；大型商业银行"互联网＋金融"战略的基本特点是：将互联网技术和思维与现有业务进行融合，再造银行体系，全面优化业务处理、产品创新和客户服务流程；为客户提供全渠道、多种生活平台、丰富产品创新的更便捷、更全面的服务，而不是仅将互联网、移动互联网视为一个新的客户服务渠道，不是另起炉灶单搞一套互联网金融体系。这也是大型银行与互联网金融公司在对待"互联网+"问题上的最大差别。因此，在互联网金融的浪潮中，大型商业银行依托自身优势，重点拓展手机银行、跨界电商、移动支付、智慧银行业务，已经走在市场前列。

第四章

信用经济呼唤征信体系：经济走向
成熟不可或缺的基础建设

　　随着互联网技术和移动终端技术、大数据技术、云技术的蓬勃兴起，直接融资快速发展，直接融资与间接融资的界限越来越模糊，跨界和延伸金融服务越来越普遍，对传统金融市场、金融产品、金融业务、金融结构与组织等方面产生了深刻影响，以商业银行金融交易数据为主的征信系统无法满足市场信用交易的多元化征信服务需求。如何完善中国征信体系，创新征信服务，强化征信监管法规制度，以更好地满足经济发展需要，是事关中国信用体系建设的重要课题。

一、征信体系提供了评价和展示信用的平台，是社会经济金融健康发展的基石

　　征信体系建设是市场经济运行的内在要求。市场经济从运行机制上讲是一种契约经济，而信用是维持契约经济有效运行的基本前提和保障，经济主体之间诚实守信才有可能促进双方交易的成功。征信活动的产生源于信用交易的需要，伴随着商品经济的发

展，信用交易范围日益广泛，对交易对手的资信调查需求催生了征信业务。

征信系统为市场参与各方提供了评价和展示信用的平台，为市场参与各方提供决策依据。征信机构通过对共享信息进行深度加工，形成个人和企业组织的信用报告、信用评分等征信产品，使社会主体的信用状况、诚实守信程度可展示、可量化、可评价，从而有效降低信贷市场的信息不对称，有助于信贷机构有效甄别借款者信用风险的大小，减少信息不对称下的逆向选择问题，更好地防范信用风险。同时，由于征信活动实现了借款者信息的充分共享，使得放贷机构能够较全面地认识风险，进而降低风险溢价补偿要求，促进信贷市场贷款定价的有效竞争。站在借款者的角度看，这有助于减轻借款者的利息支出。征信活动中的信息共享机制，客观上对借款者产生一种纪律约束，使其有更大的动力降低违约的可能性，从而降低社会经济整体运行成本。倘能辅之以有效的"失信惩戒、守信激励"机制，征信在培养社会公众的信用意识方面无疑会发挥更大的作用。

从更宏观的角度讲，征信在维护社会稳定方面也发挥着重要作用。一方面，征信活动有助于金融机构全面了解信息主体的总负债状况，这有助于从制度上防止企业和个人过度负债；另一方面，通过对信贷市场整体运行情况进行多维度、多角度的统计和分析，征信系统可以为国家金融监管和宏观调控提供数据支持，有助于政府部门监控总体信贷质量和风险构成，及时了解社会的信用状况变动，防范突发事件对国计民生造成重大影响，维护社会稳定。其实，欧洲建设中央信贷登记系统的初衷主要是为了服务金融监管需要，比如，意大利的监管机构就利用征信数据库来测算商业银行资本金要求和总体风险构成。正是因为征信能够帮助实现信息共享，提高对交易对手风险的识别，才使得征信体系在经济和金融活动中具有重要地位，成为社会经济运行、金融健康发展的基石。

二、征信市场发展模式没有一定之规，技术进步影响市场方向

历经百年发展，西方发达市场经济国家建立了较为完善的以金融借贷信息、信用交易信息为主的传统征信市场体系，征信市场格局主要有三种模式，即政府主导的公共征信机构模式、私营征信机构为主的市场模式，以及会员制征信机构模式。

公共征信模式的典型代表是德、法等欧洲国家。该模式一般是以中央银行建立的银行信贷登记系统为主体，征信机构多是由各国的中央银行或银行监管机构开设，政府出资，并强制政府及所有金融机构参加公共信用登记系统。在这种模式下，信用数据也只向金融机构提供，而不提供给社会其他需求方，主要用于商业银行防范自身贷款风险和中央银行金融监管及货币政策决策。公共征信的优势是中央银行主导建立的信用数据库覆盖面广，数据质量高，非营利，有利于保护个人隐私和信息安全。但局限是由于政府主导且非营利，能提供服务的范围有限，缺乏市场化机制，运行效率较低，同时，维护系统运转的成本较高，给财政带来较大负担。

市场化征信模式的典型代表是美国。征信机构由独立于政府之外私营企业组成，政府不直接参与征信活动，通过设立信用管理局来管理信用行业实务，制定相关法律并监督法律执行。市场化模式

的优势在于充分调动民间资本的积极性，通过竞争提升服务效率。但不足也很明显，需要经历较长时期的竞争、淘汰、整合过程，激烈竞争可能导致一定程度的重复投资和社会资源浪费。同时，市场化模式对于法律环境和执法水平要求相当高，如果法律体系不够完善或者执法力度不够，很有可能导致滥用信用信息和侵害个人隐私权等社会问题的出现。

会员制征信模式的典型代表是日本。各协会建立会员制信用服务机构，信息的采集和使用均面向会员。其征信机构大致分为银行体系、消费信贷体系和销售信用体系三类，分别对应着银行协会、信贷业协会和信用产业协会。会员制模式的行业内会员协调相对比较容易，各会员关系也比较稳定，但是对于行业协会的发展水平要求较高。

从世界各国传统征信业发展状况看，征信体系模式各具特色，并无定式，各国在模式选择上应充分考虑本国的国情、立法、发展历史等各方面的差异，选择适合自身特点的模式。

近年来，随着消费金融、网络借贷等互联网消费模式的快速增长和大数据技术的突飞猛进，大数据征信服务机构开始大量涌现，为市场提供了更为丰富的征信产品和服务。虽然这些新兴信用评估体系还不够成熟，但是为征信业的变革注入了活力。这里以美国Zest Finance 公司为例，说明大数据征信的区别于传统征信的一些特点。

Zest Finance 是 2009 年 9 月成立于美国的一家新兴互联网金融公司，起初是为传统的"发薪日贷款"提供在线替代产品，服务于无信用评分，被美国传统征信评估体系排斥在外的大约 15% 的社会人群，后来逐步向信用风险管理的其他领域纵深扩展。公司希望未来把其在发款日贷款上的优势继续拓展到其他贷款领域，包括信用卡、汽车贷款，甚至包括房屋贷款，并将其评估方法取代现行指标，成为申请信贷的新评估标准。

Zest Finance 公司的基本理念是认为一切数据都和信用有关，在能够获取的数据中尽可能地挖掘信用信息，其评估体系和传统信用评估（以美国的征信体系为例）相比，主要存在以下差异。

一是从服务的人群来说，新的信用评估体系可以服务没有被传统征信体系覆盖的人群，即没有征信记录的人群（美国的征信体系能够覆盖 85% 的人群，覆盖不到 15% 的人群）。

二是从数据源来说，新的信用风险评估体系大量采用非传统的信用数据，包括互联网上的行为数据和关系数据，传统的信用数据（银行信贷数据）的比重仅占到 40%。

三是从关注的侧重点来看，传统的信用评估模型更关注授信对象的历史信息，致力于深度挖掘，而新的信用评估体系更看重用户现在的信息，致力于横向拓展。

四是信用量化评估方式的改变，新的信用评估体系抛弃了只用很少变量的 FICO 信用评分模型[①]，基于大数据技术，采用机器学习的模型，使用更多变量（如其建模的初始分析变量多达 7 万余个），使信用评估的决策效率提高，预测准确性显著提高。

---

① FICO 信用分是由美国个人消费信用评估公司开发出的一种个人信用评级法，FICO 信用分是最常用的一种普通信用分。由于美国三大信用局都使用 FICO 信用分，每一份信用报告上都附有 FICO 信用分，以致 FICO 信用分成为信用分的代名词。它是美国 FairIsaac & Company 的专有产品，FICO 信用分由此得名。FICO 信用分的打分范围是 300—850。

　　大数据征信为征信业的变革注入了新活力，但其市场体系还不完善，还有一些难题尚未破解，对其要有客观、全面的认识。首先，大数据征信是完善和更新传统征信系统的积极尝试，而不是替代品，目前 Zest Finance 的体量并不大，仅为 10 万美国人提供了服务，在美国的影响力有限。其次，基于大数据的数以千计的变量规模使得数据的处理和模型的解释变得异常复杂，模型的透明度、适应性等有待进一步验证。再次是个人隐私保护问题，即便在美国有比较完善的个人隐私保护的相关法律法规，但个人社交网络数据、电商交易数据等的应用保护边界仍不够清晰。

三、信用软约束凸显我国征信体系建设滞后，多元化、多层次征信体系建设挑战巨大

　　改革开放以来，我国经济发展取得了令世人瞩目的成果，成为世界第二大经济体，国际影响力日益增强，人均 GDP 已经达到 8000 美元左右，成为中高等收入国家，但我国的征信体系建设却严重滞后于经济发展水平。当前社会经济生活领域信用缺失现象仍然比较严重，假冒伪劣商品充斥市场，权力寻租、腐败现象时有发生，商业活动中欺诈行骗、逃废银行债务，甚至"跑路"现象屡见不鲜。近年来，随着经济转型、互联网经济的崛起，电商、P2P 平台、第三方支付等快速发展，客户的信用消费需求增长迅速，但由于小微企业和个人信用信息的缺乏，恶意违约、网上欺诈行为时有发生，网贷平台破产、跑路之声不绝于耳，成为互联网金融大热之下的"盛世隐忧"。如何既能快速响应分散化的客户需求，又能精

准了解客户信用，有针对性地控制风险，是各类机构在创新发展中首先要解决的问题。支持"大众创业、万众创新"，实现普惠民生，覆盖更广泛社会公众和众多小微企业，以及农村市场的征信服务信息体系亟待建立，单一的人行征信系统已无法满足社会多元化发展的需要。

逃废债、跑路、欺诈、造假等失信行为大量存在，与我们的体制机制不完善有关系，与法律不健全或有法不依、执法不严有关系，与失信成本太低有关系，与社会契约意识不强有关系。而所有这些都与全社会征信体系不健全、不发达有关。一些人总是心存侥幸投机心理，对失信行为不以为然，在一个地方名声搞坏了，生意做不下去了，换个地方照样干，能骗一个是一个。但在西方成熟的市场经济国家，因为有完备的社会征信体系，一个人在任何一次交易或活动中的信用状况都能够为其他人获知，使一个人过往所作所为始终如影随形地跟定他，如果失信，就会遭受市场的惩罚，就无法在社会立足。

改革开放以来，我国社会主义市场经济体制逐步建立，市场在资源配置中日益发挥基础性作用，社会对征信服务的需求日益增加，征信市场初步形成，信用评级、信用调查等征信机构迅速发展。但总体看，目前我国的征信市场服务主体是人行征信中心，市场化征信机构建设刚刚起步，尚未形成完善的征信市场服务体系。

人行征信中心是不以营利为目的，没有征信牌照的"征信机构"，是目前征信市场的主体。截至 2016 年 4 月底，金融信用信息基础数据库共收录 8.9 亿自然人信息，其中有信贷记录的自然人 4.0 亿；收录企业及其他组织 2146 万户，其中 597 万户有信贷记录。

从其管理的数据量看，征信中心是全球最大的征信机构，但从个人征信数据覆盖度看仍不高，仅为35%，考虑到我国55%的城镇化率，个人征信覆盖度也只有61%，远低于美国92%的水平。

社会征信机构方面，据不完全统计，截至2012年底，我国有各类征信机构150多家。其中，政府背景的信用信息服务机构20家左右，这些机构主要由各级政府或其所属部门推动建立，接收各类政务信息或采集其他信用信息，并向政府部门、企业和社会公众提供信用信息服务。社会征信机构50家左右，以从事企业征信业务为主，其业务范围扩展到信用登记、信用调查等。纳入中国人民银行统计范围的信用评级机构有70多家，主要从事债券市场评级、借款企业评级、担保公司评级等业务。

2013年，《征信业管理条例》颁布实施后，激发了各类机构申请征信牌照的积极性。个人征信机构的设立实行审核制，企业征信机构设立实行备案制。据此，个人征信方面，2015年1月5日，中国人民银行首批批准芝麻信用管理有限公司、腾讯征信有限公司、深圳前海征信中心股份有限公司等八家机构开展个人征信业务准备工作，目前机构牌照尚未获批。企业征信方法，截至目前，在人行备案的企业征信机构135家，较上年同期的78家增长了近一倍，但企业级征信机构多以地方、行业、区域性公司为主，尚未形成具有全国影响力的大型征信机构。

目前，多元化、多层次征信市场体系建设面临一系列挑战，有很多难题尚未破解。

一是数据的质量、权威性问题。相比于央行征信系统的权威性，数据质量的高可靠性，大数据征信机构虽然数据来源更加宽泛，品种更加丰富，但数据质量、权威性受到质疑。比如，关于芝麻信用将租房信用纳入评分一事，就引发了争议。有市民反映，租房导致的纠纷有多种情况，有时是屋内设施质量问题，有时是房东提前收房或要求涨价，还有的是租户与中介公司存在矛盾，如果统一记录成租房者的负面信息，则有失公平。这一问题在其他国家同样存在。美国国家消费者法律中心 2014 年 3 月对主要的大数据征信公司进行了调查并发表了题为《大数据，个人信用评分的大失望》的调查报告，报告称：大数据征信公司的信息错误率高于 50%。这些公司的数据模型繁多又复杂，使用不准确的数据，有"垃圾进，垃圾出"之嫌。

二是同人不同信用问题。决定大数据模型预测准确性的两个关键因素是数据和算法。各家征信机构的基因不同，数据来源不同，目前 8 家机构中，鹏远、中诚信、中智诚是传统型的征信机构，数据来源主要是金融数据、公共数据为主，而芝麻、腾讯、前海、考拉、华道则除接入传统数据外，主要、大量用的自身场景下积累的数据，导致信用评估结果在不同公司间的差异。典型的如芝麻信用评分主要依据用户在淘宝、天猫购物，用支付宝购买基金、转账、还信用卡、缴纳水电费等信息，这些应用得多，他在芝麻信用分数就会较高，而在其他征信机构得到的分数就会较低，而一个更习惯使用微信支付的用户则不会获得太高的芝麻信用分。

三是个人隐私保护及信息安全问题。根据《征信业管理条例》规定，采集和应用个人征信信息必须要获得征信主体授权，商业银行在向人行征信中心报送和查询使用个人征信信息时，须严格执行此规定，报送数据范围、查询用途范围、授权形式、异议处理等都有明确的界定。而大数据征信依赖的大量个人的互联网交易技术、社交网络数据，在多重交易和多方接入的情况下，隐私保护的权利边界被淡化，隐私泄露风险被迅速放大，而公民维护自己合法权益面临取证难、诉讼难等问题。根据中国互联网络信息中心（CNNIC）发布的《2015 年中国网络购物市场研究报告》，从 2014 年到 2015 年，用户对企业根据其浏览痕迹推荐商品的营销行为，认为无法接受，觉得购物隐私被泄露的用户比例由 21.9% 提升到 31.5%，增加了 9.6 个百分点。

四是公共信息的可获取、跨机构信息的可交换问题。如前分析，目前多家个人征信试点机构的信息来源带有浓厚的自身经营特点，申请个人征信试点机构大多首先拥有自己具有垄断性的数据资源。而大数据征信要求的是信息的共享，而不是局部的垄断和壁垒。跨机构拥有的信息是否可交换，哪些需要获得信息主体的授权，如何保证交换过程和交换后信息不被滥用，在法律、监管、技术等方面都缺乏标准。同时，工商、税务、司法等公共政务信息的可持续获取尚得不到保证。目前的主要做法是各家征信机构或信息使用机构分散的获取这类信息，获取成本高，数据质量和数据的可持续维护得不到保证。

五是信息滥用带来的社会安全、公平交易问题。大数据时代，数据信息的价值不断被挖掘、被使用，大数据给人类带来了福音，也带来了隐忧。从首批试点的 8 家个人征信机构的运营情况看，市场开放之后，芝麻信用、腾讯征信、考拉征信等机构开始了一轮激烈的追逐赛，纷纷推出各自的评分产品，并争相在金融、购物、招聘、租车、租房、交友、酒店入住等领域尝试应用。但是，这些机构绘制出的人物"肖像"能否真实反映个人信用还令人质疑，获取信息所采用的关键技术的可靠性还有待进一步检验，没有制约的商业化应用很可能带来安全隐忧，或消费歧视。芝麻信用在首都机场推出快速安检通道时，就曾引发争议，因其显然超出了信用信息应支持的范畴，被监管机构迅速叫停。

六是征信机构的独立性问题。从各国征信机构的发展历程看，狭义的"征信"主要是为放贷机构的风险管理提供信息支持的活动，遵循"信息采集者与信息产生没有任何关系"的独立第三方原则。强调征信机构的独立性，是为了保证评价结果的公正性，以及应用场景的广泛适用性。而目前试点的几家征信机构多不是独立的第三方，一方面他们的数据来源于母公司，另一方面他们的兄弟公司又涉足放贷业务。评分结果对于其各自经营领域的客户分析、风险判断具有强相关性，但其他应用场景下评分结果的相关性则有待验证。

四、坚持市场化取向是推进中国征信体系建设的正确选择

2014 年 6 月，国务院印发了《社会信用体系建设规划纲要（2014—2020 年）》，明确了我国社会信用体系建设的指导思想、基本原则、主要目标、重点任务和保障措施，为我们绘制了未来几年社会信用体系建设的路线图。2015 年 7 月，中国人民银行、工业和信息化部等十部委联合发布《关于促进互联网金融健康发展的指导意见》，为互联网金融、互联网征信的快速发展带来新的契机，中国征信业将迎来大发展的难得机遇，同时，征信业管理部门也将

面临更多新挑战。为落实国家发展规划，推进征信市场健康发展，更好地支持经济发展需要，适应新形势、新技术发展变化，建议有关方面着力推进以下工作：

1. 健全信用管理法律法规，为征信体系建设提供法律保障

法律制度和诚信理念是维护市场有序运行的两个基本机制，两者相辅相成，共同维护社会稳定发展。完善的法律体系和高度的社会诚信水准可以大大降低市场运行的交易成本，提高市场运作效率。

美国的信用体系高度发达，离不开其完善的信用法律体系和政府监管体系，以及与市场经济的发展相伴随，形成了独立、客观、公正的法律环境。其信用管理法律制度可分为三个层次：直接的信用管理法律规定、保护个人隐私的法律和规范政府信息公开的法律。在大约16项生效的信用管理基本法律中，直接规范的目标集中在规范授信、平等授信、信用修复、保护个人隐私权等方面。美国通过一系列法律，规定政府信息、司法信息必须公开。欧洲各国先后出台了《数据保护法》，对信息的采集、使用等作出明确规定。

目前，我国信用管理方面的法律制度尚不完善、不成体系，征信行业自律机制也没有形成，可能会对征信市场的健康发展产生不利影响。《征信业管理条例》解决了征信业无法可依的问题，但相关实施细则还不够明确。我国征信管理的立法建设可参照美欧等发达国家的经验，并结合社会主义市场经济的特点和要求，从以下几方面着手：

一是细化《征信业管理条例》有关要求，完善有关制度规定。《征信业管理条例》对征信业发展的基本原则作了规定，但尚缺乏实施

细则，如有关互联网环境下的隐私保护策略和客户授权认证有效性的法律确认，以及数据信息的跨境使用和信息安全等问题。

二是完善相关法律法规（如民法、刑法）中有关债权保护、债务违约等失信行为处罚等方面的法律规定，为失信惩戒提供法理依据。

三是推动国家层面加快政府信息公开，推进政府信息公开方面的立法以及数据开发策略研究，为各部门、各领域信息共享创造有利的外部环境。

2.完善信用数据标准体系，为加快推进信息共享奠定基础

统一的信息采集和发布标准是实现信用信息整合共享的前提和基础。美国征信市场能够在 20 世纪 70 年代获得迅速发展，除了得益于其完备的征信立法外，先进网络技术的普及以及数据标准化工作功不可没。美国原联合信用局组织制定了统一的标准数据报告格式和标准数据采集格式，规定任何行业和单位都使用一个标准统一、开放的计算机数据输入标准格式。这种标准数据格式保证了美国个人征信机构拥有原始数据的一致性，为征信机构低成本获取数据、整合数据奠定了基础。

2006 年以来，中国人民银行组织制定了《征信数据元》等六项征信数据标准，这些标准对于整合来自不同金融机构的信息发挥了重要作用。但金融数据之外的跨部门、跨领域数据的数据标准仍不统一，难以实现信息整合。为跨越信息孤岛，实现不同领域、不同系统的信用信息共享，建议中国人民银行结合金融机构业务发展的新情况，修订完善现行征信数据标准体系，针对互联网征信的发展要求，制定有关电商、社交网络等新的互联网信用数据采集标

准，补充征信数据交换标准、数据查询使用规范等新标准；组织制定全国统一的客户基本信息采集规范和分类标准，为全国统一的信用信息共享平台建设奠定基础。

3. 引入市场机制，建立多元化的征信服务体系

从发达经济体的经验看，征信市场采用何种模式并无一定之规。我国征信市场需求巨大，应鼓励征信机构多元化发展，以更好地满足社会对信息服务产品多样化、多层次需求，促进社会运行效率提高、成本降低。考虑到中国经济体制和市场现状，结合我国征信业发展历史，我们认为"引入市场机制，将人民银行征信中心发展成为国家征信中心，形成以国家征信中心和几家有实力的社会征信机构为主体，以一些专业性、区域性民营征信机构为辅，相互补充、竞争有序的格局"，应是我国征信市场发展的方向所在。

进一步强化人行征信中心主渠道作用。人行征信系统经过十多年的建设和发展，在防范金融风险、服务普惠金融、培养全民诚信意识方面发挥了重要作用，成为中国征信体系的核心和基础，应继续发挥人行征信系统金融征信主渠道作用，因为基于金融机构的借贷信用数据始终是衡量客户信用程度最直接、权威、有效的信息，是衡量信用状况的强参数。现阶段，应推动作为公共征信机构的人行征信中心改革转型，当务之急是明确定位和加快创新发展。从社会整体效用最优讲，人行征信中心作为公共机构，应以服务国家宏观管理及金融监管需要，满足金融机构风险管理需求，服务社会公众信用查询需求为主要责任。

审慎推进社会征信机构有序发展。我国征信市场需求巨大，未来征信市场被广泛预期为潜力巨大的蓝海市场，但大数据、互联网

征信的特征强调的是数据的整合优势，因而市场征信机构建设不宜过于分散，应各有侧重，有效协同，互相补充。美国市场化征信体系建设的过程中经历了激烈的竞争，大量公司倒闭，一定程度上是社会资源的浪费。我国在征信体系建设过程中，一方面要鼓励征信机构多元化发展，另一方面又要做好整体布局和规划、审慎推进，避免重复建设，减少社会资源的浪费。

4.加快各类政府主导的公共信用信息基础平台的建设

2014 年 6 月，国务院印发《社会信用体系建设规划纲要(2014—2020 年)》，绘制了未来几年社会信用体系建设的路线图，明确提出要加快行业信用信息系统、地方信用信息系统、征信系统、金融业统一征信平台建设，推进信用信息的交换和共享。从目前来看，来自国家权威部门的政务诚信信息、商务诚信信息、社会诚信信息和司法信息，是最有公信力的信用信息，是社会信用体系的重要、坚实基础，各专业领域系统的建设和有效共享，将为公共征信系统的完善奠定良好基础。

目前此类信息的发布总体上是发布渠道分散、数据标准不统一，数据质量难以保证。从数据源发布的权威性视角出发，为保证这些公共政务信息的数据质量，以及数据的长期、持续、可维护，建议尽快按照不同信息类型建立信息发布机制和平台，建设集中、统一、权威的发布渠道，明确发布信息的数据标准，保障数据质量，公共平台通过统一接口和平台向各类合法用户、合法征信机构开放，避免出现多头建设、打乱仗、重复建设、浪费社会资源的情况。

5.强化征信业监管，规范和引导征信市场健康发展

征信市场化多元化改革实践对征信业监管提出了更高要求，监

管范围和监管事项大量增长，很多新问题、新情况尚缺乏相应的法律规范，如互联网、大数据征信下如何保护个人隐私；电商、社交等各类互联网数据哪些应纳入征信监管范畴；评级评分结果如何应用，如何避免消费歧视等，都亟待从法律和监管层面加以规范。这些互联网征信遇到的新问题，法律建设上在国际上也还是空白，唯有依靠改革实践逐步厘清。笔者建议：

一是加强对各类征信机构、金融机构的监管和指导。随着人行征信系统接入机构不断增加，各类机构管理水平参差不齐，对征信数据库的数据质量、信息安全与信息主体权益保护都带来了挑战，客观上要求对各类机构实行分类管理，对内控薄弱的机构加强监管，以维护人行征信系统的权威性。

二是建立征信机构准入和退出机制，明确市场准入退出标准，明晰征信从业人员的行为准则，并对相关资质进行检查或考核。

三是进一步规范信用评级、信用评分活动，明确征信机构和信用评级机构内部控制制度要求，明确信用评分、信用评级的政策、程序、方法，以及评价标准等。

同时，为加快征信体系建设进程，笔者呼吁设立国家层面的征信管理专职行政机构。现代征信体系建设涉及广义银行市场、证券市场、保险市场、非金融市场主体、工商行政、司法、税务以及大量公用事业领域等各相关社会经济领域，其范畴远超出了传统银行信贷甚至是资金融通领域，其监督管理要求也已超出法律赋予中央银行的职责范围。为协调管理相关方，我们建议成立国家征信管理局这样更高层级的征信管理专门机构，全面负责中国征信体系建设的推进和管理。这个机构可以先挂靠在中国人民银行，待条件成熟后再独立运作。

6.丰富征信产品，推动征信信息在更广范围的共享应用

目前我国的征信产品主要是征信中心提供的企业和个人信用报告，个人征信评分尚处起步试验阶段，相比发达国家征信市场，我国在征信产品、服务内容、应用范围上还有巨大拓展空间。

一是拓宽人行征信系统的信息来源，实现金融借贷数据的全面覆盖，以便更好地发挥其在征信市场中的核心作用。目前，人行征信系统尚不能涵盖全部金融借贷类交易数据，如 P2P 网贷平台、消费金融公司等机构的借贷信息，下一步应加强此类数据的整合力度，并将更多的非银行信用信息纳入采集范围。同时，加强对大数据技术的研究和运用，借助互联网技术主动抓取网页信息，对征信系统信息实施深层次整合。

二是推动征信产品创新，除传统征信报告外，鼓励社会征信机构提供更丰富的征信产品和服务。未来，征信系统将不仅提供信息主体的信用报告和评级，其服务还将延伸到反欺诈、催收管理、营销活动支持、就业市场服务等领域，征信系统也将成为个人积累信用信息、提升信用记录、监控信用记录的平台。

三是积极推动征信评级机构升级。目前，国内尚缺少在国际上具有权威影响力和公信力的信用评级机构，建议人行支持一定数量资质良好、有实力的国内评级机构做大做强。同时，鼓励金融机构与国内评级机构合作，做好企业内部评级和风险防控工作。

四是推动人行征信信息在国家行政部门的公共服务、市场监管、政府采购等领域的普及应用，在市场监管和公共服务过程中，建立跨部门、跨地区信用联动奖惩机制，对诚实守信者给予支持鼓

励，对违法失信者依法进行限制或禁入，让公众通过亲身体验，感受到"守信激励、失信惩戒"的氛围，促进社会公民和组织诚实守信的自觉性。

7. 加强诚信文化宣传教育，提升公民道德素质

信用的基础在很大程度上是基于社会主体之间的信任和诚信的理念，信用危机并不是我国市场经济发展过程中的特殊现象，在资本主义发展过程中，也同样经历了很长的信用缺失时期。诚信教育和道德约束对于强化信用约束机制十分重要。市场经济中的道德问题引起了很多专家学者关注。比如，古典经济学鼻祖亚当·斯密在《国富论》之后推出《道德情操论》，直面经济中的伦理问题，特别强调市场经济中有可能产生各种欺骗行为，社会必须建构以公正、信用规范为规则的经济伦理，来引导经济的正确发展。尽管市场经济在本质上可说是竞争的经济，但是这种竞争应该有序化，也就是说它不能逾越人类本性中存在的"道德界限"。事实上，现代经济的发展证实了要取得市场经济的发育成熟，应该而且必须要有这种伦理道德的支撑点。经济主体之间诚实守信行为维护了社会良性运转，只有当市场竞争行为以"己所不欲，勿施于人"为道德基础时，才能避免囚徒困境，真正拥有自由选择权，实现个人利益和社会利益的统一。

当前，要整顿和规范社会信用秩序，树立良好的社会风气，必须从德治入手，应坚持法治、德治两手抓，在各级各类教育和培训中进一步充实诚信教育内容，强化社会道德和信用意识，努力营造诚实守信的社会文化环境，并通过建立和落实诚信激励、失信惩戒机制，提高社会主体的维权知识，激发人们讲信用的内在动力，把

诚实守信变成自觉的行为，从思想上、行动上彻底根治诱发失信的投机心理，并积极参与监督和抵制失信行为。

五、若干市场热点的个人解读

2015 年以来，虽然征信体系市场化建设还处在摸索和热议阶段，然而一些用户在尝试查询个人信用评分时十分困扰。譬如在芝麻信用评分高达 795 分，属于"极好"，但前海征信评分时的"好信度"仅 600 出头，仅在中等偏上。多家的评分衡量标准不一样，到底以哪家为准？会否最终形成类似 FICO 那种统一的评分系统？笔者认为，不同的征信机构有各自的信用评分、评级判断标准很正常。原因在于，不同的征信与评级机构市场定位不同，收集的数据也不同，数据模型设计和数据分析处理能力更是有很大差异。其实，正是由于这种差异，才是多元化征信市场、不同层级征信机构生存与发展的基础所在，也是不同征信机构竞争力差异的表现。从世界范围看，美国等成熟信用市场也经历了从"百花齐放"到"一枝独秀"的市场选择过程。20 世纪 70 年代，美国征信市场呈爆发式增长，同时也乱象丛生，经历几十年残酷的市场竞争和洗牌，征信机构由当时大约 2200 家，减少到目前的三四百家。在个人征信市场，益百利、艾克菲、环联三家征信公司占据了 70% 的份额，300 多家小征信公司或者附属于三大征信机构，或者与这三家公司保持业务上的联系。FICO 评分最终为大家普遍接受，成为世界上最通用的个人信用评分模式，是市场和客户长期选择的结果。

目前，我国征信市场还处于发展初期，未来几年还会出现各种版本的信用评分，经历一段时间蓬勃发展后市场一定会出现优胜劣汰，最终肯定也会形成一家或几家广为市场认可的信用评分模型。

在一个多元化、多层次征信市场体系中，中小征信机构有没有生存空间？我国征信市场需求巨大，众多社会机构进入征信领域，并发展壮大，能够更好地满足社会对信息服务产品多样化、多层次需求，促进社会运行效率提高、成本降低。目前，这些获批的征信机构陆续开始上线或内测征信评分产品，都在探索征信产品的合适的应用场景，现在说他们已经将征信市场瓜分为时尚早。征信市场不同于一般的商品市场，也不同于直接借贷市场，而是一个依靠数据密集、智慧密集与技术密集等专业优势建立起来的特殊服务市场，因而征信机构也是特殊金融服务性企业，无论是政府监管还是市场约束，谁能进入、谁不能进入、谁必须退出，都有一定的门槛（或者规矩），不是谁想进就能进的，进入之后，也要经历市场的不断检验，才能站稳脚。这是一个具有一定高度的市场，也是充分竞争的市场，能否在竞争中获得生存空间，取决于你拥有的资金、数据、技术、人才等方面因素，对于中小征信机构而言，如果能够在某一细分领域做得足够好，只要足够有特色，与已有的征信体系形成互补，就可能大有可为，闯出自己的一片天。

对第三方征信机构而言，个人征信市场是一片蓝海，多家机构蓄势待发，但到底什么样的征信机构才是符合市场发展趋势的，并且更具竞争优势，例如是否需要雄厚资本，还是拥有的数据量足够大？征信机构的产生是市场经济的内在要求，随着我国市场经济的快速发展，小微企业的大量涌现，尤其在近几年，民间借贷及 P2P 等互联网金融呈现爆发式增长，普惠金融的客户群基本形成，草根客户的征信难不仅提高了授信成本，同时加大了风控难度，现行集中的中国人民银行征信系统已无法满足全社会对信用信息的需要。当前，我国经济生活等领域信用缺失现象比较严重，逃废债、跑路、欺诈、造假等失信行为大量存在。由于征信大数据的缺失，许多小贷公司、担保公司、P2P 平台都面临着对同一借款人过度授信、重复借贷、坏账率居高不下等困扰。更大程度地开放人行征信系统数据及实行征信业务市场化，成为民间金融机构的联合诉求。也正是在这种背景下，中国人民银行开始发放个人征信牌照。

关于个人征信机构应基本的资质条件，国务院颁布的《征信业管理条例》以及人民银行颁布的《征信机构管理办法》（中国人民银行令〔2013〕1 号）都有明确要求。首先，应符合《公司法》规定的公司设立条件。其次，要满足《征信业管理条例》和《征信机构管理办法》规定的条件，主要涉及主要股东和高管人员的信誉、履职能力，注册资本要求（不少于人民币 5000 万元），信息系统安全管理能力（符合国家信息安全保护等级二级或二级以上标准），以及健全的组织机构、完善的业务操作、安全管理、合规性管理等内控制度等要求。第三，设立个人征信机构应当经中国人民银行批准。

至于什么样的征信机构才是符合市场发展趋势的，并且更具竞争优势。笔者认为，我国征信市场潜在需求巨大，征信市场的容量也足够大，各类征信机构都有机会在这个广阔市场中开疆拓土，关键在于，你有什么，你能做什么，你做得怎么样。征信行业是基于大数据的行业，除了资本的硬约束外，丰富全面的数据基础、大数据技术应用能力，专业的大数据处理人才，强大的信息系统支撑能力，征信产品研发能力，等等，都是提升竞争力必要的条件。

对于互联网金融企业，在个人征信方面目前面临的困难有哪些？怎样突破这些障碍？正如前述，互联网金融离不开征信体系的发展，在国内征信体系并不完善的背景下，互联网金融企业的发展必然面临一系列困扰。目前，互联网金融公司对来自人行征信系统的金融信贷信息、其他各类渠道的征信信息始终有强烈的需求。因为基于金融机构的借贷信用数据始终是衡量客户信用程度最直接、权威、有效的信息，是衡量信用状况的强参数。对于 P2P 平台和其投资人而言，如何准确评价借款人的还款意愿、还款能力是面临的主要困难和问题。一方面，互联网金融公司的客户绝大部分也是传统银行的客户，由于未能接入人行征信系统，无法合规获取客户历史信用信息；另一方面，客户群中还有相当部分是从未与银行机构发生过借贷行为的新人，亟须获得类似阿里、腾讯这样基于社交网络上海量的消费、社交数据提供的征信服务。正是因为互联网金融公司对征信大数据有巨大而迫切的需求，一些拥有大量电商交易数据的互联网巨头纷纷瞄准征信业务。

附

关于征信市场基础与市场方向的见解^①

一、征信体系的发达和完善程度与经济体成熟度和发达程度密切正相关，中国征信市场潜力巨大

从全球主要经济体征信体系发展规律来看，经济越发达，社会对征信的需求越迫切，征信体系的发展越健全。以欧美经济发达国家为例，伴随经济的长期发展，市场主体对于征信的需求不断扩展，征信报告在贷款、就业、税收、租房、医疗、保险等多个领域得到广泛应用，征信体系日益完善。与之形成对比，亚非拉等不发达国家受经济发展水平影响，市场主体对于征信的需求并不迫切，征信报告仅在贷款等个别领域得以使用，征信体系建设不健全。

随着中国经济的不断发展、升级，社会对征信服务的需求将日益迫切，征信服务市场潜力巨大。当前，中国人均 **GDP** 已经超过8000 美元，进入中高收入水平，随着中国经济结构转型和产业升级的不断深入，未来进入高收入国家将是大概率事件，由此带动的征信需求增加将构成巨大的市场空间。考虑到中国的人口基数优势

---

① 这篇附录是 2016 年下半年与征信专家交流的发言提要。

和潜在丰富应用场景，中国征信市场大有可为。近年来媒体也在不断披露，随着消费型社会的到来，消费金融已越发成为众多金融企业竞相追逐的风口。面对日益扩大的消费金融市场和不断出现的欺诈、违约逾期等风险，有不少专家开始担忧，数亿用户缺少传统征信记录，可能会将蓝海做成死海。

二、以人行征信系统为核心，构建多层次、多元化的中国征信体系

经济发展过程中，主要经济活动均需要征信服务作为决策判断的重要参考，市场需求将日益差异化。面对差异化市场需求，中国人民银行征信中心难以提供满足各类需求的所有服务，需要依靠市场化征信机构的发展，提供多样化的征信服务，满足社会对征信产品多层次、多元化的需求。

在这过程中，征信中心要发挥主导作用，成为市场交易规则、征信产品标准的主导者和制定者，这将有利于保证中国征信体系健康发展。目前，征信中心已经建设成为世界规模最大、收录人数最多的信用信息基础数据库，征信中心出具的信用报告已经成为金融机构决策的重要依据，具备了主导征信业发展的客观基础。同时，互联网大数据技术正在深刻影响征信业的发展和变革，芝麻信用、腾讯征信、拉卡拉信用等社会征信机构大量涌现，对征信信息数据真实性和个人信息保护提出了更高要求。作为中国人民银行直属事业单位，征信中心主导市场交易规则和产品标准有利于引导征信业健康、有序、规范发展。从美国征信业发展历程来看，经过近百年

发展，由最多的两千多家竞争者逐渐演变为以费埃哲（FICO）、邓白氏（D&B）、穆迪（Moody）、标准普尔（S&P）、环联（TransUnion）等少数机构为主导的征信服务体系，高度集中的征信体系有效地保证了征信服务的客观性、权威性和公正性。

三、征信中心的机遇与挑战并存

正确认识征信数据的经济属性对于征信体系建设具有重要意义：一是征信数据是有价值的资产，是可流通、可交易的商品。二是对于市场参与者来说，使用征信数据要付出成本，提供征信数据要获取收益。如果能够从商品属性的角度认识征信数据，征信中心应该是中国最富有的机构，因为它集中了全国的金融交易数据，数据资源优势带来的市场空间将会十分巨大。

同时，征信中心也面临挑战。一是互联网企业基于大数据的征信服务对征信中心带来挑战。以阿里巴巴、腾讯等大型互联网企业为代表，基于庞大的线上交易数据记录，利用大数据技术对企业、个人的资信状况进行评分，并应用于日常经济活动，正在成为促进征信业发展的重要推动力，客观上对征信中心的市场地位形成挑战。二是大型商业银行未来可能会涉足征信行业，成为征信服务的提供者。以工行、建行等大型商业银行为例，积累了大量的资金交易数据和融资数据，几乎覆盖了经济活动的各种参与者，但是目前这些数据仅仅用于内部经营参考，未来，商业银行利用自身数据对外提供征信服务具有理论可能性，也有可能给征信中心带来冲击。

目前，征信中心与商业银行之间是义务与服务的关系。为商业银行提供征信报告是征信中心的服务，而为征信中心提供金融交易记录是商业银行的义务、责任，是理所当然的，数据没有体现出自身的价值，并不符合市场规律。当然，现有模式与经济水平有关系，但是随着经济发展，未来可能要在经济需求和利益分享的原则上、在数据是有价值的资产概念上、在征信既有成本又有收益的基础上，征信中心与商业银行建立起互相合作的关系，希望各方能够予以考虑。

第五章

数据革命助推金融渗透：
普惠金融的机遇

传统意义上的金融深化特指金融自由化。其实，完全意义上的金融深化，不仅是利率与汇率市场化以及借贷自由化，更重要的是金融服务渗透程度。很长时期以来，金融服务"争二弃八"的高端化集中趋势、金融机构与金融资源向中心城市集中的趋势，使得金融渗透力不断弱化，阻碍了金融深化。客观地分析，金融渗透力受阻，源于金融技术落后，以至于心有余而力不足。进入21世纪以后，在数据革命的推动下，许多非金融机构运用大数据方法，进入传统银行无法介入的群体庞大的低端客户市场（农民工群体、学生、城市低收入群体和无固定职业人群、小微企业等）和非金融中心市场（尤其是欠发达地区市场），取得了出人意料的成功，引起一些银行和非银行金融机构的迅速跟进，金融对社会经济的渗透率急剧提高，金融市场出现了广度与深度的快速发展。

一、探寻消费金融发展方向

为了加快经济转型与结构调整，国家层面推出一系列促进消费的宏观经济政策，大力发展消费金融便是其中之一。发达国家的实践表明，消费金融在消费驱动经济增长模式中扮演着重要角色。随着我国经济持续增长、居民可支配收入不断增加以及消费观念的转变，各阶层居民尤其是年轻一代在众多消费场景中对消费金融服务需求强烈。与美、英、日等发达国家相比，我国的消费金融市场尚处于起步阶段，基础仍显薄弱，虽然前景广阔，但也存在许多认识误区，消费金融市场体系尚不健全，相关法律法规、监管体系、征信体系等方面亟待完善。

（一）"消费场景金融服务"可能是消费金融的本质特征

近年来，消费金融成为我国金融市场的亮点之一，政府部门积极推动，商业银行、消费金融公司、互联网公司也在积极拓展这片新蓝海。然而，到底怎样理解消费金融、怎样把握消费金融市场的方向，人们认识并不一致。环顾媒体披露的各种观点，很多人往往用传统银行个人金融业务或消费信贷的思维来理解消费金融，并据此设计消费金融经营模式和产品与服务。我们认为，消费金融虽然从总体上属于个人金融活动，但又不是传统银行个人金融活动所能覆盖的，也不能简单地等同于消费信贷，其核心是消费场景金融服务，既有"帮助提前消费"的消费信贷，还包括在消费场景中"提供消费便利"的各种相关金融服务，其参与主体涉及各类消费者、融资性金融中介（商业银行、消费金融公司）、服务性金融中介（征信、评级、数据公司）以及商品与劳务供应商等。因此，理解消费金融的关键是把握住"为即期消费提供金融服务"，既包括消费信贷，也包括非信贷金融服务（例如支付服务等）。

对于消费金融的准确定义，业界尚未形成统一的定论。由于消费金融自身的复杂性，世界各国消费金融业态也各不相同，因此对消费金融的定义也稍有差异。从金融产品与金融服务方式的角度，我们可以对消费金融行为进行一些归纳：个人消费贷款主要包括住房及装修、汽车、教育、旅游、医疗、耐用消费品等贷款以及分期付款；消费支付体系主要包括电子银行、第三方支付、银行卡收单等支付服务；消费金融市场中介服务主要包括征信、评级、数据服务及其他派生服务。消费金融打破了即期消费的流动性限制，提供了跨期消费的新模式，可以使得消费者更快地得到更多产品和服务。实际上，对于消费金融，狭义的理解就是"花明天的钱"，更加强调消费金融产品。而广义的消费金融则可以理解为消费环节、消费升级、消费生态所产生的金融业务、金融相关的服务。对消费者来说，就是在特定金融环境下的消费金融决策；对市场来说，是为消费者个人和家庭提供金融产品和服务；对政府来说，是为消费金融市场、产品和服务提供法律保障，行使监管职能。

深刻理解消费金融，还有几个特征不容忽视：一是当前普遍关注的消费信贷（我们称之为"典型的消费信贷"）的主要需求者往往是中低收入人群，短期、小额、分散、迫切是其最大特征。这一点与传统银行个人业务主体的高端化完全不同。2009年国内开始试点的消费金融公司就是这种典型消费信贷模式的代表。二是离不开最终消费品供应商（生产商、经销商）的积极配合与深度参与，也就是说，消费金融不能仅仅看成是银行（金融机构）与消费者之间的事情。深入观察之后我们发现，消费金融与商业信用有很大的关联性。消费金融机构通过供应商（生产商和经销商）借助分期付款方式，将商业信用与银行信用有机结合，有效地促进了消费金融业务的发展。如西班牙的消费金融公司选择"漏斗式"营销模式开展消费贷款业务，通过与遍布全国的汽车经销商和零售商密切合作，直接在经销商和零售商的营业网点办理贷款，借助商家积累的数据，由其负责营销个人客户；消费金融公司则根据经销商提供的客户个人信息，建立个人客户资料数据库，基于一定条件筛选目标客户，采取漏斗模式不断营销客户群。三是为消费金融市场提供服务的中介机构高度专业化，由于技术门槛形成自然垄断。深刻理解消费金融的这些特征，对于把握消费金融市场的未来发展、设计合适的消费金融产品、制定科学的消费金融监管政策等都是至关重要的。

基于前述判断，未来消费金融发展中有三个方向性要点应该把握好：场景、风控和客户体验。也就是说消费金融供应商要在快速切入传统金融机构难以覆盖的客群和场景、保持增速的同时，打造更高的运营效率、更好的风控水平等综合优势。在场景方面，消费金融最关键的就是场景生活化，当购买行为与场景紧密结合时，会快速形成消费闭环。目前，各个垂直消费品类如数码、旅游、教育、家装、医疗等赛道还未饱和，消费金融公司可通过与线下经销商、3C卖场合作，为消费者提供分期贷款业务；在风控方面，则应将风控贯穿到产品设计和运营流程的各环节，在对接外部征信数据源的同时，通过用户数据在平台的沉淀，进一步提高对客群的风险把控能力，实现精细化运营；在客户体验方面，要深刻理解目标客群偏好，设计满足用户不同场景需求的金融产品，通过快速迭代不断提升产品体验，从而增加用户的使用黏性，打造服务品牌。

（二）警惕消费金融市场供给主体单一化与金融服务趋同化

分析、研究、拓展消费金融市场，没有人会忽视美国经验。美国消费金融始于 19 世纪末 20 世纪初，至今已有百余年的历史，现在仍然是全球最大的消费金融市场。截至 2015 年末，美国住房抵押贷款余额达 94906 亿美元，消费信贷余额为 35331 亿美元，分别是 1960 年末的 67 倍和 58 倍。从美国消费金融来看，生产商是最初的发起者，他们为了扩大销售而向消费者提供赊销、分期付款甚至直接贷款，随后商业银行和消费金融公司纷纷加入。到目前为止，除商业银行、消费金融公司外，储蓄机构、信用合作社、联邦政府、非金融企业、证券化资产池等均成为消费金融服务的提供主体。因此，成熟的消费金融市场是由多层次的金融中介共同构建而成，不同的金融中介具备不同的市场定位，为不同的客户群体提供差异化的消费金融服务。

相比而言，我国目前的消费金融市场供给主体较为单一，产品存在同质化现象。从消费金融市场主体来看，我国目前消费金融产品与服务的提供者主要包括商业银行、消费金融公司、支付机构、以零售电商和互联网垂直行业为主的互联网公司等。其中，商业银行是消费金融业务的最大供给主体，占据着中国消费金融市场的主导地位，截至 2015 年末，商业银行仍占据了约 93% 的消费金融市场份额。目前，商业银行垄断着住房信贷市场，其他消费金融业务局限在信用卡为载体的中高端客户透支业务，很少涉及经典意义上的消费金融服务。而其他的消费金融公司、互联网、垂直行业电商公司虽然起步于经典意义的消费金融服务，但经营模式、产品、客户定位等也开始出现银行化倾向，从而加剧了市场供给主体的单一性。同时，我国目前的消费贷款以住房和汽车贷款、信用卡业务为主，家电、数码等耐用消费品以及旅游、教育、医疗等服务领域的消费金融服务严重不足，专业化程度也有待提高。

借鉴美国消费金融的经验，未来我国消费金融市场的供给主体应该是多层次、多形式的，消费金融的各供给主体应该开展错位竞争，互补发展。消费金融市场具有客户细分、场景细分等特点，存在巨大的增量细分市场。电商巨头在互联网场景化金融方面试水较早，而传统商业银行深耕信贷市场历史悠久，具有强大的客户基础以及负债端优势，应鼓励不同的消费金融机构根据自身特色研发更有优势的产品，搭建消费金融产业链，提高服务效率、提升服务质量，以满足消费升级过程中多层次、多样化的消费需求。

（三）汲取日本消费金融发展过程中的前车之鉴

作为亚洲消费金融先驱的日本，在长达半个多世纪的发展历史中，经历了自发、法制约束以及法制规范三个阶段，对于同为东亚文化圈的中国来说，研究日本消费金融发展的经验教训具有重要意义。日本的消费金融诞生于 20 世纪 50 年代。随着战后日本经济景气持续上升，居民对汽车、家用电器等耐用消费品和医疗保健、休闲旅游、文化教育等消费需求迅速上升，消费信贷需求也随之大量涌现。然而，由于日本历史上形成的独特银企关系，日本的银行主要服务于大型企业，个人客户不是日本商业银行的传统客户，很难从商业银行取得贷款。60 年代中期，在日本政府的干预下，银行、信用金库等金融机构由于更多地向企业提供低利率贷款而陆续退出消费者小额贷款市场。在正规消费金融机构缺失的情况下，民间借贷和地下钱庄如雨后春笋般不断涌现，纷纷抢占消费金融市场。到80年代初，日本约22万家借贷公司中90%以上是无须登记注册的"个体户"。由于金融监管不健全，消费金融市场出现了大量不良经营者，逐渐演变为"消金三恶"，即高利贷、多重债务和暴力违法追债，成为严重的社会问题。

为应对愈演愈烈的消费金融社会问题，消灭"消金三恶"，日本政府于1983年制定并颁布了《贷金业规制法》，开始对从业者实行登记注册制度，并分别于1983年、1986年、1991年和1999年多次修订《出资法》，对利率制度逐步规范，1998年又制定了《债券管理回收业特别措施法》。虽然相关法律界定了消费金融市场的合规性经营，但仍没能遏制"消金三恶"的肆意猖獗。

2000年以后，日本政府进一步加大监督管理，构建了全国统一的监管框架，出台了《地下金融对策法》，分阶段对《贷金业规制法》进行修订并逐步实施。规范完善的法制约束引导日本消费金融公司逐步走向法制化和正规化的发展道路。

由于价值观的因素，高利贷、地下钱庄在欧美基本没有立足之地，但在东方文化的土壤中却有生存空间。多年来，我国许多地方民间借贷市场上的高利贷行为和非法讨债、致人伤残事件，已经成为民众关注的社会问题之一，怎样避免"消金三恶"在中国上演，怎样避免重蹈日本消费金融发展弯路，必须引起高度重视，日本出台的消费金融监管法规和政府对于消费金融的监管实践也值得我们借鉴。

(四) 重视美国传统银行在消费金融方面的成功经验

美国的大银行往往采用消费金融子公司与银行相结合的方式来开展消费金融业务。二者根据服务对象的信用等级提供差异化的消费金融产品和服务，这种组织架构能够形成优势互补，在一定程度上提高了抵御金融风险的能力，使得消费金融得以健康、全面、快速发展。如汇丰美国集团于 2003 年收购了美国的家庭国际银行（Household International Inc.）合并成为汇丰金融公司（HSBC Finance Corp），协同构建了消费金融业务体系。而花旗金融公司作为花旗银行集团旗下的消费金融子公司，是美国最具代表性的消费金融公司。花旗集团消费金融业务活动是由花旗银行零售业务部门与花旗控股的消费金融机构共同开展，而花旗控股的消费金融机构占据了花旗集团消费金融业务量的 90% 以上。在风险管理上，银行的消费金融公司都有一整套自己的贷款风险评估方法，采用差异化审核流程和多样化的催收方式保障贷款的回收率；在产品供应方面，美国的消费金融机构以消费者需求和体验为中心，为消费者提供方便快捷的消费金融产品和服务，而且消费者向银行的贷款和还款，只需在网上按流程操作很快就能完成，大大节约了时间和成本。

借鉴美国商业银行在消费金融领域的成功经验，我国传统银行拓展消费金融市场时应着重关注以下几个方面：一是依托消费金融生态圈，构建全方位消费金融服务模式，尤其要重视与供应商合作延伸服务。银行拥有众多个人客户和供应商客户，有条件按照商业链条将金融服务范围从售前到售中再到售后、从制造者到销售者再

到消费者全面延伸，有机衔接。在这个过程中，商业银行也要加强
与保险、投行、信托、基金等金融机构的合作，积极深入调查客户
个性需求，研发适合客户个性化需求的产品，完善相应流程。例
如，以借记卡、贷记卡为媒介，构建消费者与商家产品服务连接平
台。大型银行的信用卡累计发卡量具有绝对的市场份额优势，利用
这些优势，依托消费金融生态圈，就可以构建连接消费者与商家产
品的服务平台。举一个例子，如果客户有出境游需求，银行可以与
旅游服务网站合作，将信用卡旅游分期产品接入旅游在线网站端
口，为其出境游提供金融支持；还可以对签证、购买机票、转机、
保险、境外游目的地酒店、行车提供一系列全方位的服务推荐，而
这些服务的提供者往往是银行的战略合作伙伴，银行消费金融服务
只是起到连接作用，这样一方面可以提高客户体验感，增加对银行
消费金融品牌的认同，还可以培养客户的消费习惯，提高客户黏
性；二是细分市场，提供差异化消费金融服务。消费金融的特征是
面向广大个人消费群体，个体差异性大，金融服务应有所取舍，形
成自身经营特色，比如依托住房贷款并由此延伸到家装、耐用品消
费的金融服务，更容易增加客户的认同感，增强客户选择黏性。当
然与大型商户建立长期的战略合作关系和品牌互相推广模式，也有
助于提升客户信任度，形成独具特色的金融服务；三是可以参照事
业部制优化银行组织结构，即将信用卡业务、汽车贷款业务、住房
贷款业务、个人信用消费贷款等有关消费金融业务组合起来，提高
效率，简化流程，为客户提供链式服务，改善客户体验；四是通过
挖掘用户"传统数据＋互联网大数据"，为银行在客户选择、运营
管理、风险控制方面提供技术支持。银行可以利用用户交易数据、

投资组合、风险偏好、经第三方征信机构采集的电商交易数据、社交数据、银行卡消费数据、其他基本资料、公共记录等方面信息为潜在客户进行征信画像，构建动态侦测模型，并利用大数据进行多维度交叉验证。在风险可控且符合监管要求的前提下，依托大数据分析，积极探索运用互联网等技术手段进行远程客户授权，实现消费信贷的线上申请、审批和放贷。

(五) 全面引入个人征信制度

健全的信用制度和完善的信用体系是一个国家（地区）消费金融持续、快速、健康发展的重要支撑，消费金融的增长速度、覆盖范围在很大程度上依赖于如何解决个人征信这一难题上。美国消费金融市场的蓬勃发展与完善的个人信用体系密不可分。美国有上千家信用局，举足轻重、独立经营的三大信用局是益百利(Experian)、艾贵发 (Equifax) 和环联 (Trans-Union)。三大信用局在每月固定时间接收从各大金融机构传输来的客户账户信息，雇主、法院等也会把相关个人在就业、诉讼方面的信息提交给信用局。之后三大信用局对这些原始数据进行整理、加工、汇总，然后再对这些个人信息数据进行分析和评估，产生信用分数，供各金融机构、税务部门、公用事业公司、商场、租赁公司等进行信用分析时使用。

与此同时，美国的《公平信用报告法》《公平贷款机会法》《公平债务催收作业法》《诚实租借法》等一系列法律法规，对消费金融领域中的信用关系、信用方式和信用交易等均作出了明确的规定，健全的法律制度也极大地促进了美国个人征信体系的良性发展。

目前，我国征信体系的主要资源集中在中国人民银行征信中心。根据中国人民银行征信中心的统计，截至 2015 年 9 月末，央行征信系统共收录了 8.7 亿自然人的征信信息，其中有信贷记录和可形成个人征信报告的分别为 3.7 亿人和 2.75 亿人。换句话说，全国 13.7 亿的人口中，在央行的征信系统里没有信贷记录和无法形成个人征信报告的分别有 10 亿人和 10.95 亿人，分别约占总人口的 73％和 80％。没有工作的年轻人或大学生，他们大多没有信贷记录，现有征信体系无法反映出他们的信用情况；中年一辈在征信系统中虽有信贷记录，但并没有其他可结合使用的多维度个人信息，比如水电煤缴费、网购、理财等，无法满足日益丰富的消费金融对个人信用信息的需求。

2015 年中国人民银行发布了《关于做好个人征信业务准备工作的通知》，提出了加快社会信用体系建设、建立健全社会征信体系等一系列方针政策，并要求包括芝麻信用管理有限公司、腾讯征信有限公司等在内的 8 家机构做好个人征信业务的准备工作，未来中国人民银行征信系统和民间征信机构将共同构建中国的个人征信体系。个人征信体系的建设是一项系统工程，可以说是全社会的一项基础设施建设，涉及个人信用信息的分享、披露及保护、相关法律法规体系的建设等一系列庞杂的问题，既要做好总体架构设计，又要抓住紧迫重要环节尽快推进。一是充分利用现有的征信系统中的数据，并将其与商业银行内部的金融数据相结合，构建集消费者信贷、存款、理财、交易行为等于一体的综合信用评级；二是创建中国的个人行为调查报告。美国个人征信领域巨头 Experian，其日均提供个人信用报告 350 万份，年报告量约 8.75 亿份，Experian 收集几乎所有有关个人活动的信息，包括个人年龄、婚姻、职业、公共记录、信用偿还历史等，通过数据整合、数据挖掘和评级模型，形成完整的个人信用调查报告。目前我国的个人征信机构可以借鉴Experian的经验，整合个人属性、行为、信用信息，创建个人行为调查报告；三是充分利用中国规模庞大的电商数据，打造大数据征信。中国目前拥有数量最多的电商用户，通过整合电商平台端累积的海量的用户消费、阅读、社交、旅游、娱乐、金融等方面的数据，深度分析消费者信息和消费行为，搭建个人信用模型，对消费者的偿债能力和偿还意愿作出判断，换言之，通过电商的数据可以判断消费者的履约能力，未来将电商数据与传统征信数据相结合，能够更加全面的反映信用主体的情况。通过以上几方面的深耕细作，可以大幅扩大我国个人征信的准确度和覆盖面，助力消费金融发展。

二、商业革命、支付革命与互联网金融发展方向

互联网商业模式是中国迄今为止发生的影响最为深远的商业革命，在中国经济转型和结构调整发挥了无法估量的作用。2013年我国电子商务交易总额超过10万亿元，其中网络零售交易额大约1.85万亿元，乐观估计已经超过美国，已成为世界上最大的网络零售市场。电子商务的快速崛起和发展也给快递企业带来巨大发展空间。2006年我国邮政体制改革时，快递每年业务量只有10亿件，网购规模为500亿元；到了2013年，快递业务量增长到92亿件，网购规模增长到1.85万亿元，有近1万亿元是来自快递的支撑和

保障。在快递 92 亿件的业务量中，有超过 60% 是来自网购。

　　然而，互联网商业模式下买卖双方存在相互担忧，卖方担心发出商品之后货款不能安全及时收回，形成坏账；买方担忧付款之后不能及时收到自己意愿商品，形成投诉拖累。也就是说，传统商业模式下钱货两清的支付交易行为无法运用于互联网商业模式，虽然传统商业模式下也存在大量的预售、预付、拖欠、赊销等钱货分离的支付交易行为，但这种支付交易行为的完成依赖买卖双方相互了解、信任的商业信用，而在互联网商业模式下买卖双方充分了解、信任的商业信用几乎不存在。于是，支付革命发生了，以 PAYPAL（贝宝）、支付宝、中国银联等为代表的第三方支付工具适时登场，并在随后开创了互联网金融的宏大场面。根据艾瑞咨询的统计，2006 年我国第三方支付中的互联网支付交易额仅有 485 亿元，但 2012 年这一数字则迅速上升到了近 7 万亿元，一举使我国第三方支付占据世界之巅。

　　改革开放以来，中小微企业已经成为我国经济中最活跃的主体，并成为经济增长的重要引擎。然而，融资难的问题始终困扰着中小微企业。由于中小微企业的规模实力和生命周期有限，信用水平不足以支撑其在资本市场上直接融资，只能主要依靠金融机构间接融资。但是，传统银行有一套依据财务报表、历史违约记录的信用评级方法以及抵质押与担保标准，大量中小微企业真实完备的财务报表与信用记录积累、担保、抵质押很难达到传统银行的安全标准，无法通过现有银行途径获取信贷支持；如果国家政策与监管部门对商业银行作出硬性的中小微信贷比例规定，商业银行为了完成任务被迫降低审批标准，不良贷款又会大量产生。其实，贷款人之所以关注借款人的信用状况、抵质押品以及抵质押率，主要是担心借出去的钱能否如约返还。在传统的商业模式下，中小微企业融资难始终是一个无法解开的死结。随着互联网商业模式的出现，中小微企业大量通过互联网商业平台实现其商业活动，只要这些交易活动是真实的、可以如约完成的，那么为这种交易活动提供的融资安排就应该是随着商业交易的完成而自动循环，与借款人的规模实力甚至信用无关。于是，互联网企业借助于网络销售产生了海量交易数据，运用大数据方法，建立了一种基于真实交易需求、基于历史交易数据、基于关联数据的市场趋势预测的互联网客户借款安全评级机制，从而使互联网商业背景下中小微企业和个人获得无抵押信用贷款成为可能。

不受时空约束的购买与支付，一直都是市场经济发展的理想与追求，并随着经济规模扩大、经济节奏加快、市场化与国际化程度提高、消费在经济增长中扮演越来越重要的角色，人们对于不受时空约束的购买与支付的要求越发迫切。而每一次对于购买与支付时空约束的突破，都与技术革命有关。信息技术不仅改变了商业模式，也改变了人们的生活方式，一个人与另一个人取得联系，几乎没有等待一个月、一周、哪怕一天，除了个别商业模式下电报几乎没有人再使用，除了太小的孩子外几乎人人都有手机，甚至不止一部。与此同时，金融消费的生态也被深刻地改变了，很多人开始喜欢在与朋友聊天的间隙，在线完成商品的购买、支付打车费、给信用卡还款，甚至转账，微信银行也因此方兴未艾。我国的网上支付业务发展从无到有，从小到大，在相当大程度上缓解了传统支付障碍。

因此，金融服务传统意义上的网点、自助设备乃至于桌面网络等，受制于时空的约束限制，将越来越难以满足客户对任何时间、任何地点、便利、高效、安全的移动金融服务的需要，而在智能终端、互联网、云计算等技术逐步成熟后，移动金融服务应运而生，并呈现出迅猛增长态势。同样，金融机构的电子化亦节约了大量实体网点。以建行为例，2005 年底资产总额 4.6 万亿元，有网点 1.4 万个，到了 2013 年，资产总额已经达到 15.4 万亿元，增长 3.3 倍，但网点数量不到 1.5 万个，与 8 年前基本持平。

随着我国经济转型的不断推进，消费在经济增长中的地位将愈发突出，互联网商业模式特别是网上购物的发展空间巨大，进而会给第三方支付、大数据金融，尤其是拥有交易数据支撑的小微贷、移动金融等互联网金融，带来井喷式的发展机遇。由于电子商务和与互联网金融历来都是相辅相成、相互促进、共同发展，互联网金融的大发展也会反过来会推动电子商务再上台阶，使我国经济的结构更趋合理。因此，从这个角度上讲，基于互联网商业模式的互联网金融前景广阔，越多越好、越快越好！

目前，除了上述有互联网商业模式支撑的互联网金融以外，也出现了互联网企业脱离互联网商业交易活动转而按照传统金融模式涉足传统金融业务，但并不具备传统银行的风险管理技术与经验；商业银行也在没有互联网商业交易数据支持的情况下简单地将线下业务搬到线上，有时候为了挤入市场而被迫降低政策标准。这些缺乏互联网商业交易基础的所谓创新性互联网金融行为存在着很大的风险。随着诸如 P2P 网贷平台跑路等风险的不断暴露，人们不得不开始反思：近年来互联网金融尤其是没有互联网商业支撑的衍生互联网金融，在收获跨越式发展的同时，是否也种下了潜在的风险种子？由于这些平台在承担筹资和中介职能的同时，大多又履行连带担保职责，这就潜存了很大的系统性风险，尤其是在对资金流动监控不足、资本约束不力和经济下行的情况下，风险爆发的可能性极大。除此之外，相当多的 P2P 平台依靠搭建资金池开展信贷业务，信用风险不容小觑。近期查处的不少跑路平台反映出的欺诈问题，也应引起重视。即使是第三方支付企业，如果在涉足信贷过程中超出有交易记录的客户范围，或者虽然有交易记录但数据的长度和活跃度不够，无法基于交易的大数据进行信贷决策，而借鉴传统银行的方法又往往难以把控其中的信用风险。不仅如此，即使是基于互联网商业模式的第三方支付行为，如果在追求便利性、高效性的同时，忽略了最基本的安全性要求，也会隐藏巨大的系统性风险。如有的第三方支付平台没有严格细致地区别小额支付与大额汇划，在进行大额资金划拨时，只需客户输入所绑定手机收到的动态校验码，甚至只需要第三方支付的账户密码即可完成资金划转，根本无须使用 U 盾，潜伏着很大的安全隐患。

因此，当前监管机构应该对互联网金融进行差别化监管，以规范互联网金融行为。对有实体交易支撑、发展前景广阔、风险相对较小的基于互联网商业的互联网金融业态，监管当局应坚持"交易先于制度"的原则，给予更大限度的容忍度，也应尽可能多地提供一些软硬件便利条件。比如进一步加强征信体系的建设，扩大征信系统应用主体，减税降费等。但对另一些寻租性甚至投机性、风险较大、同业竞争无序、没有真实商业交易数据支持的所谓互联网金融创新，应该尽快制定严格的监管规范，保证互联网金融市场的健康发展。

当互联网金融悄然侵入支付、信贷、理财等商业银行的传统领地时，有人认为互联网金融将从根本上挑战商业银行，甚至颠覆当前以商业银行为主体的金融格局。不可否认，这种以控制支付流为核心的金融新业态必定会在一定程度上削弱银行的根基，但据此断言将会动摇乃至颠覆商业银行的地位有点夸大其词。首先，从数据上看，纵然经过了跨越式的发展，但当前互联网金融的体量仍难以与商业银行相提并论。仅以银行业金融机构行内支付系统处理的支付业务量为例，2013 年交易笔数就高达 107.58 亿笔，交易金额就达到 745.23 万亿元，而同期全部第三方支付的交易金额却仅 10 余万亿元，体量远不及银行。其次，从业务模式上看，以第三方支付为代表的互联网金融，归根结底不可能脱离银行，反而必须依赖于银行。如目前备付金账户仍然是第三方支付无法绕开银行的"命门"所在。再次，当前商业银行已经意识到互联网金融的挑战，正在积极应对。实际上，商业银行尤其是大型银行比互联网企业有着更强的 IT 基础。早在国内互联网金融大发展之前，许多银行就建立了属于自己的全国性计算机网络。特别是伴随着以互联网为代表的信息技术革命，大型银行都在 IT 建设上都投入了大量的人力、物力和财力，实现了业务与管理的信息化、数据化。

尽管互联网金融尚不足以动摇传统银行的地位，但并不意味着传统银行可以高枕无忧。现实的挑战与趋势性压力是显而易见的。为了适应互联网金融的发展趋势，商业银行应该充分借助互联网思想和理念，尽快实现传统银行业务的转型升级。一方面，必须顺应互联网商业模式发展的需要，加快银行支付方式创新，巩固支付地位。所谓的互联网金融突破口和当前竞争的焦点主要集中于支付领域，这也符合金融发展规律。传统金融的起点也是源于支付结算，之后慢慢地向存、贷领域延伸。支付宝之所以做得好，与商业银行沉浸于传统业务模式不无关系。金融行业涉水互联网，是从 20 世纪 90 年代的网上炒股开始的，但几乎是在十年后，才诞生了支付宝。支付宝当时进入的是一个商业银行瞧不上的、看起来利润也不大的领域，而这却恰恰就是人们常常提到的"蓝海"。其实，第三方支付企业能够做到的，商业银行也有能力、有条件做到，并且做得更好。另一方面，根据中小微企业依托大型核心企业上下游产业链生存的特点，发挥大型银行拥有大型企业客户的优势，借鉴阿里小贷公司的经验，依据中小微企业与大型核心企业的交易记录，充分挖掘交易和订单数据，运用大数据技术大力发展供应链金融；夯实数据基础，强化数据管控和数据挖掘，充分利用大数据的技术方法解决营销和风险管理有效性问题，并借助互联网技术提升客户服务效率和服务质量。

还需要进一步强调是，近几年来移动化成为社会发展的主要潮流，人类的各种经济、社会活动都或快或慢地被"移动化"，金融服务方面传统意义上的网点、自助设备等受制于时空的约束限制，将越来越难以适应客户移动化金融服务需求的挑战。因此，移动金融服务将成为未来金融竞争的主战场。移动金融服务将全面介入客户生活，成为客户日常行为的建议者、安排者、提供者，不仅可以大幅提升客户满意度和客户黏度，还会为银行带来丰富的收入来源。当前，新渠道、新技术在金融服务的应用周期正在缩短，网上银行的普及经历了十年之久，手机银行也有五年的发展史，而移动支付的发展虽然只有两年，但市场前景已经显现。一旦错失了本轮发展契机，势必造成战略上的被动。在移动金融领域，我们必须摒弃传统思维，用开放的心态和互联网的思维，真正做到以用户体验为核心，在服务流程上做到最大便利，在技术安排上做到安全可靠，并借助大数据方法收集分析用户行为数据，培养、指导客户的行为预测能力，真正成为客户离不开的生活伙伴。

三、数据革命正在破解"二八"困境

所谓"二八定律"，就是指商业银行 80% 的利润源于数量占比仅为 20% 的高端客户。很长时期以来，"二八定律"一直是商业银行经营的金科玉律，并构成传统金融机构的战略边界。然而，长期形成的金融机构客户服务战略、"争二弃八"的高端化集中趋势、金融机构与金融资源向中心城市集中的趋势，不仅使得普惠金融难以突破，也使传统金融机构面临业务过度竞争、息差收窄、赢利能力下降、金融脱媒增大等困惑，最终阻碍了金融深化与经济增长。"二八定律"由银行战略的金科玉律变成了银行陷入困境的重要原因。

首先，历史地看问题，"二八定律"与银行所处的经济水平和技术水平有关。在许多中低收入国家，占客户总量 80% 的中低端客户，不仅拥有的财富水平很低，市场经济参与度也比较低，户均金融资源存量与金融活动流量等对于商业银行尤其是大型银行都不具有经济价值。但是，如果经济水平上升到一定高度，达到高收入国家水平或者至少达到中高收入水平，"二八定律"赖以存在经济基础就会发生变化，与此相适应的"长尾理论"就会替代"二八定律"。"长尾理论"认为：在一定条件下，占比80%的低端客户给银行带来的利润总和将不亚于高端客户。在发达国家实践上，"长尾理论"已经逆袭"二八定律"。

我国商业银行已经拥有了西方发达国家潜在的长尾客户基础，目前，我国商业银行的长尾客户大体可分为：以职业经理人为代表的中产阶级群体、以城市工薪阶层为主的社区大众群体、在校生群体、农民工群体以及小微企业群体。其特征之一是"长尾群体"的绝对收入水平已经具有规模经济价值。尤其是随着我国人均GDP突破8000美元以后，这些客户的价值必然显著上升。以农民工群体为例，外出农民工月均收入由2011年的2049元，增长到2015年的3072元，增长50%。月均消费支出也由2011年的664元，增长到2015年的1012元，增长52%。特征之二是群体数量庞大。根据波士顿咨询公司测算，2014年中产家庭的数量占全国城市家庭总数的63%，个人消费总额占到了全国个人消费总额的76%。再比如，2015年我国在校研究生及本专科生约为2800万人，在校高中生及中专生约为4000万人。从企业客户群体来看，截至2013年底，全国各类企业总数为1528万户，其中，小型微型企业1170万户，占比为76.6%，若将4436万户个体工商户纳入统计，小型微型企业所占比重达到94.15%。特征之三是具有广泛而个性的金融需求，活跃度很高，金融流量很大。比如投资理财、消费金融、时尚消费、移动支付、助学贷款以及创业贷款等。而这些金融需求正是商业银行未来发展"长尾"业务的基础和保证，从而为商业银行带来丰厚的利润收入。这是"长尾理论"发挥作用的现实基础。

其次，数据革命为"长尾理论"发挥作用奠定技术基础，商业银行终将突破金融服务的"二八定律"。客观地分析，过去金融服务难以渗透80%的低端客户，其直接原因是信息收集和处理的成本过高，按照成本效益原则，无法向大量中低端客户提供服务；而根源于金融服务技术落后，使得传统金融机构在这方面心有余而力不足。

然而，近十年来情况发生了急剧变化：在数据革命的推动下，尤其是在移动互联、云计算等技术革命的推动下，数据的收集和处理成本大幅下降。许多非金融机构运用大数据方法，成功进入了群体庞大的低端客户市场。这引起一些银行和非银行金融机构的迅速跟进，金融服务对社会经济的渗透率急剧提高，金融服务市场出现了广度与深度的快速发展。技术进步使过去不可能的事情变成现实。

尤其值得注意的是：智能手机等移动终端的快速发展，不仅使得人们能够随时、随地获得金融服务，更重要的是使连续记录用户行为数据成为可能，透过这些数据的分析进行金融服务成为新金融业态发展最重要的依托。更重要的是，大数据方法的广泛运用，正在改变金融机构风险识别、风险预警的技术和方式。近年来，以蚂蚁金服、微众银行、京东金融等为代表的互联网金融公司，借助于对客户海量行为数据有效收集和处理，借助大数据技术扩充数据源、引入新数据分析模型，从而大幅提高了风险识别能力、降低了风险识别管控成本，使得为客户提供信贷的边际成本几近于零，为解决小微企业贷款、无信用记录的个人贷款提供了技术支持。

此外，我们认为数据革命也将助推商业银行战略转型。互联网金融企业发动的"金融数据革命",值得传统商业银行积极借鉴。例如百度利用快速迭代风控模型识别用户信用等级;腾讯依托海量社交数据,建立了客户分群授信模型;蚂蚁金服利用决策树等大规模机器学习算法,为缺少信贷记录的人群作出"芝麻信用";京东白条利用弱分类组合预测模型来评估用户的还款意愿和还款能力;等等。商业银行必须适应经营环境的变化,彻底摆脱"二八定律"的束缚,及时运用"长尾理论"战略思维,当务之急是迅速提升自己的能力。商业银行要将数据作为重要战略资产之一,充分应用数据革命带来的科技成果,有效地利用和挖掘长尾客户市场潜力,提高金融服务的广度和深度,及时实现经营转型。

第六章

正确理解和运用债转股：
不可不用，不能滥用

2016 年初，作为应对经济困境尤其是降低企业债务杠杆率的重要举措，债转股再次成为热门话题。作为 20 世纪末债转股实践的直接参与者，笔者曾经对借助债转股方式处置银行不良贷款的背景、技术与政策，进行过系统观察与总结，并在 2001 年《财贸经济》第 10 期、第 11 期连载。虽然时光流逝十五年，但文中许多观点依然具有现实意义。结合近年来国内外实践，笔者想就债转股问题再补充一些经验之谈。

一、债转股有多种形式，商业性债转股很常见，但政策性债转股一定很特殊

债转股有多种形式，商业性债转股很常见，但政策性债转股一定很特殊。所谓债转股是指债权人和债务人为了各自利益把债权关系转换成股权关系。有人认为，债转股是债权人受债务人倒逼所采取的一种不得已而为之的处理不良债权的方式；也有人认为，债转股是债权人为加强对公司客户的控制或者为追求高额回报而采取的

一种主动行为。从各国已有的实践来看，债转股主要有以下四种
情形。

（一）可转换型债转股

这种方式普遍运用在各国的上市公司。在上市公司发行可转换
债券后，债券持有人可以在转换期限内按事先约定的转股条件、转
股价格随时将债权转为该公司的股权。由于公司可转换债券在发行
时就已规定了转股的条件，因而这种债券兼具债权和股权的特征。
债券投资者转股目的很明确，就是为了在锁定风险的同时获取投资
收益。

（二）收益型债转股

一些公司为改善财务结构，在股票发行上市前进行公司重组，
将部分债务转为股份。金融机构（主要是指全能银行）在收益率高
于贷款利率、债务人经营风险较低的情况下，利用其特殊的影响将
企业的部分债权转为股权，以分享企业长期成长的收益，同时调整
银行的资产结构，提高银行资产的整体赢利能力。在收益型债转股
情形下，企业效益通常较好，但因开发新项目需要筹措资金，或者
公司流动资金不足，而债权人又不满足于收取固定的利息，希望得
到股权投资收益，与公司之间事先自愿协商进行转换。

（三）破产型债转股

在企业进入破产程序或虽未进入破产程序但债务负担过于沉重
影响企业持续经营时，通常由债权人和债务人双方协商进行债转

股。债权人债转股的目的是在救活企业的同时，加强对企业的控制，确保债权人的权益能够得到最大限度的保全和回收。这种情况的显著特征是企业债务特别沉重，陷于资不抵债的境地，在国外通常是作为除破产清算外的倒数第二手段来使用的。

（四）政策型债转股

为了应对系统性违约风险，避免金融危机导致经济崩溃，在特殊情况下由政府直接出面实施政策性债转股。政策性债转股通常发生在债务尤其是外债负担很重、企业经营难以为继、金融风险急剧加大的转型国家。政府希望通过一揽子的债转股及其配套法律、政策的出台，综合解决债务、企业重组、结构调整等问题。如 20 世纪 80 年代的巴西、墨西哥、智利、阿根廷、委内瑞拉等拉丁美洲国家，90 年代中期的保加利亚、克罗地亚、俄罗斯等中东欧国家，亚洲金融危机时期的韩国等东南亚国家。我国在 20 世纪末和本世纪初也制定并实施了债转股计划，由政府确定债转股总体规模，明确规定哪些企业可以债转股，哪些企业则不能债转股，具体名单由企业主管部门推荐并批准，债转股方案也由国家有关部门批准方能实施，是典型的政策性债转股。

二、国际上政府主导型债转股的案例很多，可以借鉴但无法复制

国际上政府主导型债转股的案例很多，可以借鉴但无法复制。根据性质不同，债转股可以划分为商业性债转股和政策性债转股。

政策性债转股则是指一些国家在陷入经济危机或企业债务负担过重时，政府通过一揽子的债转股及其配套法律、政策的出台，寻求解决债务、企业重组、结构调整等问题。无论是转型国家、新兴经济体，甚至发达国家，都受到过经济危机和金融危机的冲击，其中一些国家在企业普遍陷入困境时实施了政策性债转股政策。根据一些国家债转股的时期、目的和特点，可以将国际上的债转股分为以下四个阶段。

（一）20世纪70年代末至80年代末拉丁美洲国家的债转股

政策性债转股始于20世纪70年代末80年代初的拉丁美洲，源于该地区严重的外债危机。拉丁美洲的债转股通常由外国企业以一定的折扣率购买银行的债权，然后这些外国企业到债务国中央银行将此债权换成当地货币，专项用于购买该国企业的股权。其结果是现有债权转换成股权，分期偿还的本息得以免除，外国企业将获取直接投资回报。其中，巴西从1978年开始执行债转股计划，由于限制过多，到1984年不得不终止；1988年巴西开始新一轮债转股，后因条件过于宽松而演化为纯粹的投机行为。墨西哥从1986年正式推出债转股计划；阿根廷在1987年10月开始债转股，由于担心汇率不稳定和通货膨胀而进展缓慢，直到1989年债转股才开始大规模进行；智利债转股计划最为成功和最有灵活性，不仅其转换数量多，对外国投资者吸引力大，而且政府干预少，从1985年到1991年，该国转换了大约70亿美元的债务，约占外资商业银行债务的30%。

拉丁美洲国家的债转股取得以下成效：一是减轻了外国债务，

从 1982 年到 1990 年，拉丁美洲国家的外债仅从 8460 亿美元增加到 12800 亿美元；二是吸引了外国投资，有助于在结构调整计划的配合下实现私有化；三是债转股有效地遏制了"资金外逃"；四是帮助银行摆脱了非经营性债务所带来的负担；五是为外国投资者提供了有利的投资渠道。但是，拉丁美洲国家的债转股也导致了通货膨胀和更高的利率，引起了外资控制权等经济和政治上的问题。由于潜在通货膨胀的威胁，债转股在运用时受到了较大影响，并在 1990 年后逐步趋于萎缩。

（二）20 世纪 90 年代初中期中东欧国家的债转股

苏联解体后，在东欧和俄罗斯的经济体制改革中，私有化一直占据核心地位。保加利亚、俄罗斯、乌克兰、南斯拉夫、匈牙利、波兰等国都曾经有过债转股的计划或实践。中东欧的债转股则不仅是债务管理的手段，更重要的是私有化的重要工具。其中，保加利亚的债转股计划于 1995 年正式推出，除了加快私有化进程外，债转股目标还包括减少外债、改善外债结构和质量、增加外国直接投资和创造有利的经济环境等。该计划包括候选企业的筛选标准，外债债券购买者的所有权凭证，实施债转股、所有权转移的操作程序等。保加利亚的债转股对国外投资者、外资、国外投资者私有化中的参与、汇率管理、非登记证券的获得、税收、主管机构等做了明确的法律规定，设计了完整的法律框架。1991 年和 1992 年，匈牙利和捷克分别向俄罗斯提议将其债权转为它们选择的俄罗斯公司的股份。俄罗斯接受了这一建议，而且提出了对等的债转股建议，即将其 40 亿美元转换成当地一家炼油厂的股权。同时，俄罗斯把这种方式推广，以债转股形式获得了乌克兰出口天然气管道的股权。1992 年，俄罗斯在 7 国首脑会议上提出过债转股计划的建议，并与奥地利和芬兰进行谈判，后因政治反对等，债转股不得不搁浅。1995 年底，俄罗斯再次计划于 1997 年开始大规模地进行外债债转股。1996 年 12 月国家产权委员会提交了一个总统令和政府条例，但同样被束之高阁。

波兰、匈牙利、捷克等转型经济国家在处置其高额不良资产时，运用了向银行注入资本金、私有化、强制破产、资产重组等办法，其中债转股只是作为一项有限的手段来使用。债转股后，银行不仅得到了控制权，而且享有企业最终剩余资产的处置权。捷克国家私有化基金发行了 500 亿元的 5 年期债券，其中 380 亿元用于债转股。该国 5 家国有银行全部实行私有化，但国家继续持有37%—53%的股份。捷克虽然很早就有了债转股实践，直到 1998 年初才在《银行法》《贸易法》修正案中增加了债转股的内容，规定公司经债权大会同意并与原股东协商后，可以按面值进行债转股，并对债转股企业的税收减免做了明确规定。

（三）1998 年以来东南亚国家的债转股

东南亚地区在遭遇亚洲金融危机后，在最初的稳定措施中并没有特别重视债转股的作用。尽管 1998 年下半年韩国政府主持了 5 大财团的债转股协议，但债转股在韩国巨大的企业债务中所占比重相当小。据世界银行的一份研究报告，在企业债务负担特别的沉重的韩国，1998 年底以前进行的债转股仅占其全部债务总额的 1%左右。这一现象在 1999 年得到改变，调整了政府对公司重组的政策，即政府只做外部协调，由债权人和债务人自主协商，合理确定公司的债务水平，使得企业能够用预期利润支付财务费用。最终，韩国采用了一种双赢的战略：运用债务转换和其他正式计划，而不是销账的方式。到 1999 年底，韩国九大部门的产业重组计划近于完成，在石化、航空、车辆三行业对部分企业的债务实施了债转股。

（四）美国金融危机后对汽车行业的类债转股

2008 年，美国次贷危机诱发金融危机，对美国汽车行业产生了严重冲击，加上受制于车型落后、美国工人联合会拒绝裁员与降低福利待遇等，美国三大车企均已资不抵债，陷入困境。为避免汽车行业大幅下滑和大批工人失业，美国政府与私营机构联手救助下，采取了包括类似债转股性质的救助措施。2009 年 5 月 1 日和 6 月 1 日，克莱斯勒和通用汽车先后申请破产保护。

在问题资产救助计划下，美国财政部向通用汽车提供近 510 亿美元的资金救助支持，作为回报美国政府持有重组后新公司 60% 的股份，加拿大政府持有 12.5% 股份，工会持有 17.5% 股份，其他债权人持有剩余 10% 股份，而通用汽车原股东不再持有新公司任何股份。美国财政部向克莱斯勒先后借款 125 亿美元，并促成与意大利菲亚特汽车公司战略重组计划，克莱斯勒将优质资产注入与菲亚特合作成立的新平台，汽车工人联合会将持有该公司 55% 股份，菲亚特持有 20%（未来可增持至 35%），美国财政部持有 2%，加拿大政府持有 8%。美国政府在对汽车巨头提供资金援助同时，还实施了汽车行业融资计划、汽车零部件供应商支援计划、汽车保修承诺计划，减免节能环保机动车消费税，出台旧车置换新车补贴方案，同时要求三大汽车公司各自制定可持续重组发展计划并接受政府监督。例如，政府接管通用汽车后，通过破产保护程序倒逼债权人接受债转股方式，并对新通用公司大力压缩生产成本，减少薪资和利息成本，包括高层人员的降薪；缩减规模，重点发展节能型汽车，提高节油车型产量和发展节省能源技术；重新规划旗下品牌、车型和经销网络；进行资金结构重组和生产机构重组。

此外，政府还支持私募基金参与三大汽车企业及其子业务与子品牌的重组。例如，博龙资本管理公司以 76 亿美元收购原戴姆勒持有克莱斯勒集团 80.1% 的股权，该价格还不及戴姆勒收购克莱斯勒支付 400 亿美元的五分之一。私募机构大举参与美国汽车业重组并购，在短期内使得美国汽车公司及时获得营运资金支持，同时也盘活美国汽车低效无效资产，提高不良资产处置效率，并取得了较好收益。

美国政府先后向汽车及相关行业提供约 800 亿美元资助，陆续通过市场化方式在资本市场等退出，对汽车行业救助最终付出近 93 亿美元的成本，但是救助效果是显著的。自 2009 年开始，新复苏的汽车行业创造约 37 万个新就业岗位，新的通用、克莱斯勒和福特都已实现运营利润，重新具备市场竞争力。政府救助不仅挽救了通用与克莱斯勒，同时也救助了许多关联上下游企业，实现了汽车行业战略转型，解决了劳动力成本过高和战线过长的老大难问题，避免了大范围行业破产危机，实现了社会稳定与经济稳定。

三、我国世纪之交的债转股很特殊，目前不具备复制的条件与紧迫性

我国世纪之交的债转股很特殊，目前不具备复制的条件与紧迫性。我国世纪之交债转股是在应对亚洲金融危机和实施国企改革、三年扭亏脱困攻坚阶段提出来的。当时银行账面不良率超过20%，实际不良率估计在40%左右，几乎全部处于技术破产状态，金融危机随时可能爆发。由于国有商业银行的主要客户为国有企业，国有商业银行不良资产集中也表现为对国有企业的不良贷款，因而解决银行业巨额不良资产与解决国企巨额不良债务成为一个问题的两个方面。商业银行对大中型国有企业的贷款，单户高达数亿甚至数十亿元，其中不乏具有良好发展前景但债务负担过重的企业。如果对其债转股，减轻财务负担，剥离富余人员和非经营性资产，给企业以休养生息机会，同时促进改善法人治理结构，企业将会有很好的发展。经过若干年的发展，持有这些债转股企业股权可以转让、上市，从而使不良资产价值得到最大限度的回收。因此，债转股在实现金融资产最大限度的回收和有效化解部分金融风险的同时，可以帮助企业脱困改制，达到"双赢"的目标。如果运作得好，债转股在宏观上可以化解国有经济沉积多年的、在转型中出现的多种难题，实现经济的持续发展。债转股在中国具有双重职能，既要化解金融风险，又要促进国有企业的改制与健康发展。

从作为债务人的国有企业（主要是大中型企业），财务负担过重是多年历史累积形成的，既有企业自身经营管理不善、资本金不

足的原因，也有国家拨改贷、宏观调控政策的变化、经济增长周期波动等原因。第一，由于自有资本金不足和经济过热时期利率过高，国有企业负债率一直居高不下，成为国企改革难以逾越的障碍。根据当时国家经贸委匡算，按照债转股计划，债转股企业的资产负债率可由原来的73%降到50%以下，当年可减少企业利息支出195亿元，80%以上的债转股企业实现当年扭亏为盈。第二，构建现代企业制度进展不是很理想。借助债转股，进行资产重组，剥离非经营性和非主营资产，实现减员增效，培育核心竞争能力，为国有企业真正改制扫清障碍。第三，国有企业从表面上看是负债过高，形成巨额银行坏账，但其核心在于法人治理结构不完善，造成权责利不清，效率低下。通过债转股，实现国有经济内部股权多元化，改变国有企业股权过于单一和所有者不到位的局面，便于企业真正建立有效的激励机制和约束机制。第四，经过阶段性持股，企业赢利能力将有所改善，金融资产价值得到最大程度的恢复，有利于实现国有经济的战略重组，优化国民经济结构的调整。

基于化解金融危机压力和推进国企改革的考虑，国家决定对工农中建开五家国有大型银行作为债权人、在国民经济有重大影响、发展有前景、只是由于债务负担过重而暂时陷入困境的国有大中型企业进行债转股。债转股企业全部由国家经贸委指定，经过资产管理公司评审，再由国家经贸委、财政部、中国人民银行审核后报国务院批准，具有强烈的政策性。

我国当前并不具备实施债转股计划的紧迫性，也不具备简单复制当年债转股的条件。一方面，银行不良贷款暴露虽然压力不断增大，但整体不良率仍然处在较低水平（2%），而且资本充足率和拨备水平很高，足以应对预期损失。企业虽然面临一系列困难，但亏损面、资产负债率与世纪之交的困难不可同日而语，并且流动性尚好，出现系统性违约进而引发金融危机的概率较小。另一方面，目前作为市场主体的企业（包括国有企业）、商业银行（包括国有大型银行）、资产管理公司绝大多数已经是股份公司或上市公司，政策设计很难简单复制上轮债转股模式。而且 20 世纪末我国经济面临加入世贸组织后的国际需求和城镇化带来的房地产国内需求双重机遇，今后很难重演，政策性债转股的效应也不可能复制。

四、债转股的整体实践效果无法评估，个案经验教训值得记取

各国政策性债转股运作通常由政府部门设定债转股范围、条件和程序，同时给予政策支持并进行监督。在债转股范围方面，通常选择国家支柱行业、进出口替代重点行业、重点地区、外资银行作为主要债权人等陷入财务困境的重点企业，部分国家还明确了债转股总体规模；在债转股条件方面，通常要求企业当前或经重组后产品有市场，技术相对先进，管理水平较高，同时要求企业剥离无效和低效资产、裁减冗员、降低不合理的薪资成本等瘦身措施，聚焦主业；在债转股程序方面，大部分国家都对债转股的适格主体、流程、期限、监管部门等进行了规范，有的甚至对债转股的转股比率、转股金额和期限作出了明确规定；在配套政策和法律支持方面，政府在注册登记、税收减免、外汇管理、破产程序等方面给予重点支持，给予转股后的企业、股东和投资者一定优惠，有的国家还特别修改了《公司法》《银行法》《破产法》等法律，确保债转股

的顺利进行。因此，政府在相当程度上对政策性债转股发挥了主导和引导作用。当然，债转股的具体运作则是由债权人和债务人协商完成的。

政策性债转股除了俄罗斯、巴西等少数没有实施或者演化为纯粹投机性交易外，大部分都取得了降低企业财务费用的短期效果。但是，对债转股的长期目标，则很难评价。一方面，各国对债转股的预期目标，可能在设计时就要求过高；另一方面，在债转股实施过程中，受到各种国内外因素的影响，特别是国内基础设施和经济恢复程度的影响，很难评判哪些是债转股本身的成效。因此，国内外也极少有评价债转股整体绩效的文献可资借鉴。

至于我国上一轮政策性债转股，既有一大批通过核心企业带动地区性、行业性重组、上市等成功案例，也有一大批债转股完成但转股后仍基本维持原有经营局面的企业（包括十多年后才注册登记或没有剥离社会负担成为"僵尸企业"），甚至有转股后陷入停产或破产的企业。总体而言，在资产管理公司等市场主体运作下，债转股还是盘活了部分商业银行不良资产，实现债转股企业转亏为盈，促进企业转换经营机制，推动了现代企业制度的建立，基本达到了国家实施转股的目标。

从笔者的实践经验来看，债转股可以降低企业的财务负担，有利于企业走出困境。但问题绝非如此简单。降低资本负债率本身并不改善企业的资产质量。从理论上讲，债转股本身只是资金形态的改变，并不能提高企业资金的使用效力。国企陷入困境的原因是多方面的，既有内部管理、企业办社会、富余人员过多等因素，也有机制不合理、产业结构调整、需求不足等原因。如果不进行综合治理、从根子入手，仅仅降低负债率，则所产生的效应必然是短期的。所以，在上一轮债转股操作时，我们十分注重企业非经营性资产剥离、人员分流和生产要素的重组，增加企业的市场竞争力。同时，始终以建立现代企业制度为目标，以保障债权人利益为立足点，根据企业的具体情况设置了明确的股权退出通道。回顾那些成功的案例，有以下经验可以分享。

一是充分运用各种财务重组技术。当一个企业资产负债结构简单、产品品种较单一，企业原来的母体具有较强的吸纳转股企业剥离的资产和人员时，可以采用企业整体债转股。对一些历史悠久、资产负债复杂、产品多样化的大型国有企业，企业整体转股就有一定的困难，这时需要采取企业分离方法，把原企业按一定标准如产品或地域分离为两个或更多个新企业。债权人把对原企业的债权通过置换集中于分离后的一个企业中，然后对这一企业实施债转股。由于对原企业在非经营性资产剥离的基础上又进行了再次分拆，将企业的部分优质资产重组成立股份公司，股份公司的最终目的是上市筹资，原企业的其他存续资产则成立新的非股份公司。根据财务模拟，确定债转股和剩余债权金额在股份公司和非股份公司的分配数量。显而易见，分离后的股份公司具有较强的生命力，这也是债转股的目的之一。

二是可以对企业性质相同、产品类似、存在资本或管理关联关系的企业进行优势互补的整合债转股。批量企业处置方法，在美国的 RTC 中应用较为广泛，如批量销售等。由于企业合并涉及两个或两个以上的企业，这要求被合并企业在产品结构、地域等方面有一定可行性，也正是由于这一原因，目前企业合并案例较少。企业重组的另一个案例是企业分离和企业合并的同时应用。企业分离是将原企业资产分离，而企业合并则恰好相反，将两个或更多个企业合并为一个企业。分离合并则是对分离后的两个或更多个企业再合并为一个新的企业。

三是必须有注资的准备与预案。部分企业债转股后仍不能达到赢利水平，对这部分企业必须增加新资产注入或资产转换，从而改善企业的资产负债质量，提高赢利能力。

四是债转股的另一个同等重要的是银行回收不良资产。持股只是阶段性的，债转股后股权的退出至关重要。分析成功案例，由最初的回购承诺、上市承诺发展成了股份公司股权质押、以上市公司股权质押、以新公司利润质押和第三方担保等等多种退出形式相结合。

五是已有的实践经验还表明，政策性债转最终成功的关键是同步推进企业改革，完善真正意义上法人治理结构。如果政府部门习惯于以终极所有者的身份对债转股企业的人事和经营进行各种干涉，或者维持原有内部人控制，债转股不可能实现以时间换空间政策意图，只能是拖延、积累甚至放大风险。

附

实现债转股政策目标，银行业需在多方面同步推进[①]

近日，国务院出台了《关于积极稳妥降低企业杠杆率的意见》及《关于市场化银行债权转股权的指导意见》，明确了市场化债转股的基本要求，一直深受市场关注的"债转股"政策最终亮相，各种猜测和争议也将得到回应。作为供给侧结构性改革的重要措施之一，虽然"债转股"在时隔十几年之后再次回到中国经济的舞台上，但这次不是历史的重复，而是深远的嬗变。

"债转股"的背景和目标发生了重要变化。本世纪初的"债转股"是在中国银行体系面临巨大系统性风险的背景下，以化解国有银行不良贷款为主要目的实施的，虽然政策上也要求建立现代企业制度，提升经营能力，但无论是从初衷、过程还是结果来看，主要还是将"债转股"作为处置银行不良资产手段来使用的。此次的"债转股"是在中国经济转型升级的背景下，从宏观上降低实体部门杠杆率、预防企业过度负债引发系统性债务风险，更重要的是从微观上优化企业资本结构、降低财务风险、改善治理与经营，同时推动多层次资本市场的发展，提高储蓄转化为投资的效率，政策目标更加系统和多元。

---

① 《金融时报》2016 年 10 月 13 日，

　　"债转股"的原则和方式发生了重要变化。政策性是上一轮"债转股"的重要原则，无论是"债转股"的计划规模、转股范围、转股企业名单、审批程序、交易价格、资金来源及成本负担等，均是由统一政策作出明确规定，行政主导为主，计划色彩浓厚。而此次"债转股"政策与前次有很多不同，市场化和法治化是基本原则，没有计划确定的转股规模和具体名单，无论是转不转股、对谁转股、谁来转股，还是转多少股、什么价格，以至钱从哪儿来、股权怎么退等主要环节，全部依据市场原则，政府发挥引导作用，由市场主体自主决策，责任自负、风险自担。其实，债权和股权本来就是企业融资的两种基本形式，两者的取舍和结构安排就应该由市场来决定，"债转股"也将从一项特殊时期的政策任务转变为一种经常性的市场安排。既然遵循市场化原则，法治化也就成为"债转股"的基本规则，融资方式的变化，会带来法律关系的变更和权利义务的变化，坚决用法律手段保障相关当事人特别是股权人的权益，这是上一次"债转股"留给我们的重要经验，也是达到预期政策目标的基本保障。

　　"债转股"的对象和主体发生了重要变化。基于快速降低银行不良贷款的目标，上次"债转股"的对象限定在银行已经形成不良并且剥离到四大资产管理公司的企业，其中有些企业具有一定的资源优势或市场竞争能力，但大部分是包袱沉重、资源枯竭、经营不善、亏损严重，转股之后有的企业经营发生较大改善，但是数量不多。转股和持股的主体是四大资产管理公司，在执行国家政策要求的大背景下，资产管理公司很难主动选择转股对象，也很难行使股东权力参与公司治理。此次政策明确指出，对于转股的对象只设置负面清单，没有指令计划，基本导向为杠杆率偏高但发展有潜力的企业，具体由债务人、债权人及投资人等自主选择和协商确定。"债转股"的实施主体也更加多元，银行可以通过设立专业的子公司进行操作，金融资产管理公司、国有资本运营机构、保险资管公司等具备专业能力的社会投资者都可以作为实施主体，也可以同产业基金、私募股权基金进行合作。

"债转股"的形式和资金发生了重要变化。上一次"债转股"在操作上的主要切入点是"减债"，根据每家资产管理公司拥有的债权，按照账面价格直接转换成相应的股权，没有实际的资金进入企业，而支付给银行收购债权的钱来自于政策性资金安排。而此次政策更加突出"增股"，不要求一对一的债权转为股权，而是更多通过增加企业股权融资来降低杠杆率，从而优化企业财务结构。对于银行来讲，不是直接将自己的贷款转为股权，而是通过转让给实施机构运作，可以收购其他银行的债权交叉转股，也可以通过先对企业增资扩股再统筹偿还贷款。对于转股的企业来讲，会有新的和增量的资金流入、新的投资人加入，形成新的治理结构和新的发展战略，助推企业嬗变。从资金来源上，新政策明确要充分利用市场化方式和渠道筹集，鼓励面向合格的社会投资者包括个人投资者、私募股权基金等募集资金，不是通过财政兜底资金，也不是有人担心的用银行存款直接持有企业股权。

从政策性到市场化，从行政性到法治化，从去不良到防风险，从减债务到增资本，从治标到治本，从宏观到微观，从临时救济到长远安排等，此次"债转股"似曾相识但又今非昔比。无论是债权还是股权，其价值归根结底还是来自企业自身的价值，更有效率的融资方式和金融市场，应该体现在提升实体企业要素生产效率上，面临着目标使命的变化，"债转股"已经不是财务报表上的简单科目转换，而成为金融体系服务实体经济和供给侧结构性调整的重要方式。个人认为，要想实现政策的预期目标，应该做到五个同步推进。

同步推进企业资产负债重组。企业高杠杆率的现状，由融资渠道单一、财务约束软化、顺周期投资过度等多种因素形成，若回归到一张健康的资产负债表，不仅仅是债务的削减，而且需要从资产和负债两端修复，甚至有的企业还需要在集团层面上重建资产负债表，清理无效低效资产，通过财务重组技术对企业内部进行资产整合，按照股权先于债权吸收损失的原则，由原股东对历史损失进行冲减后，集中优质主体和有效资产对接"债转股"投资人，从深层次改善企业财务状况，实现健康可持续发展。

同步推进产业整合升级。市场化的"债转股"突破了原有债权与股权的一一对应关系，通过同专业投资机构、国有资本运营机构及产业基金等合作，可以在更大范围内实现企业间的股权整合，从而推动产业升级和转型。从横向上，可以提高市场集约化水平，减少盲目竞争，为削减低端落后过剩产能创造条件；在纵向上，可以拉长产业链条，提升抵御市场波动的能力，也可以通过跨业合作，实现商业模式创新。

同步推进金融市场深化。我国金融市场一直以间接融资为主，直接融资比例与经济发展需求不对称。虽然近年来债券市场发展很快，提高了直接融资比重，但作为直接融资重要方式的股权融资一直发展缓慢，造成企业资本补充不足，抬高了杠杆率。这种融资结构也容易加剧经济的顺周期波动。借助"债转股"的实施，可以拓宽股权融资渠道，有序引导社会资金转换为股权投资，为企业提供更为稳定长期的资金来源。股权融资的发展，会加速金融结构调整，呼唤多层次、多元化资本市场早日诞生，助推金融市场不断深化。"债转股"的推进，将形成大量的股权类资产，应适时大力发展多种形式的股权交易和投资市场，培育合格适当的社会投资者，提高股权市场的流动性和价值发现能力，推动多层次资本市场建设。

同步推进改善公司治理。从法律关系上，股权人具有更明确的治理责任和保障手段，通过"债转股"，应推动形成国有企业股权多元化，推进混合所有制改革，要保证持股人行使权利参与公司治理，持股机构要履行好积极股东角色，提升转股企业的公司治理效率。同时，通过"债转股"，也应提升银行子公司、资产管理公司、国有资本运营公司、产业基金等机构的专业化投资运营能力，争取培育出一批具有国际竞争力的股权投资机构。

金融发展始终要服务于实体经济，但形势在变化，方式要创新，如果能通过"债转股"，在企业层面形成"债＋股"更为平衡的融资结构，在市场层面形成债权和股权更为丰富的交易结构，在资金层面形成债权人和股权投资者更为合理的投资结构，则势必会提升社会投资效率，提升企业运营效率，更好地服务于供给侧结构性改革的战略目标。

第七章

用趋势思维破题认识纠结与行动犹豫：
关于中国经济困惑的思考

分析中国经济，大家都会关注 GDP、工业增加值、固定资产投资、社会消费品零售总额、物价指数（CPI、PPI）、外贸（进口、出口）、金融（M_2、新增贷款、社会融资规模）等主要经济金融指标。依据传统经验与观察标准，这些指标的时点数据与过往轨迹都不好看。笔者自己在研究中也感觉到，当下的中国经济不仅很难用"好"与"坏"来概括，甚至对于未来趋势的预测也十分困难。其实，"好"与"坏"之争，往往出于总量分析，如果我们能够透过结构性变化来观察，所谓的"好"与"坏"都是存在的，而且"好"不一定是真正的好，"坏"也不一定是真正的坏，关键看我们期待的是否发生、趋势是否形成。因此，深入到经济结构层面、从不同角度揭示相关经济指标的变化背景以及这种变化是否为我们所期待，有助于我们理解宏观经济政策尤其是货币政策面临的艰难选择。

一、经济增长速度下行伴随着经济基础显著变化

始于 2007 年美国次贷危机、爆发于 2008 年的国际金融危机，迄今（2015）为止已经持续了八年。其间，中国经济也经过短暂剧烈波动（2008—2011）之后进入了漫长的下行期（2012—?），尤其是 2012 年经济增长跌破 8% 的"新世纪的习惯保底线"，2015 年经济增长压迫 7% 的"社会心理底线"，市场上弥漫着"悲观"情绪。笔者觉得观察经济形势既要看 GDP 增速变化态势，还要看这种增长速度是由什么力量推动的，由什么增长结构组成的，是否可持续，增长代价的变化趋势是怎样的。

（一）一些经济指标发生了积极变化，正是我们所期待的

首先，三驾马车中的消费成为 GDP 增长的最大动力，对 GDP 的贡献率已经高达 60%。国际金融危机爆发以来，我国经济增长模式已经出现了出口拉动让位于投资拉动，今年（2015）则出现了投资拉动让位于消费驱动的明显迹象。近期来看，2015 年 9 月社会消费品零售总额同比增长 10.9%，限额以上单位消费品零售额增长 8.2%。从趋势上看，消费继续保持平稳增长。餐饮收入延续了上年以来的良好增长势头，其中限额以上单位餐饮收入增长 8.9%，餐饮升温明显；全国网上零售额增速一直保持在 40% 左右，占全社会的消费品零售总额的比重已达到 9.8%。

其次，财政支出持续发力，预示宏观经济政策思路已经发生明显变化。在经济增长周期的不同阶段，财政政策与货币政策的功效

明显不同。经济上行期，货币政策效果要明显大于财政政策；而在经济下行期，财政政策的效果要明显大于货币政策。针对 2014 年以来出现的货币政策"钝化"现象，2015 年伊始财政政策开始发力。8 月当月财政收入与财政支出同比增速分别达到 6.2% 和 25.9%，在财政收入继续保持增长的情况下，财政支出明显发力，主要是加快部分重点支出预算执行进度以及落实调整工资标准。同时考虑到地方政府融资平台贷款置换地方政府债券力度加大和在建项目政策措施落地，未来一段时间财政政策将继续发挥积极作用。

再次，高能耗及产能过剩行业微观指标低位运行，直观上看是经济下滑的表现，而实际结果却是我们近年来宏观政策目标梦寐以求的。六大高能耗行业增速及企业利润增速放缓，虽然拖累了整体工业增速，但也反映出产业结构转型初见成效。钢材、水泥、平板玻璃产量增速持续下滑，部分增速由正转负，产能过剩行业持续处在去库存的过程中。纺织、鞋帽类产品出口下行，传统劳动密集型产业出口增速放缓，显示了我国低端产业产能过剩，说明经济转型还将持续。

其四，高技术产业逐渐成为经济增长新动力，表明经济结构升级步伐已经启动。主要表现在制造业从中低端向中高端转型升级速度加快。2015 年上半年高技术制造业增加值增速大幅高于整体工业增加值增速。上半年计算机、通信设备制造业利润增长 19%，医药制造业利润增长 13.5%。高技术企业利润高增长，反映出产业结构调整的趋势。从出口产品来看，产品结构持续优化，上半年，机电产品、高新技术产品出口增速保持稳健。

观察历史轨迹，2005—2007 年期间，随着 GDP 高速增长和经济规模扩大，高技术制造业增加值增速呈现下行趋势；而 2012 年以来，虽然经济规模持续增大，但高技术制造业增加值的增长速度始终高于 GDP 增速，并没有因为经济下行压力增大而改变平稳增长态势。

其五，单位 GDP 能耗降低，说明经济增长方式开始转型。2011 年以来，我国能源利用效率不断提高，单位 GDP 能耗持续下降，尤其是 2015 年初以来同比下降 5.9%，降幅进一步扩大，为 2009 年以来最大降幅。表明我国经济发展产业结构优化，节能降耗工作取得新进展。

（二）部分经济指标"变坏"，也应辩证看待

当然，从结构上观察部分经济指标也在"变坏"，例如对外贸易疲弱格局没有根本性变化，但对于这种"变坏"也应辩证看待。8 月进出口数据大幅回落，虽然有需求面疲弱的因素在起作用，但大宗商品价格大幅度回落也重要原因。同时我们还看到，海外经济体需求分化明显，对美国、东盟出口保持增长，而对欧盟、日本出口下降。

大家一直关注的工业生产仍然低位运行，且增速有所回落，尤其是发电量增速由正转负，也在数据上印证了工业生产增速下滑的严峻现实。但从经济结构来看，在第三产业已经成为经济主导、高能耗行业处于持续收缩的状态下，仅仅靠用电量增速变化还不足以判断经济形势[1]。即使从铁路货运量来看，虽然普通铁路运输和货

---

[1]　一些分析机构从用电量、运输量等实物指数的增长速度推断得出中国经济增速应远低于 7%。但国家发改委认为，近年来中国的经济结构发生了重大变化，这些实物指数与经济增长的关系也随之改变。一是三次产业结构中服务业比重大幅上升。二是高新技术产业在工业中占比大幅提高。三是实物量指标与经济增速之间的相关系数存在一定波动范围，在经济上升和下降期也存在较大差别。

物周转量出现负增长，但我们也要注意其他运输方式对普通铁路运输的替代效应明显，尤其是在公路运输保持平稳状态下，民航客货、高铁客运量持续快速增长。

其实，我们更关注的是部分反映微观企业运行的指标仍持续走低，企业微观经营不容乐观，企业经营活力不强、企业投资意愿不足。企业盈利状态有所恶化，工业企业利润总额增速放缓，7 月跌幅有所放大，主因是工业生产和销售放缓，工业品出厂价格和原材料购进价格双降。企业主营业务收入下降，同时亏损企业个数累计增长明显加快。与此相关的是经济先行指标持续低迷。PPI 从 2012 年以来一直处于"水下"状态，PMI 则围绕荣枯线波动。2015 年 8 月官方和财新制造业 PMI 均显著回落，其中财新 PMI 创近期新低，显示出制造业进一步放缓，预示经济下行压力继续加大。尤其是大宗商品价格下跌，PMI 购进价格指数显示 PPI 将继续在低位运行，近期转正无望。PMI 分项指数中，库存指标不乐观，原材料库存和产成品库存双双回落，购进价格大幅回落。内外需不振，新订单和新出口订单持续走低。生产景气情况不佳，生产指数结束了自 2015 年 2 月起的回升态势，积压订单指数回落。

还应该看到，2011 年以来 M_1 增速始终低于 M_2 增速，M_1 增速依然持续偏低，一定程度反映了企业经营活力不强。与此同时，企业的信贷结构出现恶化，中长期贷款占比继续下降，票据占比提升，反映企业投资意愿仍然不足。

（三）当前的 7% 质量好于过去的 8%

观察国际金融危机以来，主要宏观经济指标经历了剧烈波动到逐步收敛的发展变化过程，尽管目前仍有下行压力，但趋于稳定的迹象比较明显。GDP 同比与一季度增速持平，环比增速提升。2012 年以来连续 16 个季度保持在 7%—8% 的区间。

无论是历史观察还是国际比较，在经济总量已经超过 10 万亿美元的条件下，7% 的增长速度在年增量上仍是很庞大的数字。2014 年以来，关于 7% 的增长速度出现了前所未有的认识分歧。有人从个别指标走势判断这一增长速度是有水分的，认为中国经济实际增速没有这么高，悲观估计只有 4%；也有人认为中国经济从 10% 以上滑落到目前的 7%，肯定面临重大危机。

对当前经济增速的认识事关未来经济政策的选择，有必要进行讨论。由于中国经济总量已经跃居世界第二位，7% 的增速从增加量上看已经是很庞大的数字。2014 年中国 GDP 达到 63.6 万亿元，年度 GDP 增加量达 5 万亿元，已经超过 1994 年全年的 GDP，相当于印度尼西亚目前年度 GDP 总额。这一数字在世界经济体中已经史无前例。随着 GDP 总额的快速增长，类似于 7% 这样的中高速增长已经产生巨大的增加量。从这一点上看，那些以增速从 10% 以上降到 7% 为理由判断中国经济出现危机是没有道理的。

从目前 GDP 核算方法看，也没有理由认为 7% 的经济增速被高估：

（1）我国国内生产总值基本上是按国际通行的核算原则，主要资料来源包括三部分：第一部分是统计资料，包括国家统计局系统的统计资料和国务院有关部门的统计资料；第二部分是行政管理资料，包括财政决算资料、工商管理资料等；第三部分是会计决算资料，包括银行、保险、航空运输、铁路运输、邮电通信系统的会计决算资料等。基本计算方法采用国际通用的现价和不变价计算方法。核算方法已经基本与国际通用方法接轨，在方法上不存在"高估"GDP 数据的问题。

（2）无论从消费、投资、出口三驾马车的增速，还是从三大产业的增速和结构看，2014 年 7%的增速是有根据的。消费和投资的增速均保持在两位数的水平，出口虽有所波动，但与前几年比对 GDP 增速的贡献由负转正。

（3）进一步分析，怀疑 GDP 增速被高估的还有以下几个理由：一是工业增加值增速快速下滑；二是发电量、运输等指标与 GDP 增速不匹配；三是由于现价 GDP 增速低于 7%，怀疑使用的 GDP 缩减指数被低估从而高估 GDP 增速。但仔细分析，这几个理由都是站不住脚的：第一，由于经济结构调整，第二产业在 GDP 总量中的占比已经被第三产业超出，占比下降，而工业增加值、发电量、运输量等指标是评估第二产业的增长状况，与整体 GDP 增速的关系已经发生变化；第二，由于 PPI 连续处于较大负值，远低于 CPI，GDP 缩减指数[①]用的是构成 GDP 总量的货物和服务价格，从

_____

① 关于 GDP 平减指数：最近有研究认为，中国 GDP 平减指数没有扣除进口价格下降的影响，导致中国 GDP 增速被高估 1—2 个百分点。国家发改委的观点：一是进口价格下降对中国不变价 GDP 增长核算影响有限。我国已经形成了以服务业为主的产业结构，而服务业使用能源、原材料等大宗商品的投入非常少，国际大宗商品价格下降对其影响甚微。在整体工业的中间品投入中，进口品比重不足 10%，且大宗商品的国内价格与国际价格趋同，因此不变价工业增加值核算受到进口价格的影响也有限。二是不变价 GDP 增速与 GDP 平减指数无关。根据主要经济体核算制度，GDP 平减指数不是类似于 CPI 的调查统计数据，而是先核算得到现价 GDP 和不变价 GDP，然后根据二者计算得到的。也就是说，现价 GDP 和不变价 GDP 的核算数据决定了 GDP 平减指数，而不变价 GDP 核算与 GDP 平减指数无关。因此，"GDP 平减指数低估导致 GDP 实际增速提高"的说法，在逻辑上是错误的。

统计上看数值是比较合理的。

前瞻性观察，我国经济增长潜力与宏观政策空间都很大。当前，我国的人均GDP仅为美国的20%，经济开放度位居世界前列，国民储蓄率约为50%，宏观经济稳定性很高——经常账户存在顺差，财政赤字比较安全，政府有大量的可变现资产。综合以上因素，未来10年我国经济潜在增长率能保持在7%以上。不少研究机构的分析都证明了这一结论。从国际比较经验看，即使劳动力总量见顶、生产率增速下降也并不一定带来一国经济潜在经济增速的大幅下降。

从发展环境看，大宗商品、资源空间比过去更大，随着中国居民收入水平的稳步提升，市场需求空间在逐渐增加。环境资源对经济增长的约束也在得到解决。

中国利率仍处较高水平，政府负债水平可控，可选择的政策空间较大，只要政策选择得当，完全有能力维持较高的经济增长水平。

即使是从经济运行的现实来看，传统产业和新兴产业此消彼长，意味着新旧增长动力逐步转换，成为新常态下经济运行的重要特征。

高耗能、高污染、产能过剩行业工业增加值增速持续下滑，以装备制造、计算机通信行业、再生资源利用等为代表的新兴产业平稳甚至加速增长，显示结构性改革和定向调控效果持续显现，经济运行各领域都在发生深刻变化，传统产业和新兴产业此消彼长。

即使是出口增速出现的结构分化，也不应过分悲观；主要商品进口量稳重有升，考虑大宗商品价格下跌对进口额的抵消，净出口对经济增长的实际拉动作用更大。

与高峰时期相比，来料与进料加工贸易形式的出口增速下滑最显著，2010 年后基本保持负增长。可以说实质上是经济附加值较低的出口拖累了出口的整体增速。农产品出口增速下滑较明显，2015 年前 8 个月，高新技术和机电产品的出口增速均较 2014 年回升。

虽然进口额增长不尽如人意，但主要商品进口量稳中有升，考虑大宗商品价格下跌因素抵消的进口额，净出口对经济增长的实际拉动作用更大。

从社会经济质量看，现在 7%增速产生的发展质量比过去要高得多，社保、医疗、自然资源、产业结构等方面都在优化。2013 年以来民生领域的财政支出增速逐年提高，社会保障覆盖人群进一步扩大，大气主要污染物排放和江河流域污染状况出现好转势头，74 个重点城市空气达标天数明显上升。

从社会财富或实物经济的角度看，当前 7%的增速也产生了更大效益。虽然经济增速从 10%以上的水平下降到 7%，但由于产业结构优化，就业水平、居民收入水平都没有受到影响，城镇就业率稳步提升，居民收入水平快速提高，社会财富积累效应增加得更快。从统计局公布的数据看，城镇居民的不动产、金融资产规模在快速扩大。以同等口径分析，当前居民财富的积累速度比过去还要高一些。

虽然货币计价表现的进口增速萎缩，但由于大宗商品、铁矿石、能源等价格大幅下降，进口的实物数量仍然保持在较高水平，相当于以较低的价格进口了更多的资源产品，更有利于社会财富的积累。

　　还有，近年来以互联网为特征的商业模式迅速兴起，这种变革到底有多大意义？应该说全社会对已经发生的商业革命的重要性认识还远远不够。商业模式革命不仅对潜在消费需求唤醒实现，提升供给能力具有重要作用，对整个经济运行效率的提升也极具重要作用。我国与西方发达国家的经济发展差距其中很重要体现在经济运行效率方面，但近年来这方面的差距明显缩小，商业模式革命无疑起到了重要作用。仅从物流运行效率来看，由于商业模式革命的大力推动，2014 年，每百元社会物流总额所耗费的物流费用为 4.6 元，同比下降 0.5 元，下降速度加快。社会物流总费用与 GDP 的比例从 2011—2013 年间的 18%左右下降到 15.2%，与美国、日本、德国等的差距在 1—2 年间缩小了近 4 个百分点。当前，我国社会物流总费用与 GDP 的比例只比美日等发达国家高 6 个百分点左右。按照这一趋势发展下去，我国物流运行效率将很快赶上甚至超过发达国家水平。

　　目前，我国网络零售交易额市场占比还较低，2013 年，网络零售交易额占社会消费品零售总额比重为 7.78%，2014 年增长至 9.39%，互联网商业发展空间巨大。继续推动商业革命，推进商业模式演进，对激发我国潜在需求、提升经济运行效率等带来的作用将是革命性的。

　　也就是说，目前 7%的价值含量远远高于过去 8%的时期。

二、货币政策面临艰难选择，传统政策思维面临困境

　　近年来，面对经济增速放缓且下行压力较大的态势，我国货币

政策在保持总体稳健中不断宽松。央行综合运用公开市场操作、创新性货币政策工具（SLO[①]、SLF[②]、MLF[③]、PSL[④]）以及全面或定向降准降息等多种手段，调节资金面，以支持经济增长。从资金总量看，无论是货币供应量 M_2 与 GDP 的比值，还是 M_2 增速与 GDP 增速和物价水平之和的差额，都表明当前货币供应和市场资金量较为充裕。如果再考虑作为现实货币支付的替代品——票据，流动性则更加充裕；2014 年商业汇票未到期金额已达 9.9 万亿元。从资金价格看，2012 年以来货币政策进入降息通道，仅 2014 年下半年至 2015 年上半年，央行就四次降息，基准利率已降至十年来历史低位。

从逻辑上考量，货币供应充裕，基准利率大幅下调，将促进投

---

① 短期流动性调节工具（Short-term Liquidity Operations，SLO），作为公开市场常规操作的必要补充，在银行体系流动性出现临时性波动时相机使用。

② 常备借贷便利（Standing Lending Facility，SLF），常备借贷便利是中国人民银行正常的流动性供给渠道，主要功能是满足金融机构期限较长的大额流动性需求。对象主要为政策性银行和全国性商业银行。期限为 1—3 个月。利率水平根据货币政策调控、引导市场利率的需要等综合确定。常备借贷便利以抵押方式发放，合格抵押品包括高信用评级的债券类资产及优质信贷资产等。

③ 2014 年 9 月，中国人民银行创设了中期借贷便利（Medium-term Lending Facility，MLF）。中期借贷便利是中央银行提供中期基础货币的货币政策工具，对象为符合宏观审慎管理要求的商业银行、政策性银行，可通过招标方式开展。中期借贷便利采取质押方式发放，金融机构提供国债、央行票据、政策性金融债、高等级信用债等优质债券作为合格质押品。中期借贷便利利率发挥中期政策利率的作用，通过调节向金融机构中期融资的成本来对金融机构的资产负债表和市场预期产生影响，引导其向符合国家政策导向的实体经济部门提供低成本资金，促进降低社会融资成本。

④ 2014 年 4 月，中国人民银行创设抵押补充贷款（Pledged Supplemental Lending，PSL）为开发性金融支持棚改提供长期稳定、成本适当的资金来源。抵押补充贷款的主要功能是支持国民经济重点领域、薄弱环节和社会事业发展而对金融机构提供的期限较长的大额融资。抵押补充贷款采取质押方式发放，合格抵押品包括高等级债券资产和优质信贷资产。

资和经济增长。但从实际情况来看，我国货币政策已出现较为明显"钝化"迹象，对经济作用"药力下降"，"药效期"也越来越短。

其一，微观经济主体投资意愿并没有随着政策刺激上升，相反投资需求还出现不断减弱状况。不仅国有及国有控股企业投资增长下滑，就连对宏观政策信号一向非常敏感的民间投资增长也出现大幅下降。从 2012 年至 2015 年上半年，固定资产投资增速下降 9.2 个百分点，占总投资 60% 以上的民间固定资产投资增速下降 13.4 个百分点。投资需求对政策刺激的反应趋弱，"药效期"明显收短。投资收缩成为我国经济增速持续放缓的根本原因。由于企业扩大再生产意愿不强，投资弱化，也导致与实体经济活动密切相关的 M_1 增长缓慢。

其二，货币供应较快增长，通货水平较低甚至出现收缩。货币供应增长速度远超同期经济增速，而通货水平虽尚不能说是"通货紧缩"但也呈现明显收缩态势。2015 年 5 月以来，CPI 虽然在食品特别是猪肉价格带动下呈现上行之势，但仍处于 2% 以下较低水平，剔除翘尾和季节性因素，涨幅更低。2012 年 3 月以来 PPI 连续 41 个月负增长，近期跌幅还呈扩大之势，创下了有统计以来最长的 PPI 负增长周期。从全面价格情况看，2015 年上半年 GDP 平减指数 -0.43%，已经连续两个季度负增长，通缩风险加大。

其三，货币政策对 GDP 增长的边际效应显著下降。具体表现为 GDP/M_2 比值由 2007 年、2008 年的 66.4%、66.7% 下降到 2013 年、2014 年的 53.1%、51.8%。货币供给量 M_2 与 GDP 增速之间的相关性出现弱化，经济对于货币政策的刺激作用的敏感性下降。

其四，大量资金在金融体系内部循环，金融对接实体经济仍有待到位。与微观经济主体处于观望状态、资金难以渗透其中相比，金融体系内沉淀了大量资金。近年来，金融机构同业资金来源和应用快速增长，截至 2014 年末，全部金融机构的同业存放和同业拆借余额 7.7 万亿元，较上年大幅增长 81.1%；存放同业和拆放同业 3.7 万亿元，较上年增长 39.7%。2015 年 6 月末，相比于 11.8% 的 M_2 增速，M_1 增速仅为 4.3%，处于历史低位，反映出非金融企业流动性相对不足；而截至 2015 年 6 月末准货币（M_2-M_1，包括单位定期存款、储蓄存款和非存款类金融机构存款）比年初新增 9.7 万亿元，其中，非存款类金融机构存款比年初新增 4.2 万亿元，余额超过 10 万亿元，同比增长 40% 以上，在准货币新增中占比 43%；单位定期存款、储蓄存款新增仅分别为 2.5 万亿元和 3.1 万亿元。这些现象反映出新增资金相当一部分流向非银行业金融部门。

其五，宽松货币政策背景下，短端利率降幅难以有效传导至长端，利率联动性趋弱。央行多次降息降准，货币市场利率明显回落，银行间市场利率已降至近 6 年来低点。6 月末隔夜、3 个月、1 年期 SHIBOR 较年初分别下降 2.27、1.9 和 1.34 个百分点。中长期国债收益率降幅较小。6 月末，银行间市场 1 年期、3 年期、5 年期、7 年期、10 年期的国债收益率较年初分别下降 1.52、0.47、0.3、0.07 和 0.02 个百分点。这反映出宽松货币政策对长期利率水平的调节效力比较有限，而在利率期限结构中对实体经济作用最大的正是长期利率水平。

我国预算约束环境的改变是货币政策"钝化"的根本原因。改革开放至本世纪国际金融危机之前，由于经济生活存在普遍的预算软约束，货币政策没有也不会出现"钝化"现象。一方面中国的劳动力、土地和自然资源丰富，而社会基础设施薄弱，产能扩张需求迫切，资金约束成为产能扩张的主要瓶颈；另一方面计划经济和由计划经济向市场经济转轨的资源配置方式，使得预算约束环境极其软化，甚至存在相当程度的无节制预算软约束现象。这使得市场对货币信贷需求极为敏感，但对利率变动基本上不敏感，无论是什么样性质和效益的企业，均把资金引进放在第一位，这从对外资引进的各种优惠政策可见一斑，而生产产能也能被市场完全吸纳。在这种状况下，货币转化为资本通道畅通，央行通过调节货币供应量，对实体经济产生显著作用。如 1988—1990 年我国经济大起大落、1997 年东亚金融危机对我国经济产生不利冲击，央行通过"急刹车、控油门""松手闸、踩油门"等货币信贷调控手段，很好地引导了经济运行，货币政策效果即时而显著。进入 21 世纪以后，随着市场经济体制的不断健全完善，现代企业制度的建立，不仅民营企业，国有企业、地方政府、商业银行等主体的预算约束也在不断趋于强化。企业不再一味追求资金获取，而是更加注重效益导向，投资决策之前越来越谨慎权衡资金成本与预期资本回报率，而不是过去的资金可获得性。在经济持续下行的环境下，即便货币环境宽松，如果企业对业务前景预期悲观，也不会借贷投资，而是转为缩产能、去杠杆。因此，货币供应量对投资驱动的效应不断降低，就不难理解了。

　　另一个被忽视的现象是，2008 年的国际金融危机之后，在中国出现了一股"跑路潮"，使得中国经济生活中的预算软约束突然让位于信用软约束。安邦咨询研究表明，中国投资级公司债的收益率比基准 10 年期美国国债收益率高出 1.92 个百分点，而韩国投资级公司债的收益率仅高出 1.05 个百分点；瑞银（UBS）分析报告显示，印度高评级公司债收益率比美国国债收益率高 1.86 个百分点，马来西亚公司债的收益率高 1.37 个百分点。外界认为，中国公司债的收益率高于亚洲其他国家公司债的一个重要原因是中国企业信用风险更高。而随着银行业改制上市完成，治理结构明显改善，贷款风险定价的意愿与能力显著增强；当遭遇部分投资人"跑路"并不断蔓延时，银行即便资金充裕也很可能"惜贷"，转而将资金大量配置到市场交易领域甚至同业往来。在预算约束环境改变以及信用软约束的情况下，经济主体对市场利率即资金价格的变动越来越敏感。如果依然主要着眼于增加货币供应来推动商业银行放贷能力，而不是从引导市场利率入手，货币政策对经济作用出现"钝化"难以避免。此外，进入 21 世纪以来，我国股票市场、债券市场规模迅速扩张，大量金融交易需求涌现，社会资金在实体经济与大类金融资产间轮动，增加了货币与实体经济之间的复杂性和货币政策调控的难度，通过市场利率引导、调节实体经济资金面就显得更为迫切和必要了。

预算约束不断强化，货币能有多少转化为资本，不单取决于货币数量的多少，更取决于企业、银行等各类经济参与者的预期回报率，货币成为资本形成的必要条件，但并不是充分条件。随着经济发展转型升级，我国潜在投资需求巨大，特别是一千多万中小企业对投融资需求并没有得到有效满足。提高预期回报率是释放潜在投资需求、实现货币转化为资本的关键。

预期回报主要取决于两个因素，一是市场供求状况，订单的多少；二是投资成本的高低，主要是外源融资成本的大小。从市场供求看，当前企业订单减少，制约投资增长，进而降低货币转化为资本的能力；2015 年以来，新订单指数呈现下行走势，7 月份降至49.9%，其中新出口订单指数仅为 47.9%，在手订单指数降至 45%以下。此外，产能过剩亦制约投资增长；工信部披露，2013 年末五大严重产能过剩行业的平均产能利用率仅为 73%，明显低于国际通常水平，而且产能过剩范围已从钢铁、水泥、电解铝、平板玻璃、造船等传统产业扩展到新能源、新材料、光电信息等战略性新兴产业，如 2015 年我国新能源汽车产能超过 500 万辆，远超过实际产销 100 万辆的水平。从投资成本看，尽管近年来我国直接融资发展较快，但融资格局仍以银行业等间接融资为主导，虽然基准利率大幅下调，但银行受利率市场化下的资金成本上升等因素，银行为保持合理的利润增长和净息差水平，发放信贷利率并没有等幅度下行，社会融资成本居高不下，实际利率水平与基准利率的差距很大，企业财务负担较重，成为制约货币转化为资本的更为关键因素。2012 年至 2015 年上半年，不同期限的贷款基准利率至少下调1.3 个百分点以上，其中，1 年期贷款基准利率由 6.56%降至 4.85%，5 年期以上贷款基准利率由 7.05%调至 5.40%；而 2015 年上半年人民币各项贷款、一般贷款（不含票据）的加权平均利率分别为6.04%和 6.46%，分别比 2012 年下降 0.75 和 0.65 个百分点。2015年上半年，工业企业利润总额同比负增长 0.7%，利息支出同比增长 2.5%。如果考虑信贷相关的其他费用支出，企业融资成本则更高。在这种境况下，央行即使再注入更多流动性，货币也难以完全有效渗透到实体经济中，部分停留在金融体系内成为必然。而随着我国利率市场化不断深入推进，如果仍只是主要从基准利率调整着手，而不是从其他方面同时改善货币政策传导机制，货币政策效果仍将会打折扣，达不到预期目的，对经济刺激作用进一步钝化，况且当前我国基准利率下调空间已不大。

在我国当前的融资格局下，要想解决实体经济融资成本高、货币难以转化为资本的问题，就需要降低商业银行的资金成本，而现实有效的重要途径是从当前高企的存款准备金率入手。

虽然自 2011 年下半年以来，央行多次下调存款准备金率，但当前银行业金融机构存款准备金率仍处于较高水平，大型、中小型商业银行分别需要将吸收存款的 18.5% 和 16.5% 以上缴存央行，而相应收益率自 2008 年底以来就只有 1.62%，低于商业银行 6 个月以上存款利率水平，也低于央行再贷款利率（3% 以上）和再贴现利率表（2.25%）。高企的存款准备金率，意味着商业银行存在很大一块被迫配置低收益的资产，客观上影响了商业银行的正常利差获取能力，不仅约束了金融机构放贷能力，也制约了金融机构放贷成本进一步下降。

2013 年以来，我国外汇占款增长出现明显放缓，我国货币供应方式也开始发生重大变化，基础货币由外汇占款被动式投放，转变为央行通过常备／中期借贷便利（SLF／MLF）、短期流动性调节工具（SLO）、抵押补充贷款（PSL）等货币政策创新工具配合公开市场操作主动投放，给商业银行流动性支持的同时，较高投放利率水平也约束了商业银行资金成本下行。如 SLO 投放利率一般在 3%—4% 之间，MLF 利率在 3.35% 及以上，PSL 利率在 2.85% 及以上，均显著高于存款准备金利率。按大型银行存款准备金率 18.5%

计算，如果商业银行需要通过央行中期借贷便利填补存款准备金带来的资金缺口，资金成本约提高 32 个 bps[18.5% ×（3.35%—1.62%）]，明显制约商业银行的正常的利差获取能力。不仅如此，SLO、SLF、MLF 等工具期限较短，无法作为商业银行中长期贷款稳定的资金来源，限制了商业银行支持实体经济能力。为避免期限过度错配，商业银行只能将这一部分资金用于同业市场。实际上，2013 年以来，金融机构 1 个月同业存款利率，不论是存入报价，还是存出报价，均高于中期借贷便利利率，在坐收利差的情况下，借贷便利多数流向了同业市场。此外，在预算约束加强下，由于借贷便利利率存续期内不会随市场利率变动而变动，遇利率下行期，如果借贷便利的利率高于银行预期的市场利率水平，银行将少借甚至不借，引致工具效果削弱。

考虑我国基准利率下调空间已不大，借贷便利等政策工具对于降低社会融资成本作用有限，有必要也有空间通过降低当前高企的存款准备金率来推动市场利率水平下行。从国际经验来看，法定存款准备金与存款保险制度之间存在替换关系，而非双管齐下。目前美国、欧盟、日本等发达市场经济国家，存款准备金率都处于较低水平，有的甚至为零。在我国已经决定实施存款保险制度的条件下，适时降低存款准备金率是完全必要的。"降准"不仅直接提升银行放贷能力，而且通过释放商业银行存储央行的低收益资产，客观上恢复商业银行本应有的获利能力，使得商业银行在保持合理利差水平的条件下降低其对外融资的利率，进而降低社会融资成本，促进社会投资。当前我国法定存款准备金率处于历史高位，"降准"既有利于对冲经济下行风险，同时又为未来货币政策调整做前瞻性安排。如果存款准备金率继续保持高位，当经济重新进入上行周期和通胀压力显现时，届时货币政策的调控空间就会十分狭小。当然，短期内大幅度调降存款准备金率会放大货币乘数，导致货币供应量激增，影响金融稳定。为此，我们建议在调降存款准备金率的同时适当收回借贷便利和再贷款，既可以对冲货币供应量，又可以降低商业银行的放款成本，达到引导市场利率下行的目的。

三、近年来宏观政策纠结，反映出理论研究亟待突破

在经济增长模式和经济结构已经发生显著变化的背景下，我们的宏观政策尤其是货币政策思维时常陷入纠结之中，凸显理论研究亟待突破。

1. 人民币悖论？

全球贸易大国地位的持续期待（GDP 增长不能没有出口贡献、保持经济增长的出口驱动力应避免人民币持续升值）以及缓解通货紧缩的现实压力等政策选项决定了人民币不能太强；与此同时，中国作为全球最大贸易体也面临前所未有的汇率风险（储备风险、清算与汇兑损失风险、投资与服务的期权风险等），人民币国际化是顺理成章的，强货币又是题中之义。这种悖论有着传统国际经济理论与经济史实作支撑。但是，近年来也出现了强经济与强货币同时并存（美国）、挣扎货币与挣扎经济并存（经济陷入长期停滞的高收入国家例如日本等）、弱货币与弱经济同时并存（"中等收入陷阱"国家和大部分欠发达国家）。

与这一悖论相关的还有利率走势的纠结：到底是利率上行还是

利率下行？避免经济衰退、通货紧缩就应该引导利率下行，货币必然趋弱；而一个弱势货币很难完成国际化任务，要想提升本币国际化，就必须保持强货币的态势，因而利率不能持续下行，至少应该保持稳定，但与促进投资、消费的经济增长要求又是相悖的。

2. 怎样判断宏观债务风险？

债务风险判断的核心是违约概率，而与债务违约概率密切相关的是负债主体的偿债能力，最相关的指标是资产负债率或者净资产倍数，而不是所谓的债务与 GDP 的关系。债务与 GDP 的关系充其量只能表明单位负债的产出效率，很难判断债务风险程度。

特别是从微观层面看，宏观和微观债务安全状况不能简单替代，相关市场主体仍然要高度重视个体债务风险。国际清算银行提示，在全球低利率和市场低波动率的环境下，要防范过度的金融冒险行为，这是对我们有借鉴意义的。为什么近年来中国的外债增长很快，一个重要原因就是，主要经济体实行量化宽松的货币政策，导致全球主要货币利率水平偏低，人民币利率水平相对较高，人民币汇率也长期单边走势，波动率比较低。这种情况下，境内企业普遍采取了"负债美元化"的财务操作，当存在对外支付需求时，不是买外汇而是借外汇，积累了大量的美元负债。所以这类企业需要高度关注债务风险，应该根据实际的生产经营合理地进行对外债务融资，注意防范跨境资本和人民币汇率双向波动风险，防止将来出现外汇流动性问题，或者出现汇率方面的损失。

3. 扩张性的经济政策是否都一样？

透过多年的实践观察可以发现，放大饱和需求的刺激政策与激活（填补）缺口需求的积极政策是完全不同的，前者依靠刺激性投入，后者体现为结构性需求调整政策，依靠结构性倾斜引导。

2012 年以来，投资需求、消费需求和净出口需求的增速持续下滑，其疲弱态势不断拖累经济。传统理论认为，当经济下行的主要原因是需求疲弱时，遏制经济增速下行趋势的主要政策取向就是增加货币供给，从总量上刺激需求。然而，此轮中国经济下行虽然与需求数据疲弱相关，但现实需求疲弱与货币供应量之间的关系并不紧密。深入观察分析以后发现，在需求疲弱现象的背后，存在着大量供给方面的因素，产能过剩、需求不足是表面现象，其背后掩盖着有效供给能力不足、供给方式落后问题。面对"结构性减速"，简单地增加货币供给、刺激总量需求并不能解决经济中长期稳定增长的基础问题。当前，中国需求结构已经升级，接近发达国家的水平，但供给结构和供给方式仍然停留在 20 世纪 90 年代末期和本世纪初的状态。技术装备水平进步迟缓，产业结构调整缓慢，产品结构远远不适应迅速变化的需求升级，出现供给制约需求实现的特殊矛盾。

从潜在需求的角度分析，中国庞大的人口基数、快速的收入增长以及在中等收入国家行列中偏高的人均收入水平和充裕的货币供给总量，现实的消费数据与潜在的消费能力之间有着巨大的空间；城市与农村基础设施还很落后，高技术行业投资严重不足，基础工业技术装备亟待改造，也表明目前的投资增速回落不是投资需求饱和的结果。消费与投资的需求十分旺盛，目前还不至于出现真正意义上的总需求约束。因此，实施主动的供给结构调整，推进供给方式的商业革命，有效满足现实需求并激活潜在需求，从供给端发力解决稳增长问题，将成为未来经济调控政策的着力点。

4.经济杠杆化与银行杠杆化

曾几何时，银行过度杠杆化，导致金融危机，之后国际监管当局不断强化资本约束，目的就是要让银行去杠杆，从而降低金融风险。而经济杠杆化实际上讲的是债务总量占 GDP 的比重过高，单位负债创造 GDP 的能力在不断递减。此时我们面临的主要任务采取措施避免债务的误配置，而不是简单的经济去杠杆。如果真的实行简单的经济去杠杆，其结果可能是灾难性的。

2013 年下半年，央行倒逼金融机构和企业去杠杆，连续上调银行间 7 天逆回购利率近 100 个基点，推动二级市场回购利率中枢抬升至 5％，10 年期国债收益率急剧上升，最高飙升至 4.7％附近，银行间结算成员甚至出现了违约现象，结果杠杆率的确是有下降的苗头，但这是以影响金融稳定为前提的。这实际上已经导致了一场小型的金融危机。

日本央行在 1989 年 5 月将维持了 2 年多的超低利率从 2.5％上调到 3.25％，之后连续 4 次上调，到 1990 年 8 月达到 6％。货币紧缩导致 M_2 增速从 90 年平均 11.68％的水平大幅降到 91 年平均 3.66％的低位，直接导致了地产泡沫的破灭，房价暴跌重创了日本经济，至今仍未能恢复。与当年的日本很相像，中国的银行信贷质量实际上也与房地产休戚相关，表现为：房地产贷款及房地产抵押贷款占银行业各项贷款比重近 35％；且 2013 年以来发放的房地产贷款占全部房地产贷款的 44％；一线城市中、京、津、沪、穗、深、渝房地产贷款占全部房地产贷款比重为 29％。这就意味着，银行不仅被房地产绑架了，而且很大一部分信贷都对应着价格高企的资产。

一旦这类资产价格下跌，则下行空间巨大、爆发区域属于经济最发达地区。因此，2014 年以来，货币当局的操作方法已经从去年的高利率去杠杆，再度转变为低利率加杠杆。而中国央行的职责之一就是防范和化解系统性金融风险，维护国家金融稳定，但这又导致了杠杆率的再度上升。

5. 资产证券化的是与非

一是资产证券化的真正目的是什么？难道真的是为了盘活存量？其实，所谓的资产证券化能够盘活存量的说法只是对于一家银行或机构而言，对于社会融资而言只是增量的概念。二是什么样的资产可以证券化？也就是说，并不是所有的资产都可以证券化的，只有那些有现金流支持的、价值可以评估的、风险可以计量的资产，才能作为证券化的标的资产。三是国际金融市场上出现的大量资产证券化产品，主要是为了资产负债期限匹配、监管套利、风险转移或分散。四是资产证券化与资产交易或债权交易应该有一些本质区别，资产或债权交易可能都是大宗的、批发的，但证券化的资产交易不一定都是批发的，涉及零售性质的证券化交易还是会承担零售性质的风险，例如雷曼迷你债券。

6. 收入分配和财政政策应该扮演什么角色？

维持低工资保持过去的经济增长驱动力，既不可能，也无意义。当前经济生活中的严重失衡问题，主要表现在内外失衡两个方面：内部失衡表现在投资与消费不平衡，造成不断扩大的生产能力与最终消费的缺口难以通过国内的消费增长来消化；外部失衡表现在过剩的生产能力需要在国际市场上找出路，造成过大的贸易顺差，最终导致国际收支失衡。而内外失衡造成的投资过快、信贷投放过多、贸易顺差过大的"三过"问题只不过是国民收入分配失衡的表现方式而已。

在传统的经济增长模式下，国民收入分配中政府和企业所得份额增长高于居民所得增长，财政对社会事业和社会保障投入不足，低收入群众收入增长不快，储蓄率和投资率过高，消费率过低，形成一个走不出去的"怪圈"：一方面，政府财政收入的快速增长挤压了居民收入和企业收入增长的空间，使得居民消费能力和民间投资能力下降；另一方面，政府转移支付和社会保障支出的滞后，又导致居民消费倾向下降，储蓄倾向上升。内需的不足迫使政府不断加大公共投资刺激经济，也使得中国经济对外贸的依赖加强，需要更多的贸易顺差来带动经济的增长，对外贸和政府投资的依赖加强又加剧了经济结构的失衡和居民收入受抑，这就形成了一个恶性循环，陷入"国富民不强"的怪圈。长此下去，不利于小康社会的建设，不利于经济社会持续快速协调发展。

四、期待已久的经济结构变化为什么会形成一定的痛苦感觉

近年来，我国经济结构在市场机制和政府引导下发生了积极而明显的变化，尤其是传统产业低速运行甚至是负增长，高科技行业、战略新兴行业的增速普遍高于 GDP 增速一倍以上，但人们的现实感觉似乎痛苦大于惊喜。原因可能是多方面的。由于高能耗、高污染行业、采矿业、产能过剩行业、低端制造业规模巨大，这些行业在结构调整中持续性低速甚至萎缩性增长，虽然符合市场与政策预期，但也会对 GDP 产生很大的负面影响；高技术产业、高端

装备制造业、战略新兴产业和部分服务业虽然总体向好，但其规模远不及前述低迷行业，后者的正向贡献还不足以完全抵消前者的负面影响，因而 GDP 增速下行的压力一直很大，这些可能是主要原因。

首先，观察一二三次产业对 GDP 的拉动及贡献率，近年来工业对于 GDP 的正向影响力正在逐渐减弱。2008 年国际金融危机以来，我国经济经发展在历了短暂的剧烈波动之后，自 2012 年开始步入增速缓慢下行的横向盘整通道（除了个别季度外，大部分时间运行在 7%—8% 区间），而且经济结构变化成为影响经济运行轨迹的主要因素。2012 年一季度工业拉动 GDP 3.9 个百分点，对 GDP 的贡献率达到 48.8%；2015 年四季度工业拉动 GDP 下降为 2.1 个百分点，对 GDP 的贡献率下降到 30.4%；而农业对 GDP 的影响基本保持稳定，2012 年以来对 GDP 的拉动维持在 0.2—0.3 个百分点之间，贡献率稳定在 4% 左右。与此同时，服务业对 GDP 的贡献虽然不断上升，但不足以抵消工业减速的影响。2012 年至 2015 年期间，服务业对 GDP 的拉动增长了 0.4 个百分点，而工业对 GDP 的拉动下降了 1.8 个百分点；服务业对 GDP 的贡献率增长了 12.5 个百分点，而工业对 GDP 的贡献率下降了 18.40 个百分点。

然而，从国际经验来看，工业稳定的意义不容忽视。日本、韩国等经济体在成功跻身高收入国家行列、跨越"中等收入陷阱"的过程中，虽然服务业占比稳步提高、农业占比逐年下降，但工业占比基本保持在 40% 左右。与日韩不同，部分拉美国家落入了"中等收入陷阱"，其 GDP 结构变动上都有一个共同的特点，那就是在人均 GDP 达到 1 万美元的关键期时，工业占比下降过快，形成了所谓的第二产业空洞，导致了经济发展后继乏力。

其次，工业门类虽然齐全，但产业结构低端化，在以工业升级为核心的结构调整中，需要淘汰的落后产能数量巨大，而需要快速发展的先进制造业和战略新兴产业还很幼稚，形成规模产业能力的技术门槛也很高。行业的生命力取决于市场需求，具体观察指标是实现收入的增长速度。深入工业内部来看，我国作为国际公认的工业产业门类最齐全的国家，拥有三大门类 41 个大类 700 多个小类的工业体系，其中制造业占整体工业收入的近 90%。通过对工业所有细分行业的统计分析，目前收入增速高于 9% 的行业在整体工业收入总额中占比 14%，增速在 6%—8% 区间的行业占整体工业收入的 21%，增速在 0—5% 的行业占整体工业收入的 28%，而负增长的行业占整体工业收入的 36%，尤其是黑色金属、石油、煤炭、电力等行业低了整体工业收入，其中 2015 年钢压延加工累计收入增速 –12.57%，而其工业占比高达 4.29%。也就是说，目前增速明显高于 GDP 的工业细分行业，其体量只占工业总体的 14%，而如果将增速在 5% 以下的都视为低增长，则这些行业的体量占到了工业总体的 64%，上升行业的增量不足以弥补低迷和衰退行业的"损失"，这可能是许多人感觉经济情况不好的重要原因。譬如，通信系统设备制造业 2015 年 1—10 月累计增速达到 17.6%，是 GDP 增速的 2 倍还要多，但是它在整体工业中的占比只有 0.79%，对 GDP 的推动力有限。

其三，以行业小类的颗粒度来观察产业结构调整的变化，可以发现两极分化现象明显，但对就业的影响则明显不同。一方面，高污染、高能耗、传统低端制造业处于萎缩状态。黑色金属冶炼和压延加工业的 5 个子行业 2015 年收入增速均大幅下滑，占比最高的钢压延加工增速 –12.57，成为最大拖累。其余占比较高且增速大幅负增长的细分行业还有：原油加工、炼焦；水泥和平板玻璃；火力发电；铜压延加工；采矿、冶金、建筑专业设备制造等，这些细分行业都位居负增长的前列。

由于粗放、低端的特点，"劳动密集型行业"几乎成为其代名词，因而这些困难行业影响的不仅仅是 GDP，更重要的是就业与社会稳定压力。以煤炭开采、钢铁为例，2015 年从业人员年平均人数分别为 442 万和 362 万，而 2013 年历史峰值为 529 万和 415 万。

另一方面，高技术产业细分行业保持强劲增长之势。最具有代表性的高技术行业是电子及通信设备制造。其中，电子通信设备制造领域几大行业持续保持高长速度，电子工业专用设备、光纤光缆制造、锂离子电池、通信设备制造增速都超过 12% 以上，大幅高于工业整体水平，代表了未来产业升级的方向。

先进制造业、高技术行业的最大特点是技术对劳动的替代效应和劳动者进入的高门槛。因而在未来的经济结构调整中，这些行业的发展规模即使填补了淘汰低端粗放行业失去的经济份额，也不可能减轻全社会就业的总量和结构压力。高技术产业吸纳的新增就业很难抵消传统行业就业人数下滑的压力。

应该说，经济结构转换带来一定痛苦是不可避免的，任何国家和经济体都是如此。但是，怎样降低结构调整痛苦、顺利实现经济增长方式转换，宏观政策上还是可以主动作为的。经济结构调整的核心是经济结构升级，而不是统计意义上的数量结构变化，对于陷入困境的传统产业不能采取简单关停了事，而应尽可能通过兼并重组与技术改造实现传统产业升级。对于没有重组改造价值的真正"僵尸"企业，应该让市场来"出清"，政府只需要做好相应的社会保障即可。从国际经验来看，无论是经济危机时期还是正常的经济结构调整时期，资产重组、债务重组（包括进入司法程序的破产重整）都是处理问题企业的基本形式，真正意义上的依法破产清算、关门走人的方式所占比重不大。这样操作既有利于减少各方痛苦，也有利于提高存量资源利用率。

笔者还想进一步强调的是，在以产业升级为核心的经济结构调整中，现有存量劳动供给结构难以满足新经济结构对劳动力的需求，现有劳动力转岗再就业的压力十分巨大，也十分艰难。政府必须承担起现有就业人员转岗培训和指导再就业的艰巨任务。有些国际经验具有一定的参考价值。譬如日本在淘汰落后产能时制定了一系列法案，主要涉及提供就业信息服务、就业指导和职业培训并提供补贴，为原企业提供劳动者停业补助和训练费用以延长失业保险金支付时间，安排失业人员参加公共事业等。美国在处理去产能过程中的失业问题时，逐步建立起现代的福利制度和再就业培训体系，其中失业保险制度一方面保障了失业者的基本生活，另一方面增强了失业预防和促进再就业的功能。韩国在亚洲金融危机之前建立了就业保险制度，主要包括失业保险制度、稳定就业计划和职业技能发展计划三个方面。这些措施都值得我们认真研究借鉴。

五、债务问题应该重视但不能自己憋死

债务问题是中国经济当前最大的困局。国际评级机构穆迪与标

普相继把中国长期主权债务评级由"稳定"下调至"负面",市场上众多分析师亦将中国债务状况与金融危机之前美国债台高筑直接类比,国内一些机构和专家也认为中国经济必须尽快"去杠杆"。关于中国债务危机的相关论述已经汗牛充栋。"愚者暗于成事,智者见于未萌",那么中国现有的债务水平究竟如何?是否会发生债务危机?中国债务问题的出路在哪?本节试图解析当前中国债务问题面临的困扰。

(一)中国债务增速令人忧虑

毋庸讳言,债务扩张确实是近年来推动国内经济增长的主要因素之一。我国的债务压力主要集中于信贷规模扩张和社会融资规模的增长上,特别是国际金融危机以来,经济增长在相当程度上是债务扩张支持和驱动的结果,债务风险与过去相比确实明显上升。根据中国社科院《中国国家资产负债表(2015)》公布的数据来看,截至 2015 年底,中国债务总规模达 168.48 万亿元,全社会杠杆率(债务占 GDP 的比例)为 249%,而 BIS 国际清算银行测算的数据为 254.8%。从杠杆率走势来看,1998—2008 年的 10 年间,我国的全社会杠杆率维持在 150% 左右的水平范围内,而自 2009 年国际金融危机以来,我国的全社会杠杆率持续攀升。

从货币层面来看,自 2009 年起,M_2 的增速与 GDP 及工业增速产生了缺口(2009 年之前,M_2 与工业增速基本同步且增幅相同),M_2 和实体经济之间的相关关系出现了明显的弱化,具体表现为 2010 年中期以来,经济及工业增长速度对货币政策刺激的敏感性出现钝化趋势,资本对经济发展的推动力在下降,数据上表现为货币增速明显高于经济增速。

就大家普遍关注的非金融企业的债务偿还状况，从国际比较来看，成熟经济体的企业债务一般占其 GDP 比重的 50%—70%，我国企业债务水平是发达国家的两倍以上，在发展中国家居于最高水平区间；企业的债务与税前收入比例在 3 倍以上，远高于亚洲其他国家和地区 1—2 倍左右的水平。

（二）中国债务总体风险仍然可控

虽然我国债务风险趋于上升，债务规模及偿债能力引发了市场极大担忧，但比较而言我们仍然认为总体风险可控。

第一，横向对比来看，与发达国家相比，我国全社会杠杆率（宏观杠杆率）仍处于中等水平。全社会杠杆率的计算公式为总债务余额 /GDP，即全社会总债务占 GDP 的比重，我国当前的全社会杠杆率为 249%，稍高于美国的 233% 和韩国的 231%，但是远低于日本的 400%，西班牙的 313%，处于世界中等水平。实际上中国的全社会杠杆率指标本身与其他国家不具可比性，杠杆率计算公式中的分子，即债务的界定，世界各国使用的口径并不一致，以政府债务为例，美国的政府债务一般指的是联邦政府债务，而不包括地方政府债务。欧洲对于政府债务的测算是各级政府和社会保险基金的债务总和，日本的政府债务通常是指其中央政府的债务。而中国政府债务的计算口径是将中央政府和地方政府债务合计，由此看来全社会杠杆率指标不具可比性。

第二，从负债结构来看，我国家庭债务风险可控。我国居民部门负债风险可控。从我国社会负债结构来看，根据社科院 2015 年公布的数据，我国广义政府债务（包括地方融资平台）杠杆率为57%，居民部门杠杆率为40%，非金融企业杠杆率为131%（另据 IMF 国际货币基金组织对于我国企业部门杠杆率测算的数据为139.3%，BIS 国际清算银行测算的数据为170.8%）。

从全社会负债结构上可以看出，我国的政府部门和居民部门的杠杆率都不高，导致高杠杆率的是非金融企业的债务。居民部门杠杆率为40%，主要集中在住房抵押贷款，其次来源于汽车贷款和信用卡贷款。从国际居民负债安全线标准来看，我国居民部门杠杆率低于 BIS 国际清算银行提出的85%的警戒线。

相比世界其他发达国家，居民部门负债总体风险可控。我国居民债务占 GDP 比重为40%，远低于美国的79%和日本66%，和其他发达国家相比，也处于偏低的水平。我国居民债务绝大部分是住房按揭贷款，按揭贷款首付比例平均超过20%，按揭贷款一直是商业银行质量最好的资产，加上我国居民当前50万亿元左右储蓄存款，即使考虑房地产价格下降因素，亦不会出现美国式的次贷危机，总体风险可控。

第三，只要我国经济保持平稳增长，我国政府债务就不存在偿还风险。2015年，我国中央和地方政府债务汇总达39.7万亿元，占 GDP 比重为57%，目前国际上以《马斯特里赫特条约》（欧盟制定的条约）规定的60%作为国家债务安全线，我国政府债务目前处于红线以下的安全区域。虽然我国政府债务自国际金融危机以来，增速较高，但是我们认为中国政府债务不存在偿还风险。一是与欧美国家负债消费和负债维持高福利等债务特点相比，我国政府债务主要用于固定资产投资和改善基础设施建设等，实际利用效率较高，能产生回报。二是政府偿债能力比较强。根据有关专家分析，我国各级政府尤其是中央政府和省市政府拥有长长的可用于偿债的资产清单：（1）央企资产和国有控股大型金融企业金融资产；（2）地方国企资产；（3）政府拥有庞大的法律支持可以迅速变现的非经营性资产；（4）功能强大的基础设施，例如高速公路、铁路、高铁、港口等；（5）国土海洋矿产森林等资源；（6）外汇储备。上述资产粗略加总已超过 300 万亿元。如果债务问题真的严重到"卖家底"的地步，相信上述资产足以有效解决问题。三是外债占比较低。我国政府的债务基本上都是内债，2015 年底，中国的总外债为 1.4 万亿美元，外债占 GDP 比例在 12% 以下，而我国同期外汇储备有 3.3 万亿美元。这与欧美外债占比较高、受制于国际因素较多有根本上的不同。

（三）历史看待高杠杆成因

根据社科院数据，中国企业部门整体负债规模达 89.8 万亿元，企业部门总体杠杆率为 131%（另据 BIS 国际清算银行测算，我国企业杠杆率为 171%），已超同期发达国家的 86% 和新兴经济体的 101% 的企业部门杠杆率水平，我国企业部门债务负担较重。其中国有企业债务在所有非金融企业债务中占比达到 65%。

中国经济的高杠杆主要集中在企业部门上，而企业部门的高杠杆又主要体现在国有企业债务上。事实上中国国有企业高负债结构与中国经济结构、历史因素、居民风险偏好有着密切的关系。中国金融市场欠发达，债务融资占比高而直接融资占比低是历史形成的，多层次、多元化金融市场建设需要一个过程，现阶段仍然体现为企业负债水平高。由于中国资本市场起步晚，股权融资耗时长、费用高、信息不对称、结果不确定，导致融资综合成本较高。而以银行贷款为主的债务融资方式效率高、耗时短、程序便捷，综合成本相对低，是企业青睐的融资方式。中国企业高负债结构与居民风险偏好程度低相适应。长期以来，中国居民资产配置风险偏好较低，2015 年末总储蓄率仍然高达 47.6%，而商业银行具备较强的吸储能力，有利于迅速将储蓄转化为投资，这是企业债务规模快速扩大的重要原因之一。

以银行抵押贷款为主的间接融资主导我国整个企业债务融资市场。而一般情况下直接融资成本远小于间接融资成本，我国企业当前债务融资模式很大程度上增加了企业成本负担。从融资结构来看，发达国家融资结构以直接融资方式为主，美国直接融资的比重达到 80%，日本、德国直接融资的比重分别为 70% 和 75%，新兴经济体中的印度、巴西也达到 60% 以上，相比之下，中国 24% 的直接融资占比与大多数国家和国际平均水平差距明显，我国国有企业过度依赖传统的信贷融资结构，促使企业债务规模持续攀升，风险也随着扩大。近期企业债务违约事件频发，部分机构认为企业债务风险有集中爆发的可能，但从 2016 年上半年信用债市场的表现来看，直接融资市场仍处在健康发展期，虽然信用债主体市场评级下调数量呈逐月增高态势，但是另一方面，上调评级的企业数量也在逐步提高，6 月更是达到 83 家，可以看出，债券市场信用发行主体的风险并没有表现为系统性特征，而是出现了结构分化。尽管个别月份受兑付压力集中、部分企业违约事件的影响，但市场仍对风险进行了有效定价，市场仍未失灵。

基于债务 / 资产比衡量企业债务更科学。目前市场大多使用债务 /GDP 比率来衡量债务水平，这种衡量标准并不完美，存在较大争议，因为债务是存量指标而 GDP 是流量指标，用存量比流量并不科学，只是因为该指标较易获取，且方便进行国际横向对比，因此被广泛关注。事实上一个更好的指标是债务 / 资产，因为这两者都是存量指标，资产负债率（负债 / 资产）能更加真实地反映企业自身的资本结构。可以看到，虽然我国非金融企业部门的杠杆率在逐渐攀升，但是工业企业中除了个别行业（如煤炭开采）之外，其他主要工业行业的资产负债率呈现下降态势，我国工业行业的资产负债水平并无明显变化，这意味着权益增长的速度比债务更快。

综上所述，对于中国债务问题不能笼统地用"去杠杠"概括，简单的去杠杆既不符合中国经济实际，也解决不了中国经济问题，还会带来严重的负面影响。虽然我国债务规模扩张较快，总量已经较大，债务快速增长难以为继，似乎"去杠杆化"已成为必然要求，但从世界各国经济危机过后的恢复经验来看，保持一定力度的政策刺激和债务推动是十分必要的。因此，在这种形势下，"去杠杆化"要把握好力度，区别对待，稳妥推进；承债主体应结合偿债能力和偿债水平把握好负债水平。我国当前的债务问题关键不在于降低全社会宏观杠杆率，而在于降低"坏"杠杆率，也就是那些无法产生足够价值以抵消融资成本的借贷。人们普遍担忧的中国杠杆率风险，其实更多的是指企业部门，特别是高污染、高能耗、产能过剩的国有企业杠杆率高。换句话说，简单的去杠杆不能解决中国的经济问题，因为在现有体系上大幅去杠杆，可能会使目前最有活力的部门（如私营部门、居民部门等）首先受到影响，经济可能迅速恶化。

(四) 通货紧缩环境下强力去杠杆应慎重，解决债务问题的出路是"总量控杠杆、结构调杠杆"

近年来，全球债务增长势头并未随着金融危机和经济衰退而收敛，发展中国家如此，发达国家也是如此，日本已经超越所谓的"极限"，欧洲和美国也在不断攀升，引起了政治家、经济学家的广泛关注，警惕债务风险、严格控制财政赤字和信贷扩张、加快去杠杆等呼声日益高涨。

然而，深入分析我们不难发现，当前的债务增长与金融危机之前的债务增长的驱动因子是完全不同的。过去的债务增长是需求过热驱动的，因而可以看作是泡沫式增长；当前的债务增长是基于需求不足而出现的，一方面是经济下行甚至衰退导致货币循环不畅、一些经济体非意愿性拖欠的债务积累，另一方面是一些国家的公共部门为了弥补私人部门投资与消费不足而主动扩大的政府负债。因此，经济过热、通货膨胀时期的债务"破格"隐藏着极大的泡沫破灭风险，严格控制财政赤字和信贷扩张、加快去杠杆是完全必要的；但经济衰退、通货紧缩时期的债务增长，是经济意义上的"消渴"或缓解饥渴行为，如果此时试图压缩财政赤字、严格控制信贷需求、急于去杠杆，则经济将迅速恶化，后果不堪设想。从实践上看，此次金融危机之后欧美对于去杠杆的不同理解与政策分歧已经产生了截然不同的经济恢复效果。

近年来国际社会对中国的政策诉求也是自相矛盾的：一方面认为大宗商品价格下跌是中国经济增长趋缓造成的，中国应该实施更积极的宏观经济政策，刺激内部需求，保持经济稳定；另一方面认为中国宏观经济杠杆率太高，债务风险太大，会引发新的国际金融危机，必须紧缩信贷，尽快去杠杆。进一步观察还发现，市场人士对于企业债务违约的担忧也很纠结：一方面，要求中国加快金融改革步伐，尤其是利率市场化改革，坚决打破"刚性兑付"，债务人想方设法避免违约反倒受到怀疑甚至指责；另一方面，真的打开"潘多拉盒子"，违约事件不断爆发，又担心中国借贷市场信用危机。中国宏观债务风险压力与通缩压力并存，中国货币政策也面临两难选择，迫不得已，中央银行进行了一系列工具创新，但实践效果争议很大。

我们必须辩证认识自我清偿能力与避免违约的代偿安排。对所谓的市场规则不能狭隘理解。履约是一个很严肃的法律与道德问题，避免违约既是责任又是道义，应该受到赞扬而不应受到指责。在发达市场经济环境下更是如此，任何形式的违约都要付出相应的代价，恶意违约更是受到法律与道德的双倍惩罚。所以，在企业自我清偿能力出现问题时，各种形式的代偿安排就是顺理成章的事情。相较于企业为了避免违约而做的代偿安排，我们更应警惕的是企业恶意逃废债。所谓逃废债，简单而言，就是指债务人（融资企业）有履行能力，而不尽力履行债务的行为。随着一些过剩产能行业企业债务问题、贷款风险的相继加速暴露，企业逃废债成为当前信用风险不断扩大的一大主因。2006 年和 2013 年，中国银行业协会两度出台《"逃废银行债务机构"名单管理办法》，力图加大打击逃废银行债务的力度，推动银行业债券保护，维护正常金融秩序。当前企业逃废债"花样百出"，主要原因有：（1）司法的不作为。司法和执法针对债权人的维护力度不足，有的债权法律法规约束力不强，有在执行方面存在漏洞，对企业失信行为的惩治威慑不够；（2）地方政府对企业跑路的纵容。地方政府对银行债权保护不力，对企业逃废债的行为存在一定的隐性干预行为；（3）银行的不尽力。部分企业和银行玩起了"猫捉老鼠"的游戏，随着逃废债企业数量的增多，银行和企业之间的信任关系迅速恶化，针对产能过剩行业的企业，银行搞起"一刀切"，惜贷、慎贷现象严重。银监会近期宣布下一步将加强金融债权管理，打击逃废债，继续牵头抓好银行业查冻扣工作。

寻求债务规模与经济增长之间的均衡点是决策者面临的一个永恒课题，其核心在于如何平衡债务与经济增长之间的关系，举债对于经济发展来说像是一把"双刃剑"，一方面它能刺激投资，促进消费，另一方面也会提升赤字率形成高额债务压力。当前中国面临着债务与经济增长之间的权衡选择，换句话说即如何权衡"稳增长"与"去杠杆"的关系，其实这两种政策是对立与统一的关系，是短期战术与长周期战略之间的协调性矛盾。"不谋万世者，不足以谋一时；不谋全局者，不足以谋一域"。解决债务矛盾不能只顾眼前利益，而需要从全局出发。

从国际经验来看，通缩期去杠杆会面临许多负面影响，其后果之一就是经济面临长期需求不足的风险，如果处理不当，可能会导致债务紧缩以及无序违约，历史经验表明，金融危机诱发的经济衰退影响更为深远，可能需要两倍时间才能恢复。当前不宜采取笼统去杠杆的方式，通过企业大量倒闭、失业率攀升等方式来让去杠杆过程在短期内"一步到位"。这可能会带来恐慌的蔓延进而扩大损失，不利于经济与社会的稳定。当然也不能放任资产泡沫继续变大，导致产能过剩以及金融风险不断累积，旧的增长模式如果强行持续，经济恐怕将在失衡的道路上越走越远，直到积重难返的地步。

从宏观杠杆率的计算公式来看，去杠杆需要同时考虑分子（债务）与分母（GDP），两者不可偏废，否则可能会适得其反。如果笼统施策，短期内快速去杠杆，将导致分母比分子下降得更快，杠杆率会越降越高。因此笔者认为："总量控杠杆、结构调杠杆"比笼统去杠杆更科学，更有针对性，更加适合中国实际。

所谓总量控杠杆即总量上应控制债务规模增长的速度，重点是控制风险较大的影子银行规模。影子银行规模的持续增长主要由监管套利推动，由于常规银行体系与影子银行体系之间的相互关联性，导致影子银行体系规模的扩大亦会放大其对于金融体系的溢出风险，必须最大限度降低套利风险，严控影子银行规模和表外业务风险，从源头控制杠杆总量。

结构上调杠杆，针对我国当前的负债结构，非金融企业部门杠杆率相对较高。相对而言，中国政府和居民部门的杠杆率在世界范围内处于较低水平。美、日、英及欧元区国家的政府和居民的杠杆率都要高于中国，我国中央政府和私人企业、个人部门有加杠杆的空间，国有企业和地方政府则需要适当去杠杆。根据现有各主体负债水平态势，我国家庭负债水平仍有增长空间，家庭负债占GDP比例仍有10—20个百分点空间；在加强土地产权清晰化改革的基础上，地方政府债务总额虽不宜再扩大，但也不能过急过猛压缩；同样，企业也应加强债务管理，优化债务结构。

一般而言，去杠杆有许多种方法，针对我国企业债务结构，非金融企业，特别是国有企业的去杠杆应该分类施策，合理运用金融市场工具，逐步化解债务风险，行之有效的方法有：一是对于那些不承担或者很少承担国家安全层面经济战略使命的大量国有企业，放弃"控股权"教条，向境内外投资者开放，通过大量引入市场注资，降低杠杆率；二是对于那些承担国家安全层面经济战略使命的大量国有企业，国家财政（包括中央财政和相关地方财政）必须担当起注资责任，在技术方法上既可以透过年度预算安排直接注资，也可以通过与债务人商谈通过税收优惠置换债务、再由相关财政部门进行债转股操作；三是建立信用违约互换市场，搭建信用债风险对冲机制，让市场的参与者能够买卖信用保险，当一家企业发生债务违约时，信用保险能够进行赔付，从而对冲企业债务违约的风险；四是对于真正意义上的"僵尸企业"应该坚定市场出清。

第八章

中国经济正在新平台上找方向

近年来，中国经济遭遇了"成长的烦恼"，过去的经验和规律逐渐变得不再适用。如何评价和判断当前中国经济的真实状态对于未来经济发展显得尤为重要。在连续不断的观察分析中，我们逐渐感觉到，中国经济运行已经步入新的平台，正在新的平台上寻找方向，战略安排与政策设计都必须立足于这个现实，符合这种发展趋势。

一、回顾 20 世纪 80 年代以来的中国经济，"以体量扩张为特征的经济发展青春期"为未来经济走向成熟发展奠定了坚实的基础

过去三十余年间中国经济增长的速度和规模都是史无前例的，作为一个超级经济大国突然出现在地平线上，中国震撼了世界。在1978 年，中国作为全世界最贫穷的国家之一，人均 GDP 只有 228美元，仅为美国的 1/40，日本的 1/30，巴西的 1/8，人均收入只有撒哈拉以南非洲地区的三分之一。中国依然是以农业为主要产业的国家，工业水平堪称羸弱，重工业刚刚起步，轻工业尚不能满足人民基本生活需求。之后的三十余年间，中国以 10%平均速度增长，目前人均 GDP 已达美国的 1/5，日本的 1/4，和巴西处在同一水平，若以工业产值计算，中国已经成为全球最大的工业国。

按照世界银行标准，中国用了 20 多年从一个低收入国家（人均 GDP 低于 1035 美元）变成了一个中等收入国家（人均 GDP 高于 4085 美元）。进入 21 世纪，又用了 10 年左右的时间再上新台阶，进入中高收入国家行列。中国用低于世界 6%的水资源和 9%的耕地，生产出了接近全世界一半的主要工业产品：其中粗钢产量占世界总供给量的 1/2，是美国的 8 倍；水泥产量占世界总产量的 60%；煤炭占世界总产量的 1/2；工业专利申请是美国的 1.5 倍。中国还是世界上最大的高速列车、机器人、隧道、桥梁、高速公路、船舶、机械设备、计算机和手机的生产国。中国用低于全球 1/10 的自然资源不仅养活了全球 1/5 的人口，还提供了全球近一半的主要工业品。雄关漫道真如铁，而今迈步从头越。中国用短短 30 多年走完了欧美列强一百多年的工业化路程。

回顾过去三十年从低收入国家到中等收入国家，再到中高收入国家的两次跨越，可以发现这两个阶段的共同特点是：经济增长呈现高速度，GDP 增速在 8%—14%的区间高速增长、经济总量迅速扩张，GDP 总量由 1978 年的 3645 亿元提升到 2015 年的 69 万亿元，占全球经济总量的份额由 1978 年的 1.8%提升到 2015 年的 15.5%、2008 年超过德国，2010 年超过日本，目前是仅次于美国的世界第二大经济体。经济实力迅速提升，国民总储蓄由 20 世纪 80 年代的 1800 亿元提升至 2015 年的 33 万亿元水平；财政收入由 1978 年的

1132 亿元提升至 2015 年的 15 万亿元；投资能力也取得飞速进步，2015 年，中国对外投资存量达 1 万亿美元，仅次于美、日。这一阶段政府与政策在经济发展中扮演重要角色。类似于人类从少年至青春期，块头与力量迅速变化，有什么问题习惯于找家长，也很灵。

但 2012 年后，中国经济运行发生了一系列前所未有变化：经济增长空间仍然很大，但增速放慢；经济发展开始追求质量，更具有可持续性和国际竞争力的结构、更低消耗与更高产出的增长方式；同时国民分享更多经济增长成果的社会发展；经济发展开始呈现新趋势与规律，传统的政府行为与政策工具的效应递减。类似于人类发展进入青春期后期，块头与力量还在继续增加，但速度放慢，智慧与技能的需求上升，市场主体的思想意识不断增强，政府职能也开始不断转换，有事情找家长不再灵验。

二、中国经济当下困境是找方向时期的困境

过去 30 余年，虽在个别时期对经济判断会出现分歧，但对于中国经济的大方向，主流认识还是较容易达成一致。可是现在，对于 1—2 年后，甚至对于下一个季度的经济形势判断，社会各方都存在巨大分歧，很难达成共识。笔者的体会是，观察中国经济现状与前景，不要忽略经济大国的地位因素。中国经济变化首先表现在体量上，已经由改革开放前的小型经济体转变为经济总量世界第二的大型经济体，当前全球只有中、美达到了 10 万亿美元以上的级别，其他所谓的"经济大国"全部在 1 万亿—4 万亿美元之间。如

果按照 6.7% 的增速来计算的话，2016 年中国 GDP 总量几乎是日、德、英和法四国 GDP 总和。目前的中国经济，已经不能简单地从增速这一单一维度去衡量了。传统的经验、规律和标准已经很难准确刻画中国经济现实。针对"大国经济"的观察要区别于小国经济，必须用大国思维和发展眼光管理经济。随着经济体量增加，中国经济在增长规律、调控方式等方面都呈现出与以往不同的特点，一些传统上行之有效的经验、策略、规律突然变得无效，一些习以为常的数据规律也在变化，相应人们在面对不同于以往的经济数字、经济形势时往往产生认识上的分歧，以往行之有效的政策工具效已逐渐降低，影响周期逐渐缩短。好比家长对"青春期"前孩子的教育方式，在孩子成年后逐渐失效，这时候家长自身需要重新反思。市场及舆论对中国经济的指责、批评很多，建设性意见偏少，过分强调局部矛盾，忽视中国国情与经济特性，缺少深入结构性的细致观察与分析，中国经济面临一系列前所未有的困惑，亟待经济学家帮助寻找出路。在此前，中国经济也不断遇到问题和矛盾，波动与调整是很平常的事情，宏观经济政策部门每次都能找到办法，波动与调整周期都不是很长，以至于大家总是信心十足。但 2012 年以后，情况似乎变了，传统的经验办法不再灵验，政策部门绞尽脑汁，用尽了过去各种办法，都无法摆脱困境。而市场却在不经意之间逐渐升级，并逐渐形成趋势，结构变化的数据表明，中国经济长期以来困境是找方向时期的困境。

第一，传统的外向型经济面临"天花板约束"。本世纪初，随着中国加入 WTO，世界经济在"资源国—生产国—消费国"的 WTO 框架下运行，资源和生产要素全球配置，资本和产品全球性流动。中国作为"世界工厂"向全球输出产能，1978 年中国商品贸易出口占全球比重仅为 1%，2014 年这个比例达到 12%，2015 年进一步提高到 14%，这是美国在 1968 年曾经达到的比重，此后近 50 年内任何国家都望尘莫及。本次危机后，伴随发达国家经济陷入"新平庸"，全球需求增长乏力，中国出口或许面临"天花板约束"，虽然出口份额仍然有一定提升空间的，但与过去三十年的外部环境相比，已不可同日而语。

第二，低端投资、短平快思路受到市场约束。在以出口为导向的浪潮下，中国产生了一大批劳动密集型产业，以服装鞋帽、小商品为代表。在 GDP 竞赛潮中，地方政府普遍是"短平快"的思路，低技术门槛、产值高和见效快的低端投资广受青睐，导致低端产能严重过剩。随着劳动力成本、人民币汇率、消费者需求偏好改变等内外因素的叠加影响，传统低端制造业越来越难以为继。

第三，资本、货币效率不断下降。在大规模刺激政策之后，中国货币供给量 M2 与 GDP 增速之间的相关关系明显弱化，具体表现为 2012 年以来，中国经济增长速度对货币政策刺激的敏感性出现钝化趋势，企业盈利增速的下滑印证了资本回报率的降低。与以往相比，单位投资所带来的 GDP 增量下滑，资本边际效率随着社会投资的不断增加而呈现递减趋势。资本与货币宽松带来的效应越来越弱，影响时间越来越短，因此以中国经济当前的体量，以往任何时期的刺激计划所能带来的效应都将非常有限。

第四，社会与环境压力前所未有。毋庸讳言，中国经济发展取得举世瞩目的成绩的同时，为此带来的环境代价很高，目前环境问题已经成为西方媒体抨击中国经济的"主攻点"。空气、水资源和土壤等人类赖以生存的自然资源明显恶化，中国环境监测总站发布的 74 个城市 PM2.5 浓度数据 2013 年初达到 130 微克／立方米，京津冀区域 2014 年更达到 151 微克／立方米的"惊人数据"；水污染问题严重，河湖萎缩、功能退化，部分湖泊咸化趋势明显，近 30年来，我国湖泊水面面积已缩小了 30%，水土流失面积 367 万平方公里，每年因水土流失新增荒漠化面积 2100 平方公里。社会保障是制约经济发展的另一个瓶颈，随着最终消费对经济贡献度的与日俱增，居民对社保的担忧制约了消费的进一步发展，我国的社保制度经过 20 多年的改革，为提高人民生活发挥了重要的作用，但依然处于建立和完善的过程中，仍存不少亟待解决的矛盾和问题。

第五，国家安全面临一系列挑战。在国内安全方面，"台独""藏独""疆独"以至"港独"等分裂势力不仅对国家主权、国家安全和国内稳定构成现实威胁，也在一定程度上分散、干扰了经济建设。在国际安全方面，美国"亚太再平衡"战略，导致中国东海南海区域安全风险前所未有上升，中日、中韩、中国与东盟都受到了重大影响，甚至还波及中国与欧盟之间的经贸关系。

中国经济发展面临前所未有的问题，寻找出路是各界的共同责任。追赶型经济体经济上台阶相对容易，但实现经济升级更加困难。

三、中国经济运行步入新通道，趋势正在确认

观察中国经济，不仅要看总量和增速的变化，更要看经济增长驱动力、经济结构是否发生变化。中国经济在经历了上行期

（1998—2007）、震荡期（2008—2012）之后，已进入新的阶段，经济轨迹连续 20 个季度运行在 6.5%—8.5%区间，尤其是 2015 年下半年以来，经济增速趋缓伴随股市与汇市剧烈波动、货币多与资金紧并存、政策迟钝与效应衰减，各界对于未来经济走势争议很大。

冷静观察中国经济现实，无论是行业还是地区，甚至是一家具体企业，在现实经济生活中难受还是好受、主动还是被动，取决于是否把握住了经济升级趋势。2012 年以来，中国经济增长步入新通道，运行态势趋稳，展现中长期横向低波动趋势。经济增长（增速变化）方向进入 6.5%—8.5%的新通道趋势似乎可以确认，而且经济增长滑出 6.5%—8.5%运行通道的概率不大。

1. 大国经济结构本身存在一个底部支撑。幅员广阔与人口众多，第一产业形成了稳定性支撑；国际公认的工业产业门类最齐全的国家，拥有三大门类 41 个大类 700 多个小类的工业体系，结构稳定性较强；经济水平提升使得第三产业快速发展，增强了经济活力和韧性。

2. 经济结构调整形成新的底部支撑。21 世纪以来，第一产业占比趋向稳定，第二产业一直发挥着支柱作用，于 2006 年达到了工业化的高峰，之后几年工业占比逐年下降，而第三产业占比开始稳步上升，2013 年超过第二产业（1985 年超过第一产业），成为目前经济结构中占比最大的产业。

3. 非工业基本稳定，工业调整接近"死库容"。按照目前非工业稳定规律和服务业发展态势，即使工业零增长，也不会出现经济总量萎缩事件，国家统计局数据显示，工业行业大类结构分化明显，上行行业的空间刚刚打开，下行行业接近"死库容"，与日常消费相关的行业持续稳定。

6.5%—8.5%区间更像是中国经济运行的"战略需求区间"。着眼于长远战略，中国经济保持在既定轨道里运行更长时间是非常有必要的。我国 1997 年前后告别低收入，进入中等收入阶段，2013年人均国民收入达到 6560 美元。如果维持人口规模不变，世行的高收入国家标准（12616 美元）也不变，按照年均 7%增速，我国晋级高收入国家也还需要 10 年时间，8%增速下需要 9 年。从与其他追赶型经济体的比较来看，以这样的时间长度晋级高收入国家是合理的，而如果速度再下滑，则面临"中等收入陷阱"风险。从国际经验看，在跨越"中等收入陷阱"的关键时期，经济增速的快速下滑或大幅波动会破坏市场信心，造成悲观预期，投资、消费趋于保守，失业问题、财政问题、社会问题将接踵而至，改革空间被大大挤压。保持一定的平稳的经济增速是提高经济发展水平、促进经济结构调整、保障社会全面协调发展的重要条件。

总的来看，国际金融危机之后，中国经济增长从过去长期上行通道、经历短暂剧烈波动之后转轨至 6.5%—8.5%区间横向运行通道，这几年实践总体感觉是"新通道更像中国经济增长的宜居环境"，然而着眼于中国国内资源与社会环境以及世界经济周期等多方考虑，未来 10 年经济增长运行在 6%—8%的通道的概率更大。

四、中国经济能否在新通道里运行更长时间，取决于中国经济升级的势头能否持续

努力使中国经济保持在新通道里运行尽可能长的时间，不仅是

一种战略需求，也是有基础的。除了总量上已经显露的中国经济底部支撑特征，深入结构性分析，我们也能发现许多喜人的变化。经济升级趋势明显，应该是不争的事实；中国经济能否在新通道里运行更长时间，也取决于中国经济升级的势头能否持续。

1. 消费成为拉动经济增长的绝对主力，消费升级正在推动经济转型升级。当前中国经济的增长方式正在发生转变，驱动经济增长的力量正在悄然改变，投资对经济的拉动越来越弱，消费开始扮演起重要的角色，2015 年第二、三、四季度消费对 GDP 的贡献分别达到 60%、58%、66%，资本形成总额的占比下降至 40% 以下；2016 年第二季度更是达到了 73%，而资本形成总额占比则降至 37%，净出口更是出现负值 -10.4%。

消费升级将是未来中国经济发展最重要的推动力，居民消费仍有巨大潜力。随着城镇化进程的进一步推进，农村居民成为新城镇居民后，其家庭设备及服务、医疗保健、交通和通信、文教娱乐服务消费类需求将会进一步扩大。另外，随着中国居民可支配收入的提高，居民对服务型消费支出的需求也将不断增加，医疗保健、金融服务及保险领域的消费金融需求必将不断涌现。

2. 高技术、高端装备产业加速增长，低端制造业增速持续回落，技术进步正在推动工业升级。工业内部结构升级，低端制造业、高污染、高能耗工业占比降低、高技术、高端装备、清洁工业的占比提升。例如，比较 2016 年与 2012 年工业行业主营业务收入数据，六大类行业中采掘业（7.4%—>4.2%）、水电气行业（6.4%—>5.7%）、传统制造业（25.6%—>22.7%）在工业营收中占比降低；轻工业（20.4%—>22.7%）、高技术制造业（17.1%—>19.2%）、装备制造业（23.0%—>25.5%）占比提升。

出口结构优化，高技术产品出口全球份额显著提升。从贸易形式上看，低附加值的加工贸易占比不断降低；一般贸易占比平稳上升；高科技产品出口占比提高。从 2000 年至 2015 年，加工贸易占比从 55% 下降至 35%，一般贸易占比从 42% 上升至 53%，其中，高科技产品出口份额提高，对主要国家高新技术产品出口占制成品比例达 25%，仅次于韩国和法国，高于老牌发达国家德、美、日、英等国。中国已成为亚洲高端科技产品出口的主导力量，在亚洲高端科技产品出口中所占份额从 2000 年的 9% 升至目前的 45%，位居亚洲第一，同期日本则从 26% 降至 8%。

科研经费投入逐年提高，研发能力、科技水平接近国际发达国家水平。我国研发经费继 2010 年超过德国之后，2013 年又超过日本，目前我国已成为仅次于美国的世界第二大研发经费投入国家。2015 年我国研发经费投入强度（研发经费 /GDP）为 2.10%，已达到中等发达国家水平，居发展中国家前列。2014 年中国发表在各学科最具影响力国际期刊上的论文数据位居世界第二，仅次于美国。

经济下行压力下，高技术含量、高产品附加值的相关行业仍保持良好发展势头。航天设备制造增速高达 26%，信息化学制造增速 22%，电子及通信设备制造业及战略新兴产业分别 12%、11%，远远高于 6% 的工业增加值增速。全球市值排名前 20 的互联网企业中，中国占了 7 家，阿里、腾讯、百度进入全球前十。随着"互联网 +"在各领域持续发酵，移动互联网、云计算、物联网、大数据技术等新技术的发展，催生以网上购物、网上约车、网上订餐等新兴业态快速兴起，逐渐成为新经济的重要组成部分。网上消费增速明显快于全社会零售品销售增速，截至 2016 年 10 月底，网上消费累计额增速高达 26%，大幅度高于社会零售品销售总额增速 15 个百分点。

3. 经济运行效率与社会发展水平显著改善，正在缩小与发达国家的差距，能否保持这种势头至关重要。目前，单位 GDP 能耗逐年下降，物流水平位居世界中等水平。中国的资源消耗指标单位 GDP 能耗从 1980 年的 2.665 吨标准煤 / 万元降低至 2015 年的 0.662 吨标准煤 / 万元，降幅高达 303%，单位 GDP 能耗增速除了 2003 年与 2004 年正增长之外，均为负增长。目前中国物流指数达到 3.531，高于俄罗斯、巴西、印度，居发展中国家前列，次于意大利、日本、美国、英国、德国等发达国家，位居世界中等水平。

近年来，国民对于分享经济增长成果的期盼十分强烈，国家顺势而为的政策安排使民生持续改善。公共财政对民生领域支持逐年提高，基本社会保险覆盖人数较本世纪初大幅增加。在 2010 年至 2015 年 6 年期间，基本养老保险覆盖人数从 2.5 亿人上升至 3.5 亿人，基本医疗保险覆盖人数从 4 亿人大幅度增加至 6.7 亿人，失业保险覆盖人数从 1.3 亿人增加至 1.7 亿人。从财政投向民生领域来看，教育支出从 1.25 万亿元增至 2.6 万亿元，增长了 108%；文化体育与传媒支出从 1542 亿元增加至 3077 亿元，增长了 100%；社会保障和就业支出从 9130 亿元增加至 19019 亿元，增长了 108%；医疗卫生与计划生育支出从 4804 亿元提高至 11953 亿元，增幅高达 150%；节能环保支出从 2441 亿元增加至 4803 亿元，增幅 97%。

冷静观察中国经济现实，无论是行业还是地区，甚至是一家具体企业，在现实经济生活中难受还是好受、主动还是被动，取决于是否把握住了经济升级趋势。未来全球经济也会继续找方向，传统经济经过近十年的整合，该淘汰的大部分已经淘汰，能够留下至今的，应该是市场认可的。新的业态、经济结构中快速成长的行业，有一个不断确认过程，必然会有大量淘汰现象，波动是不可避免的。因此，经济趋稳是有基础的，短期波动也是不可避免的，关键在于我们必须把握已经确认的经济升级趋势，并坚定地予以推进。这是基于趋势思维作出的判断。

五、恢复地方经济"引擎"的必要性与方法

从 2012 年第 2 季度开始，中国 GDP 增速已经连续 19 个季度低于 8%；从 2015 年第 3 季度开始，连续 6 个季度低于 7%。与此同时，中央政府不断推出财政、货币、改革等重大举措，一些政策措施的力度也是前所未有。但固定资产投资等先行指标还没有发生根本好转，尤其是 2016 年 2 月以后，民间固定资产投资同比增速快速下降，说明近几年实施供给侧结构性改革等手段的效果还没有显现。相比之下，从 1992 年到 2011 年 20 年间，中国 GDP 增速在 8%以下只有 8 个季度，而且经济恢复的周期都不太长。中国经济到底为什么突然"失速"？经济增速恢复起来为什么这么困难？

（一）改革开放以后逐渐形成了经济增长"三引擎"（中央政府及央企、地方政府和地方国企、民营企业）

观察中国经济增长驱动力的视角很多，透过经济发展主体分析能够提供新的视角。

从新中国成立完成社会主义改造直到 1978 年，中国经济的主要特征是中央政府驱动，通过强有力的计划管理，政府集中了资源分配、价格制定、投资等几乎所有的经济功能，经济的主要增长动力来自政府主导的投资。

1978 年改革开放以后，传统的计划经济逐步向市场经济过渡。20 世纪 80 年代的改革，既有价格双轨制为特征的市场化转型，也有中央向地方放权为特征的分权改革，地方政府和由其控制的国企开始在经济发展中扮演越来越重要的角色。90 年代特别是邓小平南方谈话后，私人经济和民营企业异军突起，中央政府以及央企作为一个方面的经济主体，在直接经济贡献中的地位逐渐下降。进入21 世纪以后，中国经济在供给侧逐步形成了"中央政府和央企""地方政府和地方国企""私人经济和民营企业"三引擎驱动的经济增长模式。

中央政府及央企、地方政府及地方国企、私人经济与民营企业这三类经济主体，在很长一段时间都充满了活力，很好发挥了自己的作用。从 1990 年到 2008 年近 20 年间，中国经济持续保持近两位数的增长，形成了长周期上升通道，经济规模大幅增长，成为世界第二大经济体。

（二）受制于 GDP 和市政形象考核等即期激励不可持续因素的影响，以高产值、低门槛、迅速见效的地方政府与地方国企投资拉动力逐步丧失

国际金融危机以后，我国地方经济发展模式的内生缺陷也开始凸显。在以 GDP 为纲的考核体制下，地方政府及其控制的地方国企为了迅速做大产值规模，上马了大量高投资高产值、技术含量不高、甚至高污染的项目，不仅负债规模迅速扩大，而且环境不断恶化。另外，房地产项目由于投资大、"产值"效率快，又能带来土地转让收入，也成为地方政府的主要关注点。观察不少地级市，会发现在 2006 年之后的地方固定资产投资项目大量集中在房地产项目，不仅形成了资产泡沫，还导致技术改造、高端制造业项目受到挤压。尤其是大规模经济刺激计划实施以后，地方政府债务负担和债务风险成为全社会关注的话题。从 2011 年开始，以财政部清理地方政府债务为标志，地方政府及国企的经济拉动力突然呈现"怠速"状态，经济增长的三个引擎变为实质上的两个。

（三）地方驱动引擎"失速"之后，间接影响到另外两个引擎的正常运行，这可能是整体经济运行"失速"的重要原因

仔细分析，"地方政府和地方国企"这个引擎恰恰是另外两个引擎发挥作用的关键环节。一方面，中央财政和央企投资在地方动力不足的情况下难以形成更有效的生产力。为对冲国际需求下滑，中央政府启动内需，开始加大央企直接投资，但由于央企习惯于通

过地方合作方式，一旦地方经济引擎失速，中央直接投资的拉动作用不如以前那么有力，央企直接投资的作用机制就出现问题了。另一方面，民营企业投资的作用机制也会受到影响。由于民营企业与私人投资更倚重地方经济环境，与地方政府和当地国企之间存在天然密切关系，其实际投资决策往往与地方政府和地方国企的偏好有关。有一种观点认为地方政府主导的投资增加，挤占了信贷资源和投资机会，因而挤出了民间投资，但认真分析地方经济的发展规律，实际上是地方政府引导投资的行为越活跃、民营经济发展就越快，两者是经济上的"互补"关系。在经济学上的解释是，地方政府的活跃程度一定程度上代表了地方官员的信心和能力，为企业家吃下"定心丸"，同时地方投资的增加也为民营企业创造了更多商机。一旦出现地方引导性投资疲弱，带来的后果不是为民营企业创造了空间，反而使民间投资更加犹豫。

（四）恢复"地方政府和国有企业"引擎功能的关键是走什么路的问题

恢复地方经济增长动力，并不是意味着地方政府重新回到老路上来，而是要寻找新模式。当务之急是解决新形势下地方政府"啥事都不敢干、啥事都不想干、啥事都不会干"的问题。一定要明确地方政府不能干什么、应该干什么、怎样才能把该干的事情干好，要配套相应的工作指引、评价和考核激励机制，指引要清晰、有操作性，评价要全面客观，考核必须科学，奖惩需要兑现。不该干的事情干了，必须受到惩处，该干的事情没有干或没干好、不到位，需要付出相应代价。

解决"不敢干"的问题，关键是画出红线。要努力解决因为"红线"不清导致的简单问责、问责过度现象。

解决"不想干"的问题，核心是考核机制和激励机制。上级政府对地方政府的考核和管理比较粗放，没有形成系统可操作性的管理机制，很多事情都寄希望于地方政府"悟性"和主动作为的良好期待上，除了少数经济指标外，缺乏精细、精准的良好考核机制，往往是以工作报告代替严格的绩效考核。形成精准的考核体系，关键是要把工作任务说清楚，把经济、社会、政治、生态、文化等各方面的工作任务说清楚，能量化的尽可能量化，通过可测量、可定义的工作目标，引导地方政府将精力集中于应该干的地方，不仅干错要问责，干得少、干不好一样要问责。建立有效的奖优罚劣机制，谁干得好、谁干得坏、谁干得多、谁干得少，都要有一套评价体系，不仅能上能下，还要努力做到能进能出，解决政府中长期存在的老好人主义、平均主义。激励机制的核心，是定义绩效标准，要有管用的事后事中考核评价。

解决"如何干"的问题，重点是要有可操作性的指引，要解决"老办法不管用、新办法不会用"的问题。在研究观察中发现，实际工作中，上面的很多政策都"不解渴""不透亮"，地方政府拿到了不知道怎么落实，形成文件多、落实难的现象。以 PPP 为例，国家有关部门做了大量工作、出台了几十份文件，但由于政出多门、流程复杂，真正落地起来时间长、效率慢，实际效果不尽如人意。再比如多层次资本市场的问题，很多地方不知道如何建立起有效的股权交易市场，使股权投资渠道受阻。上级政府出台政策时，应尽可能辅之以详细的操作指引，使用者可以拿来就用，不需要花费大量的工夫来解读。要避免的是上个政策还没吃透，下个政策已经来到，以文件落实文件，案牍工作比落实工作还要复杂。

附

转换经济增长动能的关键是培育消费驱动力①

国际金融危机以来，中国经济在经历了短暂的剧烈波动之后从 2012 年步入 6.5%—8.5% 的增长通道，经济结构与增长方式也随之发生了较大变化，"三驾马车"中投资与出口对经济的贡献度逐年下降，消费逐渐成为推动经济增长的最大动力。未来中国消费市场具有广阔的发展空间，消费增长潜力巨大。然而，当前制约消费驱动力充分释放的因素仍然较多，需要消除消费者的消费疑虑，着重解决让消费者有能力消费、愿意消费、敢于消费、放心消费等核心问题，消费驱动型经济增长模式仍然有待进一步培育。

一、中国经济增长方式正在转变，消费驱动不仅仅是统计意义上的经济增长新引擎

2012 年以来，中国经济增长的驱动力正在悄然改变。2008 年国际金融危机之前，中国经济快速增长主要依靠出口拉动，进而带动制造业快速发展，并刺激大量投资；国际金融危机之后，外需疲软，中国出口增速明显放缓，于是政府启动了著名的 4 万亿投资计

---

① 参见《让潜力巨大的消费驱动力充分释放》，《上海证券报》2016 年 11 月 4 日。

划，试图弥补出口减缓留下的总需求缺口；然而 2011 年后，宏观经济政策突然转向，随之出现投资增速迅速回落、民间投资乏力、投资边际效应逐渐减弱，经济增速在 2012 年回落至 7.7%，之后到 2015 年末跌至 7%以下。从 2013 年开始，消费开始悄然扮演起重要角色。最终消费支出对 GDP 的贡献率从 2008 年底的 45.7%上升至 2015 年底的 66.4%，提升 20.7 个百分点；资本形成总额贡献率从 45.1%下降至 31.7%，下降 13.4 个百分点；货物与服务净出口贡献率从 9.2%下降至 1.9%，下降 7.3 个百分点。由此可见，"三驾马车"的结构出现了明显变化，消费已成为经济增长的首要动力，表明中国经济转型升级已实质性启动，新的增长模式正在形成。

横向比较，中国现阶段的消费水平与发达国家相比还有很大的提升空间。观察世界各主要经济体，消费对 GDP 的贡献率长期稳定在 70%以上。2015 年中国消费对 GDP 的贡献率为 66.4%，而同期全球平均水平为 74.23%、美国为 86.12%、英国为 84.25%、日本为 78.97%、法国为 78.91%、德国为 73.37%、印度为 71.53%、韩国为 64.7%。从消费结构看，中国居民个人消费占 GDP 比重较低，与发达经济体的差距更加明显，甚至与全球平均水平也有较大差距。2015 年中国居民个人消费占 GDP 比重仅为 38.51%，而同期全球平均水平为 57.16%、美国为 68.38%、英国为 61.8%、印度为 60.08%、日本为 58.56%、法国为 54.94%、德国为 53.98%、韩国为 49.5%。由此可见，中国消费对 GDP 贡献率的空间才刚刚打开，特别是居民个人消费的潜力还没有被完全释放出来，一旦居民个人消费潜力转化为实际消费需求，将会给经济增长带来强劲、稳定的推动力。

从趋势上看，中国消费增长态势基本平稳。有观点认为，近年来消费对 GDP 贡献率上升是因为投资贡献率下降和净出口负贡献率导致的，是相对抬升。我们认为这种说法不全面、也不真实。2005—2015 年间，中国社会消费品零售总额从 6.84 万亿元上升至 30.09 万亿元，增长了 3.4 倍，年均增速 15.98%，不仅总量稳居世界第二，增速也位居世界主要经济体前列；不仅总额增速超过 GDP 增速，并且消费领域里很多细分行业的增速都超过了 GDP 增速。以餐饮行业为例，在严格执行中央八项规定、公款消费大幅减少的情况下，2016 年 4 月限额以上餐饮企业收入总额达到 674.1 亿元，同比增长 8%，从侧面反映了居民消费对经济的拉动作用和增长空间。尤其令人惊喜的是，全国网上商品和服务零售额一直保持在 30% 左右的高速增长，2016 年 4 月占全社会消费品零售总额的比重达 13.77%；实物商品网上零售额累计同比增长 25.6%，其中吃、穿、用类商品分别增长 35.4%、15.7%、29.2%。网上消费增速大幅高于社会消费品零售总额增速（10.3%），社会消费渠道趋向多元化。

从更深层次来看，国民收入分配结构调整为消费驱动型经济增长提供了充足动能。近年来，城乡居民人均收入增速快于人均 GDP 增速，城乡居民人均消费支出增速快于收入增速，农村居民收入和消费支出增速快于城镇居民。从影响消费的关键因素——居民收入来看，当前我国居民的人均可支配收入持续保持快速增长，2015 年全国居民人均可支配收入 21966 元，比 2012 年增长 33.0%，扣除价格因素，实际增长 25.4%，年均实际增长 7.8%，居民收入年均实际增速快于同期人均 GDP 增速。分城镇和乡村居民收入来看，农村居民人均纯收入年均实际增速快于城镇居民人均可支配收入 1.9 个百分点。从消费支出来看，城乡居民消费需求保持了较为强劲的增长势头，居民消费支出持续增长。2015 年全国居民人均消费支出达到 15712 元，比 2013 年增长 18.8%；城镇居民人均消费支出 21392 元，比 2013 年增长 15.7%；农村居民人均消费支出 9223 元，比 2013 年增长 23.2%。农村居民人均消费支出年均实际增速高于城镇居民消费支出增速 3.7 个百分点。社会消费品零售总额中，乡村消费的增速持续高于城镇，2015 年乡村社会消费品零售总额同比增长 11.8%，比城镇增速高 1.3 个百分点。乡村消费持续保持较高增速，表明我国消费结构正在优化。

二、消费结构升级是迈向消费驱动型经济模式的关键，中国消费结构变化数据显示了消费驱动力具有可持续性

判断一个经济体的运行是否主要由消费所驱动，不仅看消费对于 GDP 的贡献程度，还要观察居民消费结构。近年来，随着居民收入水平和消费能力的不断提高，中国一线城市居民消费需求结构已接近发达国家水平、二三线城市居民的消费需求偏好正向一线城市居民靠拢，农村居民消费需求结构也日益城市化。2015 年瑞士信贷宣称，根据美国的标准，中国有 1.09 亿中产阶级，这些中产阶级大多来自一线城市，其消费习惯和需求结构已接近发达国家水平。

深入观察我国消费结构，居民消费支出已经由生活必需品为主向半生活必需品和非生活必需品转移，居民消费结构持续升级。纵

向观察，1995 年至 2015 年的二十年间，中国城乡居民消费结构发生巨大变化，物质性消费支出占比呈下降趋势，其中，城乡居民家庭人均食品类、衣着类消费占比分别从 1995 年的 54.14%、10.37% 下降至 2015 年的 30.53%、7.45%，分别下降 23.61 和 2.92 个百分点。与之对应的是服务性消费支出逐年提高，其中，城乡居民家庭人均交通和通信类、文教娱乐服务类、医疗保健类消费占比分别从 3.94%、8.62%、3.17% 上升至 13.3%、10.98%、7.36%，分别提升 9.36、2.36 和 4.19 个百分点。同时，城镇居民与农村居民的消费结构存在差异，农村居民食品类、医疗保健类消费支出占比高于城镇居民，2015 年农村居民人均食品类、医疗保健类消费支出占比为 32.92% 和 9.17%，分别高出城镇居民 3.19 和 0.75 个百分点；城镇居民居住类、文教娱乐类、交通通信类等消费支出占比高于农村居民，2015 年城镇居民为 22.09%、11.14%、13.53%，分别高出农村居民 1.2、0.63、0.92 个百分点。但是，2012 年以来这种消费结构差异正呈现逐年缩小趋势。

总体而言，随着经济发展水平的不断提高，居民消费结构会产生明显的变化，物质类消费占比将逐年下降，服务型消费逐年上升。反过来，消费需求结构变化将带来消费升级和经济增长方式的变革，可为经济增长提供可持续性的消费驱动力。这一点，我们从发达国家消费升级的过程中能够得到启发。美国居民消费结构在 20 世纪 60 年代至 70 年代也发生了物质型消费占比逐年下降、服务型消费占比逐年提高的变化，物质型消费支出中，住房、汽车等耐用品消费支出占比比较稳定，食品饮料、服装鞋类等非耐用品消费支出占比则逐年下降。通过横向比较，我们发现 2012 年以来中国居民消费结构类似于美国 20 世纪 60—70 年代。因此，中国居民消费水平和消费结构与发达国家相比还有很大的提升空间，尤其是再考虑恩格尔系数方面的因素，更是如此。虽然中国城乡恩格尔系数自 20 世纪八九十年代起持续下降，但目前仍处在 35% 以上的水平（2013），其中城镇恩格尔指数 35%，农村恩格尔指数 37.7%，而美国 1980 年以来的恩格尔系数平均为 16%—17%。

根据麦肯锡预测，受益于可负担非生活必需品消费人群的日益增加，2010 年到 2020 年中国非生活必需品消费将保持 13.4% 的年平均增长率，高于生活必需品和半必需品。此外，随着年轻一代成为中国主要消费群体，健康、养老、旅游等高端消费需求将大大增加。消费结构升级显示了消费驱动力的可持续性。

三、确立真正意义上消费驱动型经济增长模式，必须解决现实存在的消费疑虑

尽管消费驱动型经济增长模式正在形成，但与投资拉动所产生的"立竿见影"的效果相比，消费驱动力的培养是一个长期过程，涉及与国民收入初次分配和再分配相关的消费能力培育、涉及社会保障体系建设相关的敢于消费问题、涉及市场监管相关的放心消费问题、涉及供给响应相关的供求结构调整等众多复杂因素。在这些方面，有许多成熟的国际经验可供借鉴。

考虑到工资收入是居民收入的主要来源，就业基本决定了居民的收入水平，这也是世界各国高度关注就业的原因。就业既是经济问题，也是社会问题和政治问题，可以说是经济的"晴雨表"和社

会的"稳定器"。世界各国政府都把就业放在突出位置。从发达国家经验来看，美国在国民收入初次分配中，重点保障就业者权利，努力促进就业，让劳动者有相应的收入去消费。美国劳工部25个局有12个是与促进就业有关的，美国有完善的促进、保障就业的法律体系，比如直接提升就业机会的《就业法案》；提供培训，提高就业能力的《人力发展与培训法案》《职业培训合作法》；加强失业救济的《紧急失业补偿法》《劳动保障法》等。此外，美国的失业保险机制覆盖97%的工资收入者。

经济学理论与实证分析表明，随着居民收入水平的提升，其边际消费倾向趋于下降，高收入人群的消费比例要远低于中低收入群体，因此收入差距过大大幅拉低了居民的边际消费倾向。中国的基尼系数始终维持在47%左右的水平，尤其是城乡二元化体制导致城乡收入差距较大。劳动报酬在社会分配中的占比偏低，收入分配差距过大，对消费意愿和消费倾向的影响不可忽视。据统计，本世纪初到2013年中国劳动者报酬占GDP的比重从53.4%下降到39.74%，而在发达国家劳动者报酬占GDP的比重大多在50%以上。从数据来看中国初次分配中劳动报酬所占比例大大低于发达国家和部分发展中国家。

美国以税收为杠杆调节收入分配，对于降低收入差距、增强消费驱动力起到了积极作用：一是针对高收入纳税人设置随应纳税所得额递增逐步减少分项扣除额和宽免额的征管体系。二是对应纳税所得额设置上限，达到上限全额适用最高一级的边际税率。三是对中低收入家庭实行抵税福利、低税率等众多的税收优惠政策。除了常见的首次分配和二次分配，美国政府通过税收手段引导和促进企业、个人捐赠来完成"特色鲜明"的第三次分配：如果企业和个人财产用于慈善捐助或公益事业支出，可以享有一定比例的税赋扣除待遇。机构捐赠可以获得 15% 的税前抵扣；如果给公众募款机构进行个人捐赠、现金部分捐赠，可享有 50% 的税前扣除；捐赠给基金会，则享有 20% 的税前扣除；如果是个人遗产的全部捐赠，则享有 100% 税前扣除。中国与美国的历史、文化、经济条件不同，不可能完全照搬美国的收入分配经验，但美国收入分配机制的成功做法为中国提供了可供借鉴的经验。中国政府工作报告已经多次明确提出：逐步提高居民收入在国民收入分配中的比重，提高劳动报酬在初次分配中的比重。通过加大税收调节、财政转移支付等手段，提升中低收入群体和农民收入，缩小贫富差距。

人们的即期收入是否更多用于即期消费，还取决于每个人对未来生活保障的预期，社会保障制度的完善程度和保障水平高低是制约人们即期消费的重要因素。在消费驱动型经济增长模式下，社会保障支出在居民最终消费支出中所占比重很高。随着社会保障制度不断健全、覆盖面不断扩大、支出标准不断提高，社会保障支出对全社会消费的撬动作用将更加明显。中国 1989 年该比重仅为1.38%，2000 年提高到 5.08%，2010 年大幅上升至 10.28%，2015年达到 14.73%。

社会保障资金从其性质上看仍是消费性资金，更重要的是会影响人们的消费预期，社会保障制度的不健全、不完善，无法给人们提供对未来收入和生活有足够保障的信心，是导致消费预期长期居高的重要制度根源。2000—2015 年，城乡居民人均收入从 3711.84元提高到 22229.19 元，年均增长 12.67%；城乡居民人均储蓄存款从 5075.82 元增加到 40782.6 元，年均增长 14.90%；城乡居民人均消费支出从 2875.48 元增加到 16049.81 元，年均增长 12.15%。从城乡居民人均收入、储蓄、消费的增长速度看，储蓄增长分别超过收入增长 2.23 个百分点，高于消费增长 2.75 个百分点，而人均消费增长是三项指标中最低的。可见，城乡居民储蓄欲望远远超过其收入和消费的增长，反映出人们对未来的生活和收入保障缺乏足够的信心。

中国的社保制度体系从总体上看，依然处于建立和完善的过程中，仍存在不少亟待解决的矛盾和问题，老百姓对自己的养老、医疗、失业和生活困难心里没底，对社保制度心存疑虑。以养老和医疗为例，2015 年，中国参加城镇职工基本养老保险的人数为 3.54 亿，占中国所有成年人的比例为 31.22%；城镇基本医疗保险参保人数 6.66 亿，覆盖率为 48.43%。对比美国的社保经验，几乎所有在职员工都参加了政府养老保障、企业年金和商业保险的养老体系，覆盖面非常高。一般美国人退休后拿到的退休金相当于退休前工资的 80%，公务员更高，是在职收入的 1.2 倍。医疗方面，美国医疗保险覆盖率高达近 90%，中产阶层主要靠商业医疗保险，而低收入者和 65 岁以上老人则有专门的国家财政给予保障。如果得了大病，可以先看病，然后挂账处理，这部分人群的病后支出政府也会给予补助。美国还设有专门服务于穷人的医疗服务救助体系，主要面向买不起医疗保险的低收入家庭，所有费用由政府支付。在教育方面，美国实行全民义务教育，一些社区大学的学费非常低廉，因而美国人的基本教育支出比较低。

消费驱动型经济的重要表现之一是"放心消费"，而中国经济现实面临的最迫切问题恰恰是消费疑虑。由于品质安全等因素，毒奶粉、劣质食品、虚假药品等伪劣商品、低质量商品甚至假货充斥市场，导致消费者不敢购买消费，很多消费需求被抑制，部分中高收入阶层转向境外消费，这也是中国消费产生"需求外溢"的重要原因。消费环境不佳，导致居民不愿意在国内更多消费。

由于市场中买卖双方的信息不对称，卖方对于产品质量拥有比买方更多的信息，买方由于信息缺失，只能通过平均价格来判断产品的平均质量，因此只愿意付出平均价格，这样会导致生产高质量产品的厂家无利可图，高质量产品将逐步退出市场，最后市场将被劣质商品充斥，出现劣币驱逐良币的现象。这在经济学上被称为"柠檬市场"。如果一个国家充斥着"柠檬市场"，消费者会选择跨出国境到消费环境良好的国家选购商品。在中国最明显的例子就是奶粉，由于国内奶粉安全事件频发，消费者对国产奶粉丧失信心，纷纷转向国外抢购、海淘进口奶粉，外资品牌几乎占据了国内整个中高端婴幼儿奶粉市场，其中进口奶粉占据高端婴幼儿奶粉60％—70％的市场份额。随着"二孩"政策的放开和居民消费结构的升级，未来奶粉市场规模将进一步扩大，年均增长率将超过30％，是全球第一大奶粉市场，如何引导消费回流国内，重新建立消费信心，打造良好的消费环境已经迫在眉睫。

应该说，解决放心消费的钥匙掌握在政府手里，当前消费市场乱象的重要原因是监管力度不够，需要从根本上解决政府职能缺位、越位、错位等问题。在消费市场更加发达的美国，其政府在消费市场监管方面的经验和做法为中国提供了借鉴和参考，美国构建了严密的市场监管体系。首先是健全的立法体系。美国政府主要通过立法和司法手段强力消除市场机制障碍、保障消费者权益。主要法规包括《谢尔曼反托拉斯法》《克莱顿反托拉斯法（1914 年修正案）》和《联邦贸易委员会法（1914 年修正案）》。到目前为止，美国已有 20 余部有关保护消费者利益的法律。其次是完备的保障体系。美国消费者权益保护机构层级明确，系统完备，可分国家、地方、民间及私营四个层次。国家级的有联邦贸易委员会、消费品安全委员会、联邦食品和药品管理局、食品监督分级局。全美各州、县、市均设有消费者权益保护机构。同时还有三大民间机构：美国消费者利益委员会（ACBC）、美国消费者联合会（ACA）及美国消费者联盟（ACL）。再次是严格的惩罚措施。美国严格将消费者的人身健康和安全放在首要位置。执法机构的处罚手段包括罚款、向媒体曝光和公布召回问题产品等，必要时通过法律程序严惩违法产品的生产者和销售者。凡事以消费者的人身安全和身体健康为前提，充分体现了以人为本的社会理念。

中国的东亚近邻日本在打造消费环境上也有很好的经验可参考，日本政府尤其注重通过不断完善社会保障制度和收入分配制度，缩小居民收入差距，来提高国民的消费能力，同时致力于提高产品质量来净化消费环境，主要政策表现在：第一，重视公平的收入分配体制来提升居民的消费能力，日本的基尼系数长期稳定在 0.25 左右，远低于世界平均水平。第二，完善的社会保障体系保障居民消费无后顾之忧，日本已经形成了贫困阶层由国家救济，低收入阶层靠社会福利，普通阶层靠社会保险的三层完善社会保障覆盖网。第三，积极的财政政策鼓励居民消费，通过积极的减税减轻居民负担，提高居民消费能力。第四，提高产品质量净化消费环境，

20 世纪中叶，日本也曾饱受劣质产品充斥市场之苦，为了改善消费环境，日本全面推行产品质量管理，通过引进新技术与加强市场监管双管齐下，最终提高了产品质量，带动了产品价格和工人收入，形成了生产与消费的良性循环，达到了净化消费环境的目的。

四、提升供给有效性，唤醒消费，激活潜在消费需求

随着中国经济升级、居民收入迅速增长，改善生活质量的消费需求日趋强烈，尤其是中产阶层和富裕阶层，但是现实生活中大量的潜在消费需求由于缺乏有效供给而无法得到满足。例如高品质的生产生活用品、奢侈品、安全的绿色食品、舒适高效的生活服务等，中国传统的以模仿、"山寨"为基础的制造体系无法满足高收入群体的需求。当前我国居民消费需求结构与档次基本接近发达国家水平，而产品结构与档次调整升级缓慢，出现了供给制约消费需求实现的特殊矛盾。国内的需求不能得到有效满足，故而纷纷转向国外市场"爆买"。从日常消费品、耐用消费品到高端消费品，这种现象在我国普遍存在。根据国家统计局数据，2015 年我国居民出境旅游 1.2 亿人次，在海外消费金额达到 1045 亿美元，分别比上一年增长了 12% 和 16.7%。

从供给的角度来看，尽管我国已经是所谓的制造业大国，但存在着大量的低水平过剩产能。产品供应总量上处于过剩状态，但供给结构不能适应消费需求结构变化，或者由于品质安全等原因而不敢消费，导致很多现实消费需求被严重抑制。有效供给能力不足的结果是，本来旺盛的现实消费，要么"储币待购"，要么通过境外购买来满足，产生"需求外溢"。比如，近年来在农业科技进步引

领下我国粮棉油糖、肉蛋奶、果蔬茶、水产品等主要农产品产量连年快速增长，但农产品品种、品质结构与居民消费快速升级不相适应的矛盾却日益凸显，农产品生产供给结构与潜在消费需求结构之间存在较大差距。

再以牛奶行业为例，一方面是国内生产过剩，但品质不高，安全问题频发，严重抑制现实消费需求，如三鹿奶粉事件之后，乳品行业出现严重信任危机，奶类制品大量积压；另一方面是高品质的国外奶制品进口量节节攀升，大洋洲、新西兰、欧洲等地奶粉受中国购买需求影响供不应求，德国甚至限制中国人购买奶粉。2008年至2014年，我国进口奶粉数量年均增长45%，2008年进口奶粉只有9.8万吨，2014年增长至90万吨。目前，国内市场从日常消费品到其他投资品以及医疗教育等均存在与牛奶行业类似的问题，如引发国人购买狂潮的日本马桶盖；大量进口的钢铁制品；大量境外求学、就医等。根据商务部统计，2014年，我国境外消费超过1万亿元人民币，占到整个社会消费总额的3.5%以上。

适应居民需求结构升级，调整供给结构，提升有效供给能力，从供给角度释放消费能量已经引起了政府高度重视。2016年4月，李克强总理在主持召开国务院常务会议时强调要深刻认识消费品工业升级的重要意义，中国进入中等收入国家行列后，大众对消费品的需求正在转变升级。当前我国已经形成了覆盖面广、结构相对完整的消费品工业体系，但仍然面临高品质产品不足、产品种类不够丰富等问题。为此，消费品工业必须更加积极应对消费者的需求变化。要用民众消费需求升级，带动国内消费品产业升级。中国有13亿多的人口，进入中等收入者行列的家庭逐年在增加，消费升级的需求日趋旺盛，要紧紧抓住这一巨大的市场需求，释放这一任何国家都无法比拟的巨大消费力量。

还应该看到，市场供给方式落后，供需信息不对称，导致了大量的潜在消费需求处于睡眠状态。传统商业模式不仅存在流通环节多、效率低、成本高等困惑，而且完全依靠实体网点的零售模式存在经营时间与空间限制，即使是最大购物中心陈列商品也是有限的，消费者无法及时得到全部商品信息、无法比较同一类商品的质量、功能与价格，商家找不到顾客，消费者不知道在哪里能买到心仪的商品，大量的潜在消费需求无法转变为现实消费需求。因此，必须推进商业模式变革，优化消费供给方式，方便居民消费。顺应"互联网＋"发展趋势，继续推进商业模式变革，保持商业革命全球领先势头，从优化供给方式促进消费需求增长。互联网、物联网、电商的商业模式革命，促使各种便民服务、便利店、便民店遍布城乡各居民生活点。2014 年，我国快递业务量接近 140 亿件，超过美国成为全球第一大快递国。新一轮以电子商务为代表的商业革命，极大冲击传统商业模式，对缩短服务链条，加速流通，降低物流费用和经济活动成本，激发消费潜力，唤醒消费需求，提升经济运行效率，提供就业，拉动制造业发展，带动经济深化等，起到巨大促进作用。我国应继续出台措施加速推进商业革命，推进电子商务、信息消费、移动支付、物流、仓储以及各种便民服务、便利店、便民店发展，保持商业革命全球领先势头。"互联网＋"、电商等新模式迅速发展，有利于促进消费稳定和结构升级，培育新增消费点，挖掘内需从而对经济增长起到促进作用。结合消费在三大需求中所占的比重逐年提升，政府已多次部署推进消费扩大和升级，促进经济提质增效。

尤其值得关注的是网购对农村市场持续渗透，电商实体渠道不断下沉，加速了农村市场的开拓。2015 年以前，电商布局农村市场，更多是将线上产品引入农村；预期未来，重点解决农村"卖出去比买进来更迫切"的问题。农产品进城的痛点在于村民缺乏销售上架和运营能力，村镇特色产品无法外售。艾瑞咨询通过对于主流电商平台的战略布局研究发现，依托电商渠道下沉，农村电商扮演的角色，既是消费市场又是生产源头。

第九章

更大尺度与更宽视野的经济观察：
全球经济走势分析与中国策略

2008 年爆发的国际金融危机首先对美国经济产生巨大冲击，导致 2009 年美国 GDP 同比下降 2999 亿美元，增速滑落至 –2.80%。而后通过贸易、金融等渠道扩大至欧盟、新兴经济体国家和地区，2009 年欧盟 27 国 GDP 同比下降 7401.88 亿欧元（近 2 万亿美元），增速滑落至 –4.40%；日本 2008 年和 2009 年 GDP 分别下降 11.77 万亿日元、30.07 万亿日元，增速滑落至 –1.00%、–5.50%。时至今日，2008 年国际金融危机对全球经济的负面影响逐渐消弭，但全球经济前景并不明朗，认识分歧很大，尤其是欧美国家出现了"逆全球化"思潮，对于中国战略决策也构成了一定影响。为此，我们拟从波罗的海指数入手，从另一个侧面观察一下世界经济现状与趋势，提出相应的中国策略。

一、2016 年波罗的海指数走势预示着什么

波罗的海指数全称波罗的海干散货指数，是波罗的海航交所发布的用于衡量国际海运情况的权威指数，也是反映国家间贸易情况

的领先指数，直接反映世界贸易、生产和消费水平，通常视该指标为经济景气荣枯的一项先行指标，如果该指数出现显著上扬，说明国际间贸易火热，相关国家经济情况良好。波罗的海指数与初级产品市场和大宗商品市场存在极强的相关性，在经济复苏期，大宗商品需求增加促使国际航运业回暖，二者呈现一致向上的走势；在经济衰退期，大宗商品需求减少导致国际贸易降温，航运需求下降，二者呈现一致向下的走势。分析数据发现，波罗的海指数曾于2016年2月10日和11日一度跌至290点，为1985年1月指数编制以来的历史最低值。然而近几个月来，波罗的海指数大幅强势反弹，9月23日上涨至941点，11月18日达到1257点。尽管其后波罗的海指数在12月份有所回调，未来不排除还有大的波动，但市场对于全球经济复苏的预期却再次升温。

与此同时，一些分析人士认为，波罗的海指数反弹与国际航运业的去产能有较大联系。2008年国际金融危机以来，全球经济低迷，全球贸易大幅萎缩，国际航运业迎来寒冬，航运企业赢利能力不断下降，国际航运业相对于大幅萎缩的全球贸易，存在较为严重的产能过剩。经过几年的萧条，国际航运业过剩的产能已基本上得到淘汰和整合。这种分析是符合逻辑的。但如果我们再从大宗商品价格指数尤其是期货指数变化情况来联系观察，波罗的海指数近期变化趋势不仅是航运业产能整合的结果，而是市场对全球经济复苏预期的反映。还有一些专业人士指出，波罗的海指数波动频繁，有些波动与经济走势无关，比如2014年初在2000多点，2016年2月就跌至290点，而世界经济在这几年好像没有什么太大改变。其实，2014—2015年的世界经济，只有美国经济是单边稳定向好，新兴市场和欧洲经济则出现严重的下行压力，波罗的海指数在此期间的变化轨迹恰恰反映了当时的市场预期。

　　进一步观察，波罗的海指数是由海岬型平均租金水平、巴拿马型平均租金水平、超灵便型平均租金水平和灵便型平均租金水平取算数平均数，然后乘以固定的转换系数得来，深入分析这四种船型租金水平对波罗的海指数的影响程度，有助于我们透过波罗的海指数更深刻地把握经济走势。

　　海岬型平均租金水平反映了运力在 8 万吨以上，以焦煤、燃煤、铁矿砂、磷矿石、铝矾土等工业原料运输为主的各条航线干散货船加权平均日租金水平；巴拿马型平均租金水平反映了运力在 5 万—8 万吨，以民生物资及谷物等大宗物资运输为主的各条航线干散货船加权平均日租金水平；超灵便型平均租金水平反映了运力在 4 万—5 万吨各条航线干散货船加权平均日租金水平；灵便型平均租金水平反映了运力在 2 万—4 万吨各条航线干散货船加权平均日租金水平。简单分析波罗的海指数最低点的 2 月 10 日到 11 月 16 日截止的变化情况不难发现，海岬型平均租金水平从 2776 美元 / 天上涨至 17499 美元 / 天，上涨 14723 美元，增长 530.37%，为波罗的海指数的上涨贡献了 406.03 点，贡献率 47.49%；巴拿马型平均租金水平从 2417 美元 / 天上涨至 10075 美元 / 天，上涨 7658 美元，增长 316.84%，为波罗的海指数的上涨贡献 211.18 点，贡献率 24.70%。超灵便型平均租金水平从 2554 美元 / 天上涨至 7548 美元 / 天，上涨 4994 美元，增长 195.54%，为波罗的海指数的上涨贡献 137.73 点，贡献率 16.11%。灵便型平均租金水平从 2739 美元 / 天上涨至 6367 美元 / 天，上涨 3628 美元，增长 132.46%，为波罗的海指数的上涨贡献 100.05 点，贡献率 11.70%。从技术形态上看，各船型平均租金水平的普遍上涨，尤其是大型船只（海岬型、巴拿马型）平均租金水平的上涨是近期波罗的海指数上涨的主要原因。

透过指数结构不难发现，大宗商品需求回暖、运费提高可能是助推波罗的海指数反弹的深层次原因。从全球大宗商品价格走势看，2016 年初以来全球大宗商品价格均有较大幅度回升，其中，全球初级产品价格指数从 2016 年 1 月的 83.05 点上涨至 10 月的 108.00 点，涨幅 24.95 点，增长 30.04%；全球铁矿石实际市场价格从 41.25 美元 / 公吨上涨至 58.02 美元 / 公吨，上涨 16.77 美元，增长 40.65%；全球原油现货实际市场价格从 29.92 美元 / 桶上涨至 49.29 美元 / 桶，涨幅 19.37 美元，增长 64.74%；全球煤炭实际市场价格从 53.37 美元 / 公吨上涨至 99.82 美元 / 公吨，涨幅 46.45 美元，增长 87.03%。近期大宗商品价格走势均好于 2015 年同期水平，显示出全球经济对大宗商品需求的增加和全球经济回暖的迹象。

当然，波罗的海指数作为经济增长的先行指标，其趋势性变化会在一定时间之后体现在相关经济指标上。通过对波罗的海指数和大宗商品价格历史数据的拟合，我们发现波罗的海指数与大宗商品价格变化趋势基本保持一致，拟合度较高，波罗的海指数作为先行指标超前反映全球初级产品价格指数、原油价格、煤炭价格大致 2—3 个月左右，而超前反映全球铁矿石价格则长达 10—12 个月左右。

不仅如此，波罗的海指数对预测主要经济体经济增长趋势也具有较大的先导性。就美国经济来看，工业总产值同比增速、工业部门电力零售销售同比增速、PPI 指数与波罗的海指数呈现出较高的拟合度，尤其是在 2004 年以后，拟合度有大幅提升。波罗的海指数作为先行指标，超前反映美国经济 6—9 个月左右。再来看看波罗的海指数与欧盟经济的关系，欧盟 27 国工业生产者指数同比增速、PPI 指数在 2007 年以前与波罗的海指数相关性不大，拟合度较低，但 2007 年以后，则呈现出高度的一致性，拟合度较高。波罗的海指数超前反映欧盟经济大约 3—6 个月。

波罗的海指数与中国经济也存在较大的相关性。波罗的海指数与中国 PPI、工业用电量同比增速、工业企业主营业务收入同比增速之间相关性较大，拟合度较高，其中波罗的海指数与中国 PPI 和工业企业主营业务收入同比增速的拟合度最好，波罗的海指数作为先行指标超前反映中国经济 3—9 个月左右。

二、未来全球经济取决于"三驾马车"的走势

2008 年以后，全球经济形成了"三驾马车"的市场格局，即美国市场、欧洲市场和中国市场，这三大市场经济总量占到全球经济总量的比重超过 60%，对全球经济走势起到决定性作用。2015 年全球货物进出口贸易总额为 332480 亿美元，其中，中国为 39569 亿美元，占比 11.90%；美国为 38128.6 亿美元，占比 11.47%；欧盟 27 国为 35295 亿欧元（约 38824.5 亿美元），占比 11.68%。2015 年全球商业服务（不包括政府服务）贸易进出口总额为 93657.1 亿美元，其中，美国为 11591.71 亿美元，占比 12.38%；欧盟为 37151.76 亿美元，占比 39.67%；中国为 7518.06 亿美元，占比 8.03%。从全球区域经济影响力来看，虽然日本、韩国、东盟、印

度、俄罗斯、澳大利亚、加拿大、部分拉美与非洲国家的经济活跃或者衰退，都会在国际市场形成一定的波澜，但不可能是颠覆性的，未来全球经济的实际走势依然取决于三大经济体的态势。

（1）美国经济。2015 年美国 GDP 达到 18.04 万亿美元，占全球 GDP 的比重达到 24.73%；贸易总额达到 5.02 万亿美元，占全球贸易总额的比重达到 15.11%，可见美国对全球经济和贸易有举足轻重的作用。2016 年初以来，美国各项经济指标总体运行良好。其中，全部部门电力零售销售量 8 月份达到 3758.48 亿千瓦时，同比增长 4.69%，为金融危机以来的最好水平；贸易情况基本稳定，远好于金融危机期间的水平，9 月份贸易总额达到 4148.30 亿美元，接近上年同期水平；失业率维持在较低水平，在 5.00% 上下波动，10 月份为 4.90%，处于金融危机爆发以来的最低水平；新增非农就业人数维持在较高水平，9 月份达到 161 万人，环比增长 3.21%；11 月 19 日止美国当周初申失业金人数为 25.1 万人，已连续 90 周低于 30 万这个暗示就业市场健康的门槛，表明美国就业市场复苏势头不减，将进一步传导至制造业。不仅如此，美国经济发展中的其他重要领域，如房地产市场、制造业、国内消费等领域的健康复苏态势都夯实了未来美国经济进一步走强的基础。综合来看，美国经济已走出 2008 年金融危机时的低谷，逐步恢复到危机前水平，对全球经济稳定形成较强支撑，美国市场形成的需求也有利于全球经济复苏。

（2）欧洲经济。2015 年欧盟 27 国 GDP 达到 14.69 万亿欧元（约 16.53 万亿美元），占全球 GDP 比重为 22.51%；贸易总额达到 3.53 万亿欧元（约 3.97 万亿美元），占全球贸易总额比重为 11.94%，对全球经济及贸易也有举足轻重的影响。欧盟在经历了 2008 年金融危机之后，又先后经历了欧债危机、英国"脱欧"、难民问题等困扰，经济一度陷入低迷，从近期失业率、贸易总额、制造业 PMI、零售销售指数等几项指标看，欧盟经济积极因素在逐渐增加，经济回暖迹象明显。具体来看，欧盟失业率高企的现象得到抑制，自 2013 年 7 月止涨回落，下降至 2016 年 9 月的 8.4%，并呈进一步下降趋势，有望下降至金融危机前水平；商品贸易总额下降势头得到控制，远好于 2010 年之前的水平，2016 年 9 月份欧盟商品贸易总额达到 2938.62 亿欧元，接近往年同期水平；制造业 PMI 指数连续三个月上升，处于"荣枯线"水平之上，10 月份欧盟制造业 PMI 指数达到 53.5，显示出欧盟制造业回暖，经济开始出现扩张趋势；零售销售指数在 2013 年以来呈直线上升趋势，9 月份达到 106.9，处于历史较好水平。综合来看，欧盟经济中的积极因素也在逐渐增多，制造业和贸易在缓慢复苏，居民消费水平大幅提升，失业率大幅下降，均好于危机前水平。但未来欧盟经济前景依然充满不确定性，根植于欧盟内部的各类深层次矛盾和问题仍未得到根本解决，欧盟的致命弱点依然存在，尤其是统一的央行和货币政策与各成员国独立的财政政策之间如何协调；英国"脱欧"的派生问题远未结束，美国大选结果也让欧洲业界对欧美关系产生担忧，进而对欧盟经济前景画了个问号，难民问题、意大利宪法公投结果以及隐忧仍存的欧洲银行业风险也都给未来欧盟经济增长带来不确定性。市场期盼，欧洲经济若能保持目前状态，就会对全球经济起到积极稳定作用。其实，即使出现极端情形，即人们最担忧的"欧盟解体、欧元崩溃"，部分经济实力较弱的国家或许会受到较大冲击，但对于构成欧洲经济基础的主要经济体（英、德、法等）不会形成颠覆性影响，尤其是中东欧经济受惠于中国"一带一路"战略而保持较高增速，历史形成的欧洲市场内在联系依然强于亚洲和新兴市场，仍然会在"三驾马车"的世界经济格局中的扮演重要角色。

（3）中国经济。2015 年中国 GDP 达到 10.87 万亿美元，占全球经济比重达到 15.50%；贸易总额达到 3.95 万亿美元，占全球贸易比重达 11.89%，中国对全球经济和贸易的影响逐渐增加，成为全球经济增长的重要动力。2012 年以来，受全球经济拖累，以及中国经济主动转型，经济增速呈连续下滑趋势，但近期各指经济标企稳回升迹象明显，工业企业主营业务收入和利润总额累计同比增速均有大幅提升，好于 2015 年同期水平，其中，2016 年 10 月份，工业企业主营业务收入累计同比增速达到 3.9%，高出上年同期水平 2.9 个百分点；工业企业利润总额累计同比增速止跌回升，达到 8.6%，从而扭转了 2015 年全年负增长的趋势，并好于 2014 年同期水平；PPI 指数同比增速转负为正，10 月同比增长 1.20%，从而扭转了自 2012 年 3 月以来连续 54 个月负增长趋势；工业企业用电量大幅增加，2015 年 10 月份达到 3489.65 亿千瓦时，同比增长 4.90%，好于往年同期水平。综合来看，中国经济企稳回升迹象明显，2015 年下半年工业企业经济效益的改善在一定程度上有助于增强市场对中国经济的预期。尽管中国经济新的增长模式和增长动力正在形成之中，制约经济发展的因素还比较多，如地方政府和国有企业债务居高不下，金融市场与房地产市场泡沫严重，人民币汇率波动较大，金融"脱实向虚"仍然备受关注等，但我们也应该看到，这些问题并不是无解，在市场约束和监管当局的主动引导下，这些经济转型中出现的特殊现象，基本处于可控状态并逐步解决，即便是今后中国经济增速保持在 6.5％左右，仍然是促进全球经济稳定乃至复苏的最重要力量。

三、世界经济一体化趋势不可能逆转

虽然"三驾马车"目前都已度过最困难时期，全球经济复苏应该是大概率事件，但各主要国家经济指标好坏差别很大，一些国家社会政治经济矛盾显著上升，民粹主义思潮泛滥引发"反全球化"倾向，如果贸易保护主义极端化并演化成全球贸易战，世界经济前景将蒙上厚厚的阴影。

2008 年国际金融危机后贸易保护主义就开始抬头，最终发展到 2016 年以英国"脱欧"和美日欧联手对华"违约"（不履行他们在中国加入 WTO 时的承诺）为标志，人们有理由判断全球经济一体化已出现明显退化。特朗普当选美国总统后可能掀起一股"反全球化"的浪潮，甚至在很多国家得到效仿，反全球化、全球贸易保护主义和国际间需求结构再平衡，将导致全球贸易萎缩格局进一步恶化。应该看到，发达国家近期贸易保护主义集中指向中国，影响最大的肯定是中国经济。以 2016 年 1—11 月数据为例，中国对美国出口占出口总值的 18％；对欧盟出口占出口总值的 16％；如果考虑对日本以及具有转口意义的对中国香港出口，中国对发达国家市场依赖度还是很高的。然而，中国加入 WTO 以来 15 年的数据也表明，全球经济一体化不仅对中国经济增长贡献很大，西方发达国家分享了中国经济增长成果。

其实，全球化逆转对美国未必是好事。美国是世界上最大的经济体，也是世界上领先的全球贸易国。二战后美国实施积极开放的国际贸易政策。根据彼得森国际经济研究所的报告显示，如果没有二战后国际贸易自由化的迅速发展，美国的年均 GDP 总量将减少9%，这相当于 2015 年美国的 GDP 少了 1.6 万亿美元。美国从国际贸易中获利来自多方面：通过出口扩大美国最具竞争力的产业和产品的生产能力，提高了美国的收入；将生产重心转移至最具竞争力的领域，产量规模的提高有助于降低平均生产成本，有助于增强美国的经济增长率，有助于提高一般工人的收入水平，并促进了消费；通过进口增加了美国消费者的选择，并帮助国内保持较低的物价，提高了消费者的购买力；进口也为美国企业提供高质量的生产要素，帮助公司在国内和国外市场上具有或保持高度的竞争力。尽管如此，美国参与国际贸易的潜在经济收益远远没有用尽，大约四分之三的世界购买力和超过 95% 的世界消费者在美国的边界之外。彼得森研究所的分析还估计，消除剩余的全球贸易壁垒将使美国从贸易中获得的收益增加 50%。从 2009 年第二季度到 2015 年，美国实际 GDP 年增长率为 2% 左右，出口额贡献了三分之一（0.7 个百分点）。当前，美国贸易总额稳中有升，远好于金融危机期间的水平。

国际金融危机和欧债危机之后，欧洲"反全球化"呼声越来越大，新的贸易保护主义和区域保护主义趋势明显。如果这种"逆全球化"成为趋势，将对欧盟经济产生重大影响。然而，欧盟经济也是全球化的最大受益者。根据世贸组织（WTO）近日发布的《2016

年度贸易统计报告》，欧盟 2015 年货物贸易（3.9 万亿美元）和服务贸易总额（1.65 万亿美元）分列全球第二位和第一位。其中，货物贸易出口方面，总额占全球货物贸易出口总额比重为 15.18%（世界第二）；进口方面，总额占全球货物贸易进口总额比重为 14.36%（世界第二）。服务贸易出口方面，总额占全球服务贸易出口总额比重达 24.92%（世界第一）；进口方面，总额占全球服务贸易进口总额比重为 20.19%（世界第一）。应该看到，2008 年国际金融危机以来，欧盟内部的需求在减弱，不少成员国出现主权债务危机，非常规货币政策难以见效，外部需求是欧盟 GDP 增长的最重要的来源。据欧盟统计，2012 年以来国际贸易对欧盟 GDP 的贡献将欧盟经济衰退深度减少四分之一，外部需求的贡献对欧盟经济增长至关重要。来自欧盟国家的长期证据表明，增加 1% 经济的开放性导致劳动生产率提高 0.6%。相信欧洲负责任的政治家、有话语权的企业家都会作出正确的判断与选择。

四、未来全球经济格局与中国策略

回顾一下全球经济这几年走过的路，一些出人意料的问题实际上反映了全球经济找方向的实质。2007 年次贷危机发生时，大多数专业人士只是意识到美国的一些银行要倒霉，要为此交学费，但没想到华尔街发生的金融风险酝酿成全球经济的深刻调整，从美国到欧洲，再由欧洲进一步扩散到新兴市场，几乎无一幸免，只是程度不同罢了。几经挫折之后，全球似乎陷入了迷茫，各种药方都尝试了，美国量化宽松加制造业回归战略、欧洲量化宽松加金融监管改革、新兴市场报团取暖等等，在当时效果都不明显，以至于将近十年还在找方向。

改革开放以来，尤其进入 21 世纪，中国经济也不断遇到各种各样的新问题，波动与调整是很平常的事情，我们的宏观经济政策部门每次都能找到办法，波动与调整周期都不是很长，以至于大家总是信心十足。但 2012 年以后，情况似乎变了，传统的经验办法不再灵验，政策部门绞尽脑汁，用尽了过去各种办法，都无法摆脱困境。而市场却在不经意之间逐渐升级，产业结构在升级、消费需求在升级、商业模式在升级等等，并逐渐形成趋势，结构变化的数据表明，中国经济长期以来的困境实际上是经济找方向时期的困境。

未来全球经济还会继续找方向进程。传统经济经过近十年的整合，该淘汰的大部分已经淘汰，能够留下至今的应该是市场需要的。新的业态、经济结构中快速成长的行业，有一个不断确认过程，必然也会有大量淘汰现象，波动是不可避免的。因此，全球经济趋稳是有基础的，但短期波动也是不可避免的，这是基于趋势思维做出的判断。

未来世界经济大格局会相对稳定，美国、欧盟、中国"三驾马车"的市场格局将维持相当长一段时期，但彼此相互关联机制会发生一定变化。我们注意到，现有三大市场已经形成了事实上的差异化，互补性很强。北美市场输出的主要是金融、会计、评估、咨询等高端服务业、高科技、军工等高附加值产品，而输入的则由先前的大宗商品等资源品为主转为各类消费品、人力资源甚至资本等；欧洲市场传统优势的资本输入、输出均有所下降，但仍占重要地位、高端消费品、精密仪器、高端装备等输出优势仍然强劲，而劳动力、资源品、中低端消费品甚至基础设施更新等资本需求的特征更加明显；新兴市场虽然分化很快，但中国已经成为中高端商品主要输出国，基本建设优势和部分装备优势将带动资本输出，而其他新型经济体仍然维持资源品、日常消费品输出格局（印度等国具有一定的 IT 产品输出优势），而输入的主要是中高端装备、高端消费品、高科技产品、金融资本等。

从趋势上来看，在可以看到的五至十年内，三大市场的差异化难以缩小。美国经济的总体趋势是稳定上行并会继续巩固高端服务业（金融、会计、评估、咨询、教育等）、高端技术行业（IT、航空、军工、尖端材料等）、全球金融中心和消费中心地位。强势美元和金融监管话语权将成为重要政策选项，财政政策也会继续发挥更积极作用，并由此对世界经济、国际市场产生举足轻重的影响。欧盟经济虽然面临一系列"脱欧"的不确定性，但不会是颠覆性的风险，在趋势向稳的大背景下，将会继续保持高端消费品制造优势和高端装备制造业优势，仍然是中高端消费品和大宗商品集散地；贸易保护主义会有所抬头，但欧洲经济已经离不开以中国为代表的新兴市场，更不可能离开美国市场；可以预期欧盟经济改革的重点将是着力解决"集中的货币政策与分散的财政政策"的协调问题。中国经济地位仍有上升空间，但增长动力将由外转内、由投资拉动转向消费驱动，产出结构也将由中低端转向中高端，与欧美等发达国家和其他新兴市场经济体形成错位竞争；由于转型升级将持续五至十年，仍然是全球大宗商品最主要的需求方。预计未来几年中国经济增速将会保持在 6%—7% 区间内横向运行，总体上货币政策将处于守成状态，财政政策将继续发挥更重要的作用。

因此，三大市场之间可以形成错位竞争，应该彼此相互合作，合作竞争比封锁对抗有利。对于欧洲市场与北美市场而言，虽然均属于高端市场，彼此之间既有竞争也有合作，如北美市场向欧洲市场输出金融、高科技产品，欧洲市场向北美市场输出高端装备、精密仪器、高端消费品等；对于新兴市场而言，需要北美市场的高科技、金融服务、资本等，也需要欧洲市场的高端装备、高端消费品，而这两大市场也需要新兴市场的资源型产品、中低端消费品以及劳动力。北美市场和欧洲市场都属于发展十分成熟的市场，而以中国为代表的新兴市场规模总量大、发展速度快，总体合作空间很大。当然，新兴市场国家之间的分化也是客观存在的，属于分散的市场，内在的凝聚力仍未形成，内部竞争多于合作，这就决定了新兴市场在相当长的时间内仍将处于从属地位。

维系"三驾马车"格局，以协商合作共赢代替市场分割、对抗甚至相互制裁，无论是对于中国最终跻身高收入国家行列，还是借助国际合作、尽可能延长国际和平发展周期，都是至关重要的，三大市场主体的相关国家怎样处理好小摩擦以避免大对抗，增加沟通合作，事关未来世界经济大局，考验着政治家的智慧。

面对高端的北美市场、欧洲市场和内部竞争多于合作的新兴市场，中国需要有新的战略布局。一是抓住世界经济深刻调整的难得机遇，果断升级中国经济，努力使中国经济不仅在体量上无愧于"三驾马车"地位，还要在市场成熟度、经济质量上缩小与欧美的差距，只有这样才能真正维系"三驾马车"平稳运行。譬如适应经济成熟要求，升级市场监管、金融货币体系和现代服务业；适应国内消费升级和全球减排趋势，坚定淘汰落后低端制造业，积极推动制造业装备技术升级和商业模式革命等。二是立足自身市场培育，努力形成对外部市场有效吸引力。中国市场人口众多、人均 GDP 达到 8000 美元以上，这是其他任何市场不具备的。中国市场潜力巨大，需要对外不断开放和对内深入挖掘，既可以培育经济增长新动力，还可以增强国际引力，减少国际摩擦，国际地位提高也是顺理成章的事情。19 世纪、20 世纪，中国市场引力来自于闭关锁国之后的改革开放红利；21 世纪，已经改革开放几十年的中国市场，必须靠巨大的边际容量继续其市场引力。足够的边际市场容量，是维持"三驾马车"运行的基础。三是经营好亚洲，增强内在联系，形成亚洲真正意义上的市场核心。除日本、韩国以外，亚洲其他国家在要素结构、资源禀赋等方面具有很强的相似性，彼此之间竞争多于合作，区域内的联系紧密度要远低于欧洲市场，需要针对性地研究制定中日经贸合作战略、中韩经贸合作战略、中印经贸合作战略、中国东盟经贸合作战略。四是拓展并稳定与非洲、大洋洲、南美洲的经济联系。中国经济快速发展对能源、矿产等资源的依赖会越来越强，前些年"资源约束"已经成为制约中国经济发展的"瓶颈"，在未来经济转型完成之前（甚至转型之后的相当长时间内）仍然需要有稳定的能源、矿产等资源保障，同时这些地区也对中国的中高端商品、基础设施建设能力与相应的资本供给等有着强烈的需求。五是建立与欧美市场错位竞争和国际合作关系，努力打消其安全疑虑，避免直接对抗。六是战略目光聚焦于世界经济大格局，"三驾马车"就是当今世界经济的大局。我们不应被一些利益团体的小动作分散注意力，对于中欧中美经济贸易中的具体企业之间的商业纠纷解读，社会各界也不要过度反应。如果对于任何国别、任何交易纠纷都极度敏感，政府介入一些不该（或不必要）介入的商业纠纷，什么亏都不吃，最终将会是"捡了芝麻丢了西瓜"。

五、准确把握人民币汇率波动与世界经济"逆全球化"

2016 年，人民币汇率走势引起国际市场广泛关注。国内有关专家与政府官员也在不断发出"人民币不存在贬值基础"的声音，但市场反映并不积极。诚然，国际收支、外汇储备、货币财政政策、国际政治军事冲突等因素均会对外汇市场情绪波动产生影响，但从中长期看，决定一国货币是否稳定的关键因素是国内外投资者对该国经济发展的预期是否稳定与积极。

汇率是国际间不同货币价值的比率。汇率变化不仅取决于本币价值变化，还受他国货币价值变化的左右。现代市场经济条件下，一国货币价值基础不完全是黄金或外汇储备，更重要的是投资者或货币持有人对于该国经济前景的预期。因此，汇率变化趋势的实质是两国经济前景预期的比较，本国经济前景预期稳定向上，他国也稳定向上，则该汇率稳定；本国经济前景预期向下，他国经济前景预期稳定或上行，则汇率走势必然疲弱；反之则走强。

人民币当前面临的贬值压力主要来自于疲弱的市场信心，这种市场信心不足并非主要基于中国经济增速水平、外汇储备水平，而是市场对于中国经济前景的持续下行预期与美国经济稳定复苏预期的比较。2008 年之后，由于我国经济增长进入下滑通道，国内外舆论对中国经济增速下滑长期持悲观态度，对人民币资产的长期投资收益率持悲观预期，这是人民币贬值预期的源头。但在 2014 年之前，由于全球大国经济均不景气，我国经济增速虽然下滑，但相对优势明显，所以尚未对汇率造成明显影响。但 2014 年开始，美国走出金融危机的泥潭之后经济增长速度趋于上升、失业率大幅下降、利率开始抬升、股市趋于上扬、房地产市场再现繁荣。与此同时，中国经济增速虽然远远高于美国，但市场预期这种增速还会不断下滑，使得国内外舆论逐渐关注中美经济增长趋势的差异，加剧了人民币贬值压力。也就是说，市场关注的是趋势，而不是当前静态的数据对比，这是人民币贬值压力难以消退的重要原因。

化解人民币贬值压力，必须扭转市场对于中国经济前景的预期。

一是高度关注市场预期的专家引导。汇率问题首先是信心问题，特别是在我国经济增速仍然位居大国前列的情况下，官方舆论应组织专家进行市场预期引导，一方面要积极澄清各种煽动市场恐慌情绪的不实传言，另一方面要在重大数据发布和重大事件发生前提前做好专业预测，引导市场全面客观地评估对重要数据和重大事件对人民币汇率的影响。

二是必须高度肯定中国经济企稳回升的积极迹象。经济数据难免喜忧参半，但舆论在抓眼球的商业利益驱动下，往往过于强调负面信息，这是人民币贬值压力挥之不去的重要原因。我国 GDP 连续六个季度稳定运行在 6.5%—7% 的狭窄通道里，目前 CPI、PPI、工业增加值等多项经济指标已经出现企稳回升的迹象，必须通过各种渠道，从上到下向市场传递这些积极信息，令投资者在掌握充分信息的基础上作出理性决策。

　　三是必须坚定宣传经济结构转型的积极成果。尽管近年来我国经济增长速度相对于五年前明显下降，但经济结构调整成效显著，经济增长方式明显转变，可以说目前的 6.7% 的"经济增长含金量"是过去 8% 以上时期不可比的。而且我国经济还在加速转型，经济的中长期增长潜力巨大，互联网、大数据、机器人等新兴产业方兴未艾，这些均有助于我国经济增长在中长期保持较高的韧性。因此，必须向全球投资者准确传达这些积极信息，对于吸引中长期国际资本的流入，抑制人民币贬值预期具有积极意义。

　　笔者还认为，世界经济逆全球化现象既要重视，又要科学分析。2016 年，"黑天鹅"事件的频发为全球经济的稳定增长蒙上阴影。同时，发达国家无论是在政府界，还是在经济学界，均有种观点认为，以美国为代表的发达国家比较优势正在逐步消失，大量实体产业的海外转移和产业链全球化发展，使得以中国为代表的发展中国家成为全球化的最大受益者。在这种情况下，新的民粹主义思潮不断涌现，各式各样的保护主义、分离主义等"逆全球化"事件频发。

　　"逆全球化"事件将不可避免导致局部贸易摩擦甚至贸易战争等事件出现。由于我国经济的对外依存度很高，无论是贸易战争还是贸易摩擦都会对经济增长产生重大影响，必须早作准备，积极应对。智库部门可以尝试借鉴压力测试方法，科学分析逆全球化对我国经济的影响传导路径，定量判断出各项逆全球化行为对我国经济的影响程度，提出"精准化"的应急措施和响应策略。

　　压力测试的原始定义，是借鉴力学和工程学常用的一种分析试方法。物理意义上的压力，是指由于外部环境变化或给定冲击力量而发生在物体接触表面的作用力，超过一定程度的压力，会产生物

体外部形态的永久性改变（塑变、破裂、空化腐蚀等），以及内部
性质如晶体结构、化学成分的改变，因此影响物体折射、极化、渗
透等内在属性。压力测试在设计时期，是通过对数学模型和实际模
型的模拟来完成的，包括加大压力程度到极限，使承压物体或系统
损坏甚至瘫痪报废，以发现其相应的薄弱点和失效模式。

目前，压力测试技术在商业银行已应用广泛，成为各国银行业
应对不确定性问题的重要工具，也是监管部门与银行业机构充分沟
通、协调以及稳定市场预期的重要手段。例如，假设 2008 年国际
金融危机再次爆发，将对全球主要银行将会带来怎样的影响；房地
产价格分别下跌 10%、20%、50%，将会对银行信贷资产质量以
及资本充足率带来多大影响等。

压力测试方法有两类。一类是当压力测试仅限于分析单个重要
风险因子如基准利率变化对银行风险暴露和银行承受风险能力的影
响时，称之为敏感性分析。另一类是当考虑多个风险因子同时发生
变化以及某些极端不利事件发生时，如宏观经济滑坡、房价下跌、
利率同时上升，这些不同风险因子的变化及其之间的相互影响描述
了某种特定的实体经济和金融市场状况情景，相应的压力测试分析
方法称之为情景分析。

美国著名智库彼得森国际经济研究所已经开始借鉴压力测试的
思维，定量分析不同的中美贸易战情境对美国经济产生多大的影
响。在假设美国对中国输美商品征收 45% 的关税，对墨西哥输美
产品征收 35% 关税的情况下后，其设计了三种可能性的情景，第
一种情境是全面的贸易战爆发，即美国对中国征 45% 的关税，对
墨西哥征 35% 的关税，对方也进行全面的回击。第二种情境是非

对称性的贸易战，即中国和墨西哥不全面的进行反击，但是有选择地采取一些反制的措施，一是可能禁止中国的国有企业与美国企业进行电子信息服务，以及其他软件服务行业；二是中国可能拒绝提供关键要素资源，使美国难以采购所需要商品和服务；三是中国可能威胁终止购买乃至抛售美政府债券以及其他金融市场，扰乱美国的金融市场；四是中国可能废除或拖延执行现有关于视频资料、电影、生物制药的产权。基于上述情境，就可以定量分析中国采取的各项措施对美国的影响。例如，在非对称性贸易战中，若中国禁止其国有企业购买美国公司业务服务，这将导致美国失去 8.5 万个就业岗位；若禁止进口美国大豆，将导致美国 21 个农业县失去 10% 的就业岗位。第三种情境是不超过一年的短暂贸易战。在这种情境下，中国的反击手段将导致美国私营领域失去 130 万个工作岗位，占该领域就业总人数的 1%，并导致美国境内依赖跨境供应链的工厂不得不关停，进一步影响企业的纳税情况。

压力测试定量分析的核心和基础，是如何确定压力情景及承压指标。就像彼得森国际经济研究所的分析工作那样，首先要设定分析情境，然后分析每种情境下，对承压指标带来的影响（如美国就业岗位数量、GDP 增速等）。

20 世纪 80 年代的美日贸易摩擦提供了很好的参考案例。20 世纪 70 年代到 90 年代的日美贸易摩擦，与未来中美贸易间可能存在的摩擦具有一定的相似性，对其进行深入研究，可以借鉴应用到逆全球化压力测试应用的情境设置、传递路径、结果分析等工作中。美日间的摩擦，可以大致分为三轮，且摩擦程度不断升级，涉及领域不断扩大：第一轮贸易摩擦，起始于纺织品争端；第二轮贸易摩擦，出现在钢铁和汽车领域，1974 年，美国政府要求日本自愿限制对美钢铁出口量；1976 年，美日签订特殊钢进口配额限制协定；1977 年，美国对日本五种钢铁提出倾销诉讼；直到 1978 年，美国实行钢铁启动价格制度，即对低于一定价格的日本进口钢铁自动启动反倾销诉讼，使得日美钢铁摩擦降温。1979 年，美国政府要求日本完全开放日本的汽车市场，日系汽车制造商在美国建厂以及自愿接受出口规模限制。1980 年 5 月，日本政府统一减少对美汽车进口关税，并在 1983 年同意将对美出口汽车辆数设定上限，1981 年的出口上限为 168 万辆，1991 年为 230 万辆。第三轮贸易摩擦。1985 年，为了减少美国对日本的贸易逆差，美国要求日本签订"广场协议"同意日元兑美元升值。1990 年，美国对日本的汽车出口逆差占美国对日总逆差的四分之三，以及美国整体贸易逆差的二分之一。1992 年，布什总统访日后，日本将对美国汽车出口上限从 230 万辆下调到 165 万辆。1993 年，克林顿政府要求日本更加全面地开放本国汽车市场，1995 年，美国根据《1974 年贸易法案》对日本汽车征收额外关税。除了汽车领域的贸易摩擦，1970 年到1980 年，彩电、半导体、电脑、电话等电子产品也被卷入日美贸易纷争。美国不断对日本实行贸易限制的同时，日本也同样限制来自美国的农产品进口，包括牛肉、有机食物等。

　　开展世界经济逆全球化压力测试应该重点关注的几个问题。一是充分借鉴和应用上世纪美日间贸易摩擦案例。20 世纪 80 年代美日贸易战的剧烈程度，为压力测试提供了很好的情境，其最终的结果，也为压力测试提供了很好的传递路径和影响指标参照。因此，要充分借鉴、深入挖掘研究 20 世纪美日之间的贸易争端案例，从摩擦的起源、各阶段发展的关键事件，到对各产业、各领域的影响进行系统性的研究。二是动态分析全球主要经济体"逆全球化"行为的链条反应。在进行压力测试时，往往需要进行一系列的假设前提，但国际贸易问题不仅仅是双边问题，更多的是多边问题，例如，美国对中国的贸易摩擦，是否会引起欧盟、日本等贸易体对中国的贸易摩擦，这种链条反应及其带来的影响也需要高度重视。三是全面考虑跨国间的风险传染问题。随着经济全球化的不断深入，尤其是金融一体化程度的提高，使得跨国间资金流动频繁，全球主要国家的经济发展和金融市场波动呈现出高度的同步性、共振性。在分析逆全球化问题时，一方面要聚焦到美中贸易摩擦等关键问题上，另一方面也要将分析问题的思路、视野拓展到全球经济的同步衰退、风险传染上，全面考虑逆全球化事件对各国的直接影响及对我国经济发展、金融市场稳定等方面的间接、传导性影响。

责任编辑：曹　春

装帧设计：木　辛

责任校对：吕　飞

图书在版编目（CIP）数据

金融危机扰动下的趋势思维／黄志凌 著．—北京：人民出版社，2017.5

ISBN 978－7－01－017645－1

I.①金… II.①黄… III.①金融危机－影响－中国经济－研究

　　IV.① F124

中国版本图书馆 CIP 数据核字（2017）第 094982 号

金融危机扰动下的趋势思维

JINRONG WEIJI RAODONG XIA DE QUSHI SIWEI

黄志凌　著

人民出版社 出版发行

（100706　北京市东城区隆福寺街 99 号）

北京盛通印刷股份有限公司印刷　新华书店经销

2017 年 5 月第 1 版　2017 年 5 月北京第 1 次印刷

开本：710 毫米 ×1000 毫米 1/16　印张：23.75

字数：265 千字

ISBN 978－7－01－017645－1　定价：68.00 元

邮购地址 100706　北京市东城区隆福寺街 99 号

人民东方图书销售中心　电话：（010）65250042　65289539